国家自然青年科学基金项目成果

项目名称： 产业集群风险传导与扩散及其预警机制研究

项目编号： 71303209

CHANYE JIQUN FENGXIAN CHUANDAO YU KUOSAN
JIQI ZHILI JIZHI YANJIU

产业集群风险传导与扩散及其治理机制研究

黄　纯　著

ZHEJIANG UNIVERSITY PRESS
浙江大学出版社

序

产业集群与区域经济发展呈现高度的关联性，从某种程度上说，改革开发以来浙江和广东的发展正是得益于集群所带来了的网络效应。然而，2008 年金融危机的爆发，绍兴纺织业集群中主导企业——华联三鑫、浙江纵横集团、浙江江龙控股集团有限公司等相继倒闭，严重影响了关联企业，对绍兴县纺织产业集群的发展造成了很大的打击。广东东莞最大的玩具厂商合俊集团的倒闭，也给该地区的玩具业集群的发展造成了巨大的冲击。2011 年持续的欧债危机等外部环境的恶化，使得温州龙头企业江南皮革、波特曼、三旗集团相继关停，导致了与其关联的中小企业困境频现。近年来我国经济进入新常态，集群经济面临着更为严峻的形势。事实上，作为网络组织的集群，群内企业通过资金、技术、物质和信息要素流动形成了集群特有的网络结构，群内主导企业的衰落必然引致由网络关系的断裂而带来的风险。

基于对现实经济现象的关注，作者将产业集群视为复杂网络组织，并引入动态仿真技术，试图运用复杂系统分析方法，揭示风险的传导与扩散的机制，进而在集群风险的防范和控制上有所建树。这一分析思维的提出是作者对于现实理论需求的响应：第一，产业集群网络风险的现有研究，在区分不同类别企业集群网络结构基础上，将网络集散结点企业与其他企业网络关系的断裂作为企业集群风险产生的根源，阐明了网络性风险与周期性风险和结构性风险的关联机制，但研究并没有考虑企业集群风险的传导与扩散的路径和机理，也就不可能涉及同一类别企业集群中由于企业间资源要素流动所形成的供应链网络、资金网络、信息网络和技术合作网络差异对于企业集群风险传导和扩散的影响。第二，集群风险传导与扩散是一个时间的函数，风险传导与扩散过程必然伴随着由于集群内企业或者集群外部环境变动所导致的网络结构的演变,从而引起集群风险传导与扩散路径和机制的变化。由此,在清晰、系统和全面地描述这些复杂的作用关系,进而对动态风险预警和控制机制的有效性进行验证上,现有的研究范式显得力不从心。

本书深化了焦点企业网络能力、网络结构、集群风险之间的关系研究,从系统自组织行为视角所提出的集群风险传导与扩散的理论研究框架,这对于我们厘清集群风险传导与扩散的内在逻辑关系,模拟集群网络结构的演化过程,探索集群风险治理及升级的路径选择,具有积极意义。

本书的价值就在于其观点的鲜明性和现实针对性:(1)内生性风险和外生性风险影响了集群内企业微观个体及网络关系的变动,使得集群风险鲁棒性具有显著差异;外生性风险下,三类集群风险鲁棒性强弱分布为:中卫型>混合网络型>市场型;内生性风险下,三类集群风险鲁棒性强弱分布为:市场型>混合网络型>中卫型。(2)在外部风险的作用下,率先进行创业的企业更易成为未来集群内的焦点企业,并迫使其他企业选择跟随战略,实现企业层面的升级,促进集群层面的结构转型。从现实经济问题出发,抽象并演绎其理论本质正是本书的特点与生命力所在。

从对产业集群现象的关注,到对其竞争力和风险的研究;从探究产业集群风险成因,到阐明风险传导的路径和机制;从建构集群风险预警和治理机制,到将创业行为及其激发和传导作为集群升级的手段之一。现有理论研究的逻辑路径,无不体现了产业集群作为网路组织的特征。遵循这一研究路径,跨集群网络如何影响群内焦点企业的创业,而焦点企业的创业行为又怎样经由集群网络的传导扩散,从而引致集群的转型与升级,或许是值得我们进一步探讨的研究领域,期待作者能在该领域有更为出色的成果。

浙江大学公共管理学院

蔡 宁

2016 年 5 月

前　　言

　　2008 年金融危机的爆发,使我国企业面临严峻的国际经营环境,绍兴纺织业集群中主导企业——华联三鑫、浙江纵横集团、浙江江龙控股集团有限公司等相继倒闭,广东东莞玩具业集群中主导企业——合俊集团的两家下属子公司相继退出,都对其关联企业造成了严重影响,并进而对集群的持续发展造成了巨大威胁。再如,2011 年持续的欧债危机等外部环境的恶化,使得温州龙头企业江南皮革、波特曼、三旗集团相继关停,导致了与其关联的中小企业困境频现等一系列事件。凡此种种说明产业集群在带来资源整合效应的同时,也存在着生产锁定、财务和信誉危机、技术链间断衰退等负面影响,会导致集群系统封闭和僵化(Markusen,1996)以及整体竞争力的丧失。集群风险作为影响区域经济发展的重要因素,吸引着越来越多的学者关注。但就现有的研究现状而言存在以下主要问题:第一,集群风险的研究仅停留在集群风险产生原因的分析层面,而没有考虑集群风险传导与扩散的内在机理。第二,由于集群网络结构构成关系的复杂性,导致现有研究难以厘清集群风险传导与扩散的内在逻辑关系。第三,由于集群风险演化过程的动态性,导致现有研究很难从定量的角度分析集群网络结构的演化,更无法刻画集群风险传导与扩散的演化特征。

　　针对集群风险研究中存在的问题,本书以现实集群中龙头企业(焦点企业)为研究基点,以焦点企业网络能力为新的视角,以自组织为理论体系,剖析了集群内部网络结构,并借用了复杂网络理论和系统仿真学分析了集群风险未来发展轨迹。在此基础上进一步讨论了集群风险治理和转型升级的路径选择,为集群风险传导与扩散研究提供了一个清晰的微观分析框架。

　　在实证分析的脉络中,本书通过三个典型产业集群的现实案例样本,用协同学理论的分析原理进行了探索式多案例的研究设计,构建了集群风险自组织的理论框架。在此基础上,作者调研了 167 家大型样本企业,运用结构方程模型验证了相关理论假设,之后运用 Netlogo 仿真平台再现了三个典型集群实验模型,并对其风险传导与扩散过程进行了实证模拟,从而对集群风险自组织理论假设进行了补充。这在产业集群实证研究中具有一定的创新性和开拓性。

通过理论分析和实证探讨,作者主要得出以下研究结论。

(1)集群风险自组织是一个内在结构演化的过程,由焦点企业(风险源)、网络能力(载体)、网络结构(路径)三者依次作用而阶段性表征,该表征主要体现为:集群在层次性、非线性和协同性三者协同演化下,风险阶段性地打破了集群平衡态,从而形成集群风险自组织间断非平衡性的特征。

(2)在细分焦点企业网络能力和网络结构属性相关维度的基础上,发现:焦点企业网络能力与网络结构(网络中心度、关系适应性)存在着显著的正向相关关系,而网络结构与集群风险鲁棒性的关系并不是简单的正向或负向的相关关系,而是在一定条件下存在的相互辩证的逻辑关系。

(3)集群网络结构与复杂网络模型之间存在着耦合关系。进一步研究发现:内生性风险和外生性风险影响了集群内企业微观个体及网络关系的变动,使得集群风险鲁棒性具有显著差异;外生性风险下,三类集群风险鲁棒性强弱分布为:中卫型>混合网络型>市场型;内生性风险下,三类集群风险鲁棒性强弱分布为:市场型>混合网络型>中卫型。研究证实了网络结构与集群风险鲁棒性之间的逻辑辩证关系。

(4)本书通过企业创业理论,运用了经济学模型及探索式多案例的研究设计,明晰了集群风险治理和集群转型升级的途径。研究发现,在外部风险的作用下,率先进行创业的企业更易成为未来集群内的焦点企业,并迫使其他企业选择跟随战略,实现企业层面的升级,促进集群层面的结构转型;并以此探索了集群跨层面升级原理。

(5)本书通过政府政策分析及现代服务业视角,运用了政策网络分析方法及关注政府、企业、现代服务业之间的网络关系,探讨了集群风险治理及升级。研究发现:集群政策的制定更需要关注政策制定者、执行者、参与者之间的互动关系,政府的政策对企业具有重要的引导作用,因此,在政策制定过程中需要考虑政策多元性的影响,政策角度应尽量丰富化和多元化。而对于产业集群网络结构形成中,需要关注网络主体(包括服务业企业、集群制造业企业、政府等组成的网络)间关系强度的演进与集群治理之间的关系。

以上的研究结论深化了焦点企业网络能力、网络结构、集群风险之间的关系研究,并取得了以下研究进展:(1)从自组织行为的视角,提出了集群风险传导与扩散的理论研究框架,并阐明了其内在机理;(2)从焦点企业网络能力和网络结构属性分析了集群网络构成的复杂关系,在一定程度上厘清了集群风险传导与扩散的内在逻辑关系;(3)从动态演化的视角模拟了集群网络结构的演化过程,深化了集群风险传导与扩散的机理研究;(4)以企业创业理论为基础,初步探索了集群风险治理及升级的路径选择,使得研究具有一定的现实指导意义;(5)以政策网络理论为基础,探索了政府政策性导向对集群风险治理及升级的影响,为地方政府有效发挥公共政策工具、科学引导地方经济发展提供理论和实证基础;(6)以现代服务业为视角,探索了集群升级与生产性服务业、制造业的互动机制,为地方政府推动集群转型升级提供了新视角。

目　　录

1 绪 论

1.1 研究背景

1.1.1 现实背景

1. 产业集群是区域经济发展关注的重点

Porter(1998)指出,产业集群可能因为外部威胁(如技术间断、消费者需求变化等)以及内部僵化(由于过度合并、卡特尔、群体思维抑制创新等)而失去竞争力。事实上,集群产生后就处于动态演化中,存在老化与灭亡的风险,可持续发展不是一个集群显而易见的附带特征。尤其对于单一结构的专业化产业集群来说,其市场风险更大,一个区域过于依赖产业集群,其长期后果就是随着某个产业或产品走向衰退,整个区域经济被拖垮(Tichy,1997),美国底特律钢铁产业集群、128公路地区的衰退都严重影响到区域经济的整体竞争力(Martin & Sunley,2003)。2008年金融危机后,我国企业面对着严峻的国际竞争,在单一企业竞争力缺乏的情况下,产业集群成为我国企业参与国际竞争的有效组织形式,如何防范和控制产业集群风险,促进区域经济持续发展是亟待理论界解决的现实问题。

2. 集群风险是区域经济发展关注的重要问题

我国产业集群遵循的高要素投入、低成本扩张、低产出效率的增长方式面临着越来越高的风险挑战:能源和原材料的涨价、建设用地紧缺、节能减排约束加强、人民币升值和劳动用工成本上升等风险要素的显现,使我国企业面临严峻的国际经营环境。例如:绍兴纺织业集群中主导企业——华联三鑫、浙江纵横集团、浙江江龙控股集团有限公司等相继倒闭,这严重影响了关联企业,对绍兴县纺织产业集群的持续发展构成了重大威胁;广东东莞玩具业集群中主导企业——合俊集团的两家下属子公司相继倒闭,这对其关联企业造成了严重影响,并进而对集群的持续发展造成了巨大威胁;2011年,温州三家龙头企业江南皮革、波特曼、三旗集团相继倒闭,导致了温州中小企业困境频现①等一系列问题。事实上,产业集群在带来资源整合效应的同时,也存在着生产锁定、财务和信誉危机、技术链间断衰退等负面影响,导致集群系统封闭和僵化(Markusen,1996),以及整体竞争力的丧失。因此,如何揭示集群风险传导与扩散的内在机制? 如何有效防范和控制集群风险? 这些已成为保持并促进区域经济持续发展的重要问题。

1.1.2　理论背景

1.集群风险传导与扩散缺乏系统性和理论性的研究

现有集群风险研究仅对集群风险成因和集群风险控制两个方面有所阐述,但是集群风险究竟是如何传导与扩散的研究仍是零散的,缺乏显著的系统性和理论性。集群风险研究主要是以产业集群风险成因作为研究点,集中于环境因素、集群特征因素和集群网络关系三个方面。第一,Fritz 等人(1998)认为,区域外部经济环境的变化是引致集群周期性风险的重要因素之一,可能会严重影响产业集群的发展,致使集群整体衰退。第二,生命周期和路径依赖也是导致集群风险的重要原因。Tichy(1987)从产品生命周期的理论上进行了推演,认为集群内企业产品生命周期的完结是导致集群风险的重要因素,由此从结构性风险的视角阐述了集群生命周期理论。Markusen(1996)认为,集群会因为专业化水平的提高而形成封闭的系统,而使得集群产生对"系统"的依赖,丧失获得有效信息的渠道,带来集群风险;吴晓波(2003)以生物学中自稳性的概念解释了集群风险,认为在集群形成阶段的特征因素,可能会引发集群的风险。第三,集群网络关系与集群风险之间的关系。Powell 等人(1996)、Gordon 和 Mclann(2000)和 Uzzi(1997)等从集群网络负面作用的视角分析集群风险,认为非生产关系的锁定和对合作伙伴的依赖是导致风险的关键因素;蔡宁等(2003)提出了集群网络性风险,并借用社会网络方法对网络性风险与结构性风险、周期性风险之间的作用机理进行了进一步的分析。

2.企业风险传导与扩散研究为集群风险研究提供了基础

Jason(2008)从 P2P 网络的角度模拟了知识扩散的过程,并以此方法描述了企业风险的扩散。根据给定的数据集,Jason 建立了一个稳健信息扩散模型,通过多种统计数据分析,如纵向(Mooney,Vries & Roddick,2002)、连续(Mooney& Roddick,2006)、周期性方法(Vlachos,Yu,Castelli& Meek,2006),查出风险(即信息畸变)在 P2P 网络中的源头,从而追踪这一风险的扩散流程。邓明然和夏喆(2006)在概述风险与企业风险的基础上定义了企业风险传导,并对企业风险的传导路径做了归纳和分析;阐述了在企业风险的传导链和传导网络中,物流、信息流、

---

① http://finance.ifeng.com/news/20110601/4095680.shtml

资金流、效用(财物杠杆效用等)是风险传导过程中风险各要素相互联系的桥梁,也是各要素相互作用实现的有效形式;揭示了在整个风险传导过程中,物流、信息流、资金流、效用(财物杠杆效用等)具有承载风险和传导风险的作用,并从企业风险传导的角度探讨了如何防范和控制企业风险。企业风险传导与扩散的研究揭示了集群风险研究与网络性风险有着密切的关系,为从网络视角研究企业风险提供了基础。

上述研究已经认识到产业集群发展中存在的风险及其对区域经济发展的冲击,并初步探讨了产业集群的风险防范和控制,这为进一步研究集群风险奠定了良好的基础。

1.2 问题提出

通过对产业集群风险的传导与扩散及其控制的文献进行梳理,本书认为现有的相关研究在下列方面有待于进一步展开和深化。

1. 需要建立集群风险传导与扩散机制的理论体系

产业集群网络风险的研究在区分不同类别产业集群网络结构基础上,将网络集散节点企业与其他企业网络关系的断裂,作为产业集群风险产生的根源,阐明了网络性风险与周期性风险和结构性风险的关联机制,但研究并没有考虑产业集群风险的传导与扩散的内在机理,也就不可能涉及产业集群中由于企业间资源要素流动所形成的网络结构差异对于产业集群风险传导和扩散的影响。究其原因,是由于缺乏集群风险传导与扩散机制理论体系的支撑。

2. 需要建立集群风险传导与扩散的分析体系

集群风险传导与扩散是一个时间的函数,风险传导与扩散过程必然伴随着由于集群内企业或者集群外部环境变动所导致的网络结构的演变,从而引起集群风险传导与扩散路径和机制的变化。为清晰、系统和全面地描述这些复杂的作用关系,需要突破现有研究范式的局限,在研究中运用复杂系统分析思维:将集群企业作为系统要素;将企业间网络关系作为复杂系统的结构,从而研究集群企业与网络结构之间的作用逻辑体系。

3. 需要解决集群风险传导和扩散的动态过程的刻画

企业风险传导路径和载体的研究为产业集群风险传导和扩散的研究提供了理论借鉴,然而需要关注的是:第一,集群内企业间所构成的网络关系是特有的,风险传导的路径与载体也不同于集群外企业;第二,如何定量描述产业集群风险传导和扩散的动态过程仍是没有解决的理论问题;第三,鉴于产业集群风险传导和扩散路径与机制的复杂性,先进行有效风险治理的现状也需要改变。

4.需要探索集群风险治理及升级机制

由于缺乏对集群风险传导与扩散内在机理的深入分析,因而目前有关产业集群风险治理及升级的对策研究不能完全作用于现实中的产业集群,如何从产业集群内要素之间的复杂关系着手,从产业集群风险的内在本质而非外在特征出发,构建系统的产业集群风险治理及升级机制仍是需要探讨的领域。

1.3　关键概念界定

在上述的文献基础上,我们了解到本书中三个重要的概念:焦点企业、网络结构和自组织。为了保证研究的有效性,本书对三个概念进行了详细的阐述:本章首先对研究所关注的核心概念焦点企业范围进行界定,该概念是研究集群风险自组织理论的前提条件;其次,本研究就所关注的集群网络结构的范围进行概括,以保障理论的有效边界;最后本研究就风险自组织的理论体系进行阐述,以求为后文假设和定量研究提供扎实理论基础。

1.3.1　焦点企业定义

焦点企业与集散节点企业并不是一个等同的概念,集散节点主要从网络结构中去识别,焦点企业从现实影响角度去研究,其识别既要考虑焦点企业在集群网络中所处的位置与联系,也要分析焦点企业在集群中的主导作用。因此,本书对焦点企业定义主要是从角色不可替换性、网络联系多向性、快速成长性和行为示范性四个维度进行判断。Cristina(2001)、刘友金和罗发友(2005)、Lipparini 和 Lorenzoni(1999)使用过该四个维度描述焦点企业。

1.3.2　网络范围界定

本书将产业集群视作网络组织系统,并依据 Hakanson 网络模型中有关网络的三个基本构成要素,即网络主体、主体活动以及网络资源定义集群网络结构是由企业间物质、资金、信息、技术等资源要素流动所构成的。本书认为集群中网络主体就是焦点企业,焦点企业及其关联企业之间构成了集群子网络,而集群网络结构就是由数个这样的子网络所构成的。因此,本书所研究的网络基本单位就是由焦点企业及其关联企业所构成的子网络。

1.3.3 自组织内涵界定

集群自组织解释的是集群生成、发展的过程,揭示组成一个宏观区域产业的要素是如何通过个体到宏观的自行组织,实现从无序到有序的一个循环过程。Albino 等人(2006)、谭劲松等人(2007)就将自组织理论用于集群演化的研究中,指出集群演化实际上就是一种自组织的过程,从而化解了长期以来单个企业的具体行为由于受到许多随机因素干扰而很难准确估计的实际问题(吴结兵等,2010)。需要指出的是,集群遭受风险后的演变实际上就是集群演化的一种形式,因此本书从自组织的视角对集群风险的传导与扩散进行研究。

1.4 研究方法、技术路线

1.4.1 研究方法

1. 运用探索性多案例研究方法

探索性多案例方法是解决处于理论空白或已有文献所不能解释的问题,通过多案例研究的重复复制逻辑,对不同样本采用相同的分析逻辑,并最终能得出相同的结果,从而能增强理论研究的说服力。本书的探索性多案例研究方法运用,主要是构建集群风险自组织理论框架,提出焦点企业、网络能力、网络结构是集群风险自组织构成的三个维度,探索了集群风险治理,分析了企业层面升级、集群层面升级,从而以企业创业的视角提出了集群风险治理。

2. 运用统计研究方法

采用因子分析、结构方程模型(SEM)等统计研究方法,结构方程模型是一种用来检验关于观察变量和潜变量之间架设关系的多重变量统计分析方法,就是用所收集的数据来检定基于理论所建立的假设模型。结构方程可以同时分析出多个因变量与自变量自身及其相互之间的复杂关系,从而解决了传统统计方法需要多次处理这些变量之间关系的问题,增加了研究的准确性。本书就是通过结构方程模型验证焦点企业网络能力、网络结构和集群风险之间的关联假设。

3. 运用多主体仿真方法

多主体仿真方法是运用计算机软件技术,构造以适应性交互主体为基础的,具有进化过程的动态经济模型方法。通过多主体仿真模型可以实现:①以微观主体属性与行为的仿真作为建模的基础,有很强的过程描述性;②强调微观主体间的交互作用关系;③通过微观主体有机地形成宏观;④应用遗传学算法,可以模拟具有主动性的个体接受教训、总结经验的过程。本书就是通过调节和控制集群风险要素、焦点企业要素、结构要素等特征变量,模拟集群风险自组织行为及其网络结构动态演化的过程,揭示网络结构与集群风险之间的关系。

1.4.2 研究技术路线

如何揭示集群风险的传导与扩散的机制,进而防范和控制风险,保持并促进区域经济持续发展是亟待理论界解决的现实问题,也是本书研究的主要问题。因此,本书运用自组织理论构建了集群风险传导与扩散的理论框架,并运用社会网络理论分析由焦点企业及其企业关系组成的集群网络结构,提出网络结构与集群风险之间关系假设;运用网络能力理论提出焦点企业网络能力与集群网络结构的关系假设,并运用结构方程模型对研究假设进行论证。在此基础上,运用计算机仿真模拟方法,刻画了集群遭受风险后集群结构演化和风险自组织的全过程,并提出了企业创业、政府政策、生产性服务业与制造业互动机制建立是集群风险治理机制和转型升级的有效途径。本书的研究逻辑如图 1-1 所示。

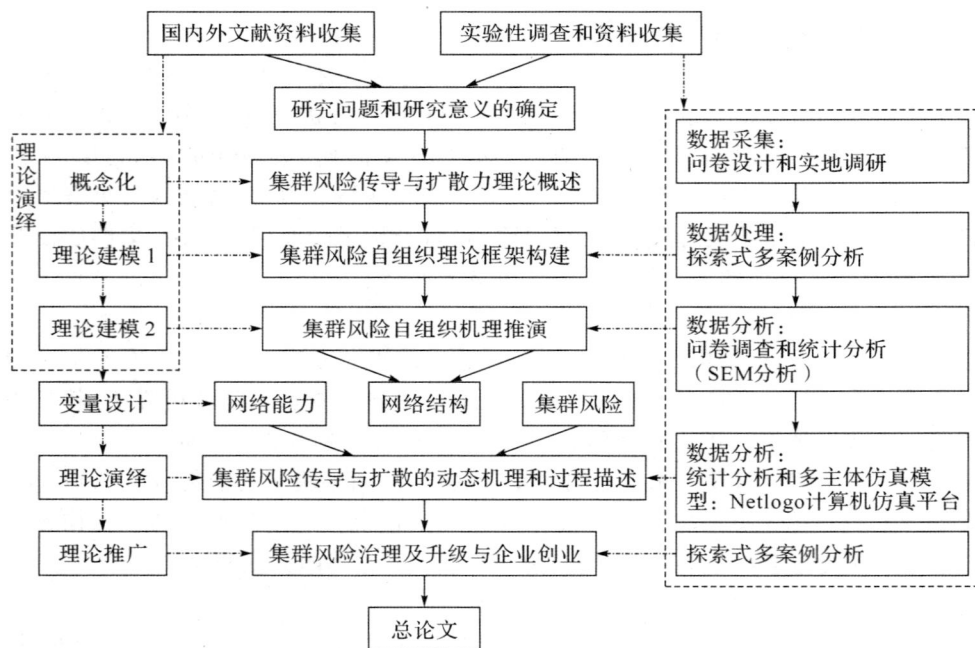

图 1-1 研究技术路线图

1.5　主要创新点

与以往有关集群风险研究不同,本书首先将研究点定位在集群中焦点企业,其次将集群风险传导与扩散视为风险自组织的行为,并引入焦点企业网络能力、集群网络结构与风险鲁棒性作为变量,研究不仅包括管理、集群相关理论,还包括自组织理论、复杂网络理论、公司创业理论等其他社会科学的观点。在借鉴前人相关研究成果和分析方法的基础上,结合典型企业的跟踪调研,通过严密的理论分析与逻辑演绎,提出了集群风险自组织的理论框架,并利用统计分析与结构方程建模进行理论假设的检验。具体来说,就是在梳理和继承现有研究成果的基础上,本研究主要在以下四个方面有所创新。

创新点一:

本研究借鉴了自组织理论研究框架,通过跨案例聚类分析,构建了焦点企业、网络能力、网络结构三个构念维度,并将它们划归到统一的研究范式中,从而建立了集群风险自组织的理论模型。在此基础上,运用动态的观点,揭示了集群风险自组织中间断非均衡性的特征,进而得出集群涨落、集群失衡、集群相变、集群混沌四个阶段特征。由此,完善和深化了集群风险的理论研究,为产业集群风险传导和扩散机理的研究提供了新的视角和理论基础。

创新点二:

本研究遵循复杂系统分析思维,将产业集群视为由企业间内在关系所组成的复杂网络组织,将集群企业作为系统要素,将企业间网络关系作为复杂系统的结构,建立了集群网络结构;并在此基础上构建了焦点企业网络能力三个维度:网络规划管理能力、网络配置管理能力、网络关系管理能力,并依此建立集群风险的关系机理及分层假设,并通过结构方程对其进行了实证检验,清晰、系统和全面地厘清了焦点企业网络能力、网络结构与产业集群风险传导和扩散之间复杂的作用关系。

创新点三:

本研究运用多主体仿真分析方法,对焦点企业网络能力、网络结构与产业集群风险传导和扩散的关系进行了验证性研究,并辨识了网络结构与集群风险之间的逻辑关系,极大地提升了对策建议的针对性和有效性,从而突破了传统研究方法难以定量描述产业集群风险传导和扩散的动态过程,以及由于对策建议未在现实中实施而导致的集群风险关系机理的有效性验证无法开展的难题。

创新点四:

本研究以企业创业为理论基础,建立了集群层面升级的理论框架,并通过跨案

7

例研究揭示了企业层面升级的内在机理,运用经济学模型,将企业层面和集群层面的升级有机结合,提出了集群跨层面升级原理。由此本研究突破了现有研究范式的局限,从理论上解决了传统分析方法难以对集群企业风险治理有效性进行刻画的问题。这一研究构思和方法具有开拓性,为集群风险传导与扩散及风险治理研究提供了新的视角和理论基础。

2 文献综述

2.1 有关集群及集群风险的基本理论

集群风险被视为影响区域经济发展的重要因素,随着集群生命周期的演化,产业集群存在老化与灭亡的风险,可持续发展不是一个集群显而易见的附带特征,集群风险受到越来越多的学者关注。这些研究包括区域经济学、战略管理、组织学、经济地理学和社会学等各类学科。例如:区域经济学研究产业集群生命周期、区域外部经济环境以及由此产生的结构性风险,进而可能使区域集群的发展受到负面影响,甚至走向衰退(Tichy G,1987;Fritz et al. ,1998)。战略管理理论主要延续了 Porter(1990)的研究思路,认为产业集群可能因为外部威胁(如技术间断、消费者需求变化等)以及内部僵化(由于过度合并、卡特尔、群体思维抑制创新等)而失去竞争力;组织学强调从系统的角度研究集群,认为集群会因专业化水平的不断提高而逐渐变成一个封闭系统,最终导致必要的信息无法进入集群而使集群僵化、失去活力(Markusen,1996);经济地理学着重于集聚效应和具体地理定位的视角,研究集群的竞争与合作关系,以及由此产生的集群发展风险(Yang et al. ,2009);社会学从集群网络关系的视角阐明集群发展的风险(Powell,1996;Gordon,2000;Uzzi et al. ,1997)。目前,对集群风险的研究已经逐步从静态向动态转变。本书没有从传统的学派理论来进行文献综述,而是通过剖析集群内部网络结构,以社会网络理论为新的视角,认为集群网络结构是网络型风险形成的主要因素(蔡宁等,2003),进而揭示了不同发展阶段的集群风险与网络结构共同演化特征。本章以集群网络结构及网络能力为切入点,根据研究的递进性,主要从以下三个方面展开:(1)集群类型;(2)集群网络结构;(3)集群风险演化。集群类型实质上体现的是不同网络结构构成的集群,如中卫型、市场型和混合网络型,不同集群的风险鲁棒性具有显著差异。这里的集群网络结构主要指由企业与企业之间关系构成的集群内部网络结构,由于集群企业之间的关系连接不同,如强弱关系、连接密度表现出集群网络能力的差异,进而导致集群抗风险能力的强弱分布。集群风险演化则表现为集群风险与集群网络结构的共同演进的过程,通过刻画集群风险在内部网络中的传导与扩散,导致集群结构的演变,最终集群网络如果不能有效疏导风险,网络结构就会遭到破坏,集群将走向衰退。

2.1.1 集群类型分类

马歇尔(1890)在其《经济学原理》一书中将专业化产业集聚的特定地区称为"产业区",从而这种区内大量的中小企业通过相互作用与社会趋向融合的现象引起学者们的广泛关注。哈佛商学院波特教授(Porter,1990)在《国家竞争优势》中将产业集群(Industrial Cluster)的定义进行了学术上的诠释,使得集群的研究提升到了理论研究的领域,进而在《哈佛商业评论》上发表的《产业集群和新竞争经济学》(1998)中系统论述了产业集群与竞争优势之间的关系,认为由相互独立、联系多向性的企业及其产业链上的客户、供应商、相关机构所构成的空间组织形式,相对于其他竞争对手具备特有的竞争优势。

产业集群研究的范畴涉及社会学、区域经济学、组织学、经济地理学和管理学。这些学科分别从各自的学科背景出发,对产业集群这种现象做出了相应的阐述,由于其侧重点不同使得集群在概念诠释上千差万别。Marshall(1890)、Becattini(1978)、Pyke(1992)、Swann 和 Prevezer(1996)、克鲁格曼(2000)、王缉慈(2001)等以产业区为视角对集群进行概括,认为集群是由在地理接近下的由相互依赖特性的企业和关联机构形成的区域生产综合体。Porter(1990)、Piore(1990)、Becattini(1991)、Enright(1995)、Schmitz(1995)、Markusen(1996)、Oinas(1998)、Feser 和 Bergman(2000)、OECD(2001)、Xavier 等人(2008)以波特的产业集群理论为基础,强调企业及其相关机构在地理接近下的关系接近性所构成的社会网络的集聚现象。

从已有文献对产业集群的定义(见表 2-1),我们可以归纳出以下两个特性:一是对集群的研究范畴不仅仅应该着眼于企业,而应该更广泛地概括集群内的相关机构和政府部门。二是集群构成的结构研究不仅仅应该注重地理位置上的关系研究,更应该注重企业与企业、机构和政府部门间的社会网络关系研究。

表 2-1　产业集群的定义

代表学者	领域	定义
Marshall(1890)	基于马歇尔产业区概念	由大量相互作用的中小企业形成的专业化产业集聚的区域。
Becattini(1978)		在特定的区域内由共同社会背景的企业和机构形成的社会区域生产综合体。
Sforzi(1990)		根植于相同区域内,具有相互资源依赖的,且企业间距离不超过一天的旅程。
Pyke(1992)		相互依赖的生产过程,且通常集聚在一个产业内,根植于一个区域内的企业群体。
Swann 和 Prevezer(1996)		同一产业中大量企业位于同一地理区域。
克鲁格曼(2000)		以新经济地理的理论解释集聚经济的观点。
王缉慈(2001)		从经济地理的角度解释由相互关联的企业和其他的支撑性机构形成的新产业区现象。
Thomas 等人(2010)		位于同一地理区域的以集聚、网络和相互联系为特征的产业组织(文中以创新产业为研究对象)。
Porter(1990)	基于波特定义的产业集群	在特定的产业区域内,在地理接近性且关系接近性下的相互联系的生产商、供应商、客户、生产互补产品的制造商和提供培训、教育、信息、研究和技术支持的关联机构。
Piore(1990)		由企业和相关机构构成的社会网络而形成的集聚。
Becattini(1991)		由同质性的企业在特定自然区域内形成的社会生产综合体。
Enright(1995)		产业与技术创新环境的结合。
Schmitz(1995)		企业拥有产业链上的劳动分工和专业化创新所形成具有区域竞争力的产业组织。
Markusen(1996)		由区域空间内的要素吸引企业生产活动的集聚从而形成集群。
Oinas(1998)		从关系和社会资本视角分析企业集聚现象。
Feser 和 Bergman(2000)		区域内企业使用先进的生产技术、普遍的公司战略、非正式的信息交换,知识和技术转移以及劳动力市场。
OECD(2001)		区域内相互依赖的企业、知识生产机构和中介服务机构及客户所构成的生产网络。
Xavier 等人(2008)		由物理和关系上紧密连接的企业和组织构成。

2.1.2 集群风险成因及类型

(1)集群风险成因,集群理论的早期研究主要关注外部威胁和内部僵化(Porter,1998)对集群风险的根本影响。Tichy(1987)、Fritz 等人(1998)、萨克森宁(2000)认为集群风险是由区域外部经济环境的波动、产品生命周期的完结、区域社会文化的适应性等一系列外部事件引发;Perrow(1994)、Stuart(2000)、Anastasios(2003)等多数学者则基于内部要素视角,指出核心企业风险是导致集群风险的根本原因。近年来,有关网络关系(结构)的研究进一步加深了对集群风险内在机制的理解,Gordon 和 McCann(2000)、Lozano 和 Arenas(2007)、Thun 和 Hoenig(2011)基于供应链要素视角,指出集群可能把企业锁定于非生产性关系,或者阻止企业寻求更为有效的合作伙伴,由此导致集群发展的风险;Birkinshaw(2000)、朱荣(2010)从资金链要素视角出发,认为缺乏创新的金融业务以及沟通不足的银企融资渠道是集群风险传导和扩散的原因;Dalum(2002)、Khan 和 Ghani(2004)、Iammarino 和 McCann(2006)从技术链要素的视角分析企业间技术创新能力的变化,从而明确了集群风险产生的原因。

(2)集群产生风险一般源于内在因素和外在力量,即内生性风险和外生性风险(见图 2-1)(朱瑞博,2004)。内生性风险指由产业集群内部力量所累积的风险,包括网络性风险(蔡宁,吴结兵,2002)、自稔性风险(吴晓波,2003)等,主要以集群网络中集散节点为研究点,以集群内企业及企业关系为研究对象,对集群内微观个体特别是焦点企业导致的内生性风险进行的研究。例如:Lazerson(1999)研究在集群结构演进规律中,从供应商成长起来的焦点企业的更替以及其在集群多元化中起到的作用,并指出供应商战略性能力的导向必须与集群战略性关系网络相匹配,否则不利于集群经济的持续发展。Cristina(2001)进一步以意大利包装业集群结构演进为例,分析焦点企业在生产链、资金链、技术链和管理溢出效应中的作用,从而有效推动集群的演进,并指出焦点企业的功能缺失可能引起集群风险。外生性风险是由产业集群外部力量所引致的风险,包括结构性风险和周期性风险(Fritz,1998)。它以整个集群宏观总体为研究对象,以集群受外界整体性经济波动(周期性风险)和集群内产品生命周期(结构性风险)为研究点,主要分析风险对集群内每个企业的共性影响,进而研究集群整体风险。例如:Fritz 等人(1998)对外部经济周期性波动导致风险的研究,Dalum(2002)等在波特技术间断论基础上,以北欧的无线通信工具集群为例,从实证角度研究了该集群内企业共性技术的生命周期如何使区域集群崩溃从而丧失竞争力的问题。

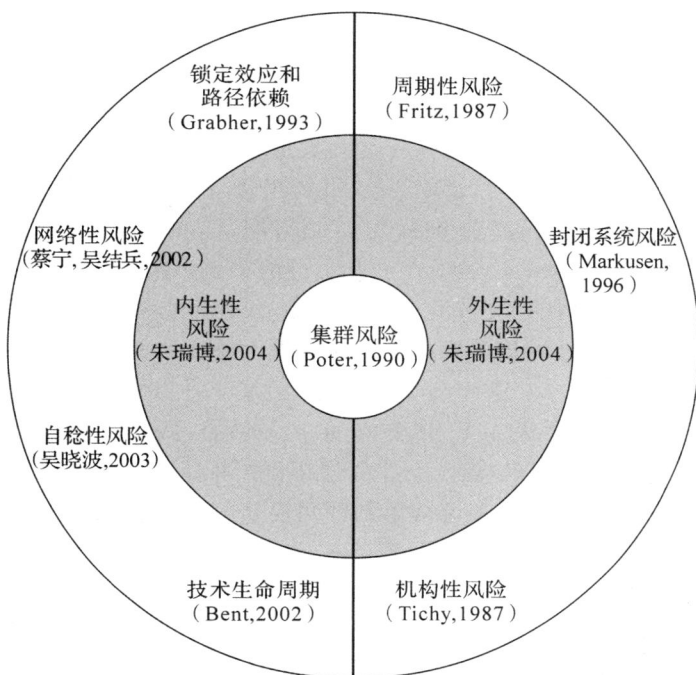

图 2-1　集群风险类别

2.1.3　焦点企业与集群风险

对焦点企业的研究主要集中于焦点企业识别、焦点企业在集群中的作用分析两个方面。①在焦点企业识别方面，Cristina(2001)从意大利中小企业与大公司的关系角度去识别焦点企业：中小企业的发展严重受制于大公司，作为大公司的焦点企业能够辨别市场和产品需求，能够精心策划和管理一系列庞大的集群内外企业或机构所形成的复杂关系；Franchi 和 Rieser(1991)在研究意大利摩德纳地区 200多家机械动力厂商后认为：分散化经营仍然是产业集群的特征，但是这些厂商的生产经常是由一些主导企业组织的。在焦点企业特征识别方面，刘友金和罗发友(2005)以角色不可替换性、快速成长性、网络联系多向性和行为示范性，定性表征了焦点企业的特征。其中，角色不可替换性指焦点企业在集群网络中的角色和任务是异质的和不可互换的(Lipparini & Lorenzon,1999)；行为示范性指焦点企业能够提出可以共享的商业理念，能够领导伙伴的发展，具备选择和吸引优秀伙伴的能力(Lorenzoni & Baden-Fuller,1995)。②焦点企业作用分析主要有：第一，从市场集中度角度研究市场导向功能。Bain、Harrison、Belussi 分别从不同角度阐述了

13

焦点企业的市场导向功能。Bain(1968)认为当八家企业控制了超过 45% 的市场，一个产业部门的市场集中度将上升；Harrison(1994)进一步研究得出当市场控制在少数的大型企业之中，产业集群内的市场分享将会增加；Belussi(1998)研究了意大利南部的大型家具生产商发现，在这些大型企业的市场引导下该地区家具行业衍生出了许多新的中小企业。第二，从市场正负效应的角度研究孵化器功能。市场的负效应主要体现在产业集群发展的初期，学者 Berger(1980)、Piore 和 Sabel(1984)、Perrow(1994)论述了在产业集群的早期，存在着两种截然不同的生产方式——焦点企业采用的现代化工艺生产和中小企业采用的传统型手工艺生产，这使得大批小型企业在集群发展的早期被焦点企业所淘汰。对市场正效应的研究主要有 Ottati(1994)对意大利 Prato 地区在第二次世界大战后，由于大型的羊毛工厂被关闭使得原来工厂中成熟的工人创办了大量的小企业的研究。Solinasi(1994)的研究则指出，焦点企业的创新和传递能力能够激发相关行业小企业的涌现。第三，从学习思潮和流行思潮的角度研究知识传递功能。Karamanosi(2003)将知识传递分为：学习思潮(learning bandwagon)和流行思潮(fad bandwagon)，并通过分析焦点企业嵌入在网络结构中的密度，说明焦点企业在学习思潮中所起到的知识传递的作用；通过分析焦点企业的合作伙伴在联系网络中的效用，说明焦点企业在流行思潮中所起到知识传递的作用。第四，从技术联盟的角度研究技术创新功能。Stuart(2000)从技术联盟的角度出发，比较了与焦点企业建立技术联盟的小公司与未建立联盟的小公司之间的业绩表现，从而说明焦点企业在技术传递和创新过程中的作用。

2.1.4 网络结构与集群风险

前面文献中论述集群网络结构是影响集群风险的关键因素。现有网络结构与集群风险的研究主要从两个方面展开：第一，网络关系与集群风险，集群网络结构可以用集群中企业之间的关系连接(包括连接强度)来表征(Xavier,2009)，集中反应了集群组织内层次(网络结构)与组织间层次(外部网络关系处理)两个方面(Burt,1992)。第二，网络结构属性与集群风险，有学者引进了网络密度、网络中心度一系列网络结构属性指标来研究网络结构与集群风险，例如：Nahapiet 和 Ghoshal(1998)、Scott(2007)、史晋川(2004)等。在这个基础上，更有学者对网络结构与集群风险鲁棒性进行分析，例如：Saxenian(1994)、Markusen(1996)、Lozano(2007)等人。

1. 网络关系与集群风险

网络关系是构成集群网络结构的基础，集群中的网络就是由一群相互依赖、相互分工的企业所组成(Johanson & Mattsson,1987)。因而，社会网络也是企业重要的社会资本(Coleman,1988,1990),社会资本代表了与其他组织和个人的关系,是寓于人际关系之中的,反映了一个组织或个人的社会关系。社会资本对网络关系的研究最早起始于 Granovetter(1973)对个人求职行为和结果的研究,认为求职者更容易通过弱关系而非强关系寻找到合适的岗位。Brown(1997)逐渐发展并拓展了社会网络学派的观点,从系统论的视角研究社会资本的关系要素。Adler 和Seok-Woo(2002)将微观层次和中观层次的社会资本合称为"外部社会资本",而宏观社会资本则被称为"内部社会资本",并以社会结构关系的研究范式构建了社会资本框架,认为"外部社会资本"是由社会网络成员的外部社会关系所产生的,其有助于社会网络成员获得外部资源;而"内部社会资本"是由社会网络成员内部的关系所形成,其有助于提升群体的集体行动水平。张其仔(1997)也认为社会资本从形式上看就是一种关系网络,一方面把社会网络视为一种最重要的人与人之间的关系;另一方面又把社会网络视为资源配置的一种重要方式。边燕杰(2004)从社会资本的视角论述了社会行动者之间的关系网络,并认为社会资本在社会行动者之间是可以转移的资源。同时,其他学者也从经济学等其他角度对网络关系进行了总结,Landry 等人(2002)认为集群中的社会网络主要扮演了提供信息、知识等资源。Powen(1990)以交易成本的视角,解释了网络关系是介于市场和企业内部管理之间的交易方式,通过网络成员之间彼此互助、互惠和相互合作而形成。因此,从以上对社会资本文献的梳理来看,集群网络关系实质上是一种资源(这种资源包括物质、资金、技术、信息等有形资源和无形资源)的连接及分配的方式,然而这种连接关系的强弱直接影响了资源分配的有效性。从企业风险传导与扩散的文献研究来看,风险实质上与这些资源的流动有着密切的关系。因此,有关网络关系强度与集群风险的研究得到越来越多的学者的关注:网络关系强度是刻画集群网络关系特征的重要指标。它反映了集群企业间联系的频率和交换资源的数量(Shulman,1976;Van & Ferry,1980)。根据现有文献可以将集群企业间关系强度分为强关系和弱关系两种(Uzzi,2003)。强关系的概念是由 Granovetter(1973)提出的,他认为衡量强度的指标包括:联系频率、关系维系的历史、关系维系的持久度、关系交流的数量和互惠情况等,强网络关系有利于提高组织对风险的鲁棒性(Lundvall,1992;Gulati,1995a;Krackhardt,1998)。同时,Granovetter(1973)在《The Strength of Weak Ties》一文中提出弱关系的概念,并认为弱关系区别于强关系的关键在于联系的频数,强关系是指每周联系两次及以上,弱关系是指每周联系少于两次,但每年大于一次的关系。根据 Granovetter 的研究,弱关系也有利于提高组织对风险的鲁棒性。因此,本书研究网络结构与集群风险之间的关系,就是分析企业如何合理分配这种强弱关系(即网络关系适应性)来提高集群风险鲁棒性的。

2.网络结构属性与集群风险

①网络中心度是社会网络理论中研究集群网络结构的主要特征变量。根据经典的社会资本理论,网络结构是个体之间连接的模式,包括网络联系、网络配置布局(特别关注以密度、连通性和层次等描述连接形式)(Nahapiet & Ghoshal,1998)。Bavelas(1950)最先对中心度的形式特征进行研究,并定义了中心度的概念。网络中心度反映的是点的相对中心度,具有局部中心度和整体中心度之分,局部中心度反映了某点在其紧邻的环境中与很多点有关联,整体中心度反映的是该点在网络的总体结构上占据重要位置(Scott,2007)。②网络密度是社会网络理论中研究集群网络结构的另一类主要特征变量。根据经典的社会资本理论,网络结构是个体之间连接的模式,包括网络联系、网络配置布局(特别关注以密度、连通性和层次等描述连接形式)(Nahapiet & Ghoshal,1998)。网络密度与集群网络结构的关系历来是研究者所关注的焦点,网络密度既是集群抗风险能力的一种表现,又是引发集群风险的一个原因。例如:Coleman(1990)强调高密度结构下的积极作用,认为高密度网络容易产生一致性的社会准则和规范从而提升信任和合作。Oliver(1996)认为紧密联结的网络中的企业成员,更容易形成相同的行为预期,因此这有利于网络中行为规范的形成和实施。同时,萨克森宁(1999)从实证的角度分析了硅谷产业集群中高密度的网络关系促进了集群的发展。与之截然相反的观点,Uzzi(1997)从网络嵌入性的视角认为高密度网络会抑制有效的经济活动;Burt(1992)、Grabher(1993)也从各自的角度提出网络密度对网络结构产生的副作用。Glasmeier(1991)和Grabher(1993)从瑞士钟表业和鲁尔钢铁业集群的研究中证实高密度的网络关系导致集群出现风险。同样国内学者王缉慈(2001)从东莞的IT业集群发现,低密度的集群网络结构不利于集群的发展;史晋川(2004)从温州的轻工业集群中证实高密度的网络结构特征是造成该集群困境的主要原因。鉴于网络中心度与网络密度两个变量具有一定程度的相似性,本书因为主要以焦点企业作为研究对象,研究集群风险自组织,相对而言选取网络中心度作为本书的关键变量更有意义些。

综上所述,网络结构与集群风险间存在密切的关系,本书就是从网络关系适应性和网络中心性两个维度研究集群风险的。

2.1.5 集群风险演化研究

对集群网络及其演化特性研究主要集中在集群网络组织、集群网络演化两个方面。第一,集群网络组织研究。蔡宁和吴结兵(2006)通过社会网络分析方法,考察集群组织间关系网络的密集性质及其功能机制,并运用系统论和社会网络分析工具(蔡宁等,2006),对集群企业网络结构与网络体系的建构进行了初步研究。他们认为集群企业网络体系是集群系统的核心层次,其结构特征可以通过网络变量进行刻画。吴结兵和徐梦周(2008)以 2001—2004 年 9 个浙江纺织业集群为样本的实证分析表明:网络密度显著促进了集群效率的提高,但不利于集群效益的提升,并通过网络结构和网络动态能力讨论了产业集群竞争优势形成的微观机制(吴结兵,郭斌,2010),明确了网络结构在集群竞争优势发展中的作用(Baptista & Swann,1998;Baptista,2000)。第二,集群网络演化研究。Steinle 和 Schiele(2002)阐明了产业集群形成过程中集群网络形成条件与影响因素。Chiles 等人(2004)从复杂理论角度建立分析框架,考察了集群演化过程,提出集群内组织间相互作用、共同演化是集群形成和发展的根本动因。谭劲松和何铮(2007)的研究表明,集群演化所呈现出的涌现、路径依赖、复杂性和共同演化等特征正是复杂适应性系统的典型特征。集群演进过程实质上是系统自组织过程,系统内每个企业的具体行为表现出集群特定的成长轨迹(谭劲松,何铮,2009;黄纯,蔡宁,2012)。黄纯(2012)以集群风险自组织为理论视角,分析了平湖光机电产业集群(中卫型)、绍兴纺织产业集群(市场型)、建德化工产业集群(混合网络型)的风险传导与扩散的过程。

集群风险演化是基于集群演化基础上的一个前瞻性问题。由于集群风险传导与扩散是一个时间的函数,风险传导与扩散过程必然伴随着集群内部或者集群外部环境变动所导致的网络结构的演变。集群风险传导与扩散最初的研究是从企业风险传导与扩散研究开始的,自奈特(1921)发表《风险、不确定性与利润》以来,风险及其管理问题受到很多学者的普遍关注,并开始由静态的研究向动态的处理转变。

集群风险传导与扩散的研究大多都是从单个核心企业(焦点企业)开始,Morrison 和 Rabellotti(2005)发现在集群网络中存在"核心企业",这些企业与集群内部其他企业在关系结构上具有显著区别。越来越多的研究也表明,这些"核心企业"在集群的成长中起到了关键作用(Schmitz,1995;Lazerson et al.,1999)。集群风险传导与扩散大多数带有阶段性特征,学者 Berger(1980)、Piore 和 Sabel(1984)、Perrow(1994)论述了在产业集群的早期,存在着两种截然不同的生产方式——焦点企业采用现代化工艺生产和中小企业采用传统型手工艺生产,这使得大批小型企业在集群发展的早期被焦点企业所淘汰,从而导致市场的负效应。再如,在集群发展的初期,由于环境的不确定性,组织(企业)的技术难以理解,当目标模糊时组织(企业)就会根据具有更高合法性的和更成功的类似组织(企业)来塑造自身(DiMaggio & Powell,1983)。而焦点企业由于其本身快速成长性、网络联系多向性和行为示范性的特征,在集群中具有标杆作用,使得其成为其他企业的模仿对象。这种模仿可能是无意识的,间接地通过员工调动、更换而传播的,也可能是明确地通过咨询公司或行业协会等组织传播的(DiMaggio & Powell,1983)。随着集群的进一步发展,集群内其余企业会有选择地模仿那些已经被其他"成功"企业所采用的实践,而这种模仿实践可能给企业带来正向的效益,如在经济和技术的研究中认为组织模仿其他组织所采用的已经产生明显经济价值回报有效率的实践(Griliches,1957;Mansfield,1961;Reinganum,1981),也可能给企业带来负面的效益,譬如:Meyer等人(1977)认为一种创新在组织间的扩散会达到一个阈值或极限,当超过这个阈值或极限,一个组织采纳这一创新为其提供的主要就是合法性而不是直接增进其经济绩效。在对集群衰退期特征研究中发现,对于集群中个别组织而言是理性的策略,一旦为集群中广大组织成员采纳,就可能是非理性的了(迪马吉奥等,1983),正是因为这个特征而导致集群衰退。如其他组织的规模或以往的成功来源于那些在目前的环境中而言是不适当的或有害的时间所采用。当这种带有负面影响的焦点企业特质通过集群网络中结点(焦点企业)和边(企业间关系)扩散到整个集群并成为集群中企业的普遍特征时,集群风险就通过网络传导与扩散了。

2.2 有关自组织的基本理论

自组织理论不是一个独立的理论体系,实质上它解释了一个宏观系统的大量子系统是如何进行自行组织,实现从无序到有序演化的一般条件、机制和规律性(张杰,2007)。它是由耗散结构理论、协同学、混沌理论、突变论共同组合的一个学科群。

根据本书的研究视角,本章通过对耗散结构理论、协同学、混沌理论、突变论逐个阐述,解释了自组织理论的构成体系。本书认为,耗散结构理论揭示了自组织演化中系统和外在环境之间的交换和融合的过程。协同学解释了组成大系统中各个子系统的竞争和协同效应,从而揭示了自组织的内在机理。混沌学则论述了系统在宏观上的稳定性、有序性,在微观上的不稳定性、无序性,将局部和整体统一到了一个研究框架中。突变论则着重剖析了子系统通过突变实现稳定态与非稳定态之间的自由转换,揭示了从局部到整体突变的演化过程。这些理论是构建本书自组织理论框架的重要来源。

2.2.1 耗散结构理论

普里高津(1971)提出了耗散结构的热力学理论,揭示了远离平衡的条件下,通过非线性作用,系统由无序向有序的稳定结构演化的过程。耗散结构的定义为:在远离平衡态的情况下,外界条件达到某一阈值时,会出现量变引起质变的情况,系统通过不断与外界交换能量和物质,会自动出现一种自组织现象,通过各系统之间相互协调的作用,形成一个稳定的有序结构(申维,2008)。

1.耗散结构形成条件

耗散结构形成条件:①系统必须是开放的,即需要与外界有交换物质、能量、信息的能力。②系统必须远离平衡态,才能保持对涨落的敏感性,通过非平衡态,在临界点上产生突变,促使系统从无序到有序的演化过程,形成新的稳定有序的结构。③系统必须有非线性的作用因素,才能产生相互影响和协调一致的行为,产生演化的多样性和复杂性。④系统从无序向有序演化,必须有随机涨落的现象,自组织必须通过涨落才能推动系统远离平衡态,使得非线性作用放大。

2.耗散结构特点

耗散结构一般具有以下四个特点:①开放系统是耗散结构发生的必要条件。②只有达到一定"临界值"时,耗散结构才会出现。③它具有时空结构,对称性低于达到临界值前的状态。④耗散结构具有一定的稳定性。

3.耗散结构系统实现过程

耗散结构理论的实现分为四个过程:输入、子系统间的竞争与协同、输出和反馈(见图2-2)。通过这四个过程实现环境与系统的相互作用、相互选择,最终实现系统存在、发展或解体、消亡。

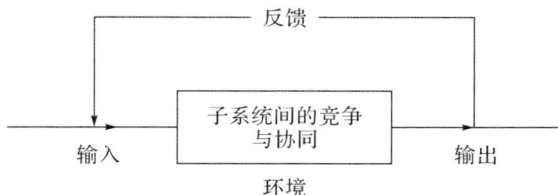

图 2-2　耗散结构系统实现过程

①输入:是指环境向系统输入的过程,具有被动输入和主动摄取两种形式。②子系统间的竞争与协同:是指系统内子系统对新入系统的物质、能量、信息进行分配时的竞争与协同。③输出:是指系统向环境输出被自身异化了的物质、能量和信息。④反馈:是指系统与外界相互作用同系统内部子系统间的相互作用、协同统一的一种作用。

2.2.2　协同学理论

协同学是由德国科学家哈肯(1971)提出的一种可以广泛应用的现代横断科学,它是研究复杂系统及其所构成的大量子系统之间的相互作用的理论科学。在一定条件下,子系统间通过非线性作用产生协同现象和相干效应,使系统形成有一定功能的空间、时间或时空的自组织结构;这种从无序到有序状态过渡的现象,它们的相变和功能服从相同的基本原理。协同学处理各种复杂系统的过程,就是描述不稳定性(涨落)、役使过程和相变的表现。

1. 涨落

涨落就是指系统宏观量的瞬时值经常会偏离它的平均值而出现的起伏状态。它分为内部涨落和外部涨落两类。系统涨落具体表现为:当系统进入相变临界点时,子系统之间发生各种形态的耦合,这些局部耦合所形成的涨落会不断冲击系统,反之系统的无序和混乱又使涨落变大。这种状态下,只有那个得到大多数子系统快速响应的涨落,能由局部波及系统,从而得到放大,成为推动系统进入新的有序状态的巨涨落。

2. 役使原理

在协同学中,役使原理反映的是一个系统由临界态向平衡态演化的过程。在这个过程中序参量是衡量相变点对系统演化作用程度的关键参量,而其他参量(伺服参量)被序参量役使。特别是在临界点时,系统往往会存在数个序参量,这些序参量通过一组组微观组态形成反映系统某部分的宏观结构特征,彼此间通过相互合作、相互妥协,协同一致地控制系统,从而形成了一个有序的系统结构。然而,当系统条件(控制参量)改变时,会改变处于相对稳定状态的数个序参量,促使序参量间彼此竞争,逐渐形成由一个序参量控制整个系统,其他序参量成为伺服参量的结果。这样系统的主模就由主序参量所确定,而奴隶模就由其他序参量所构成。

3. 序参量和相变

在协同学中,序参量和相变是两个密不可分的概念。相变发生之前,系统呈现无序的状态,各个子系统处于自发的、无序的状态,彼此间是弱关联。而当控制参量达到一定的阈值时,系统突破临界点,此时子系统间关联性逐渐变强,并形成彼此间的协同作用。而序参量就是这种有序的结构和子系统协同演化形成的标志;同时,系统通过序参量支配子系统,从而形成了系统的宏观结构或类型。系统的相变就是通过子系统间的聚集状态转变而发生的。

2.2.3　混沌学理论

混沌学把表现的随机性和系统内在的决定性机制巧妙地结合起来,解释了系统演化依赖于初始条件的敏感性的蝴蝶效应,并通过一系列的非线性方程得出奇怪吸引子,并认为奇怪吸引子具有无穷层次的分形结构,即自相似性。因此,可以这么认为,系统的混沌运动是其本质,而分形是它的表现形式。在混沌学的研究中,费根伯姆已经证明了不同系统从有序走向混沌的共同规律,并认为混沌是"确定的"和"随机性"结合的复杂系统。

混沌理论探索了系统演化过程中由看似无序状态的随机微观状态,转变为从整体宏观视角来看实质上是有序的、稳定的演化过程。这有助于我们在实践的研究中,将观测到的微观的无序、不稳定、随机性现象,统一到有序、确定性、稳定的演化宏观范畴中,将整个组织看作一个复杂系统,研究其内在原因,这使我们对自组织的复杂性有更深入的认识。

2.2.4 突变理论

突变理论是由法国数学家勒内·托姆(1972)提出的,其解释了系统从一个稳定态跳跃到另一个稳定态的过程。它通过诠释了这种不连续变化的状态,阐明了其中的突然变化的瞬间。它的一个重要特点就是研究自然和社会领域中以不连续变化为特征的突变现象,并对未来现象或事物进行控制和预测。

1. 突变理论与突变

突变理论中的稳定态与非稳定态之间是可以自由转换的,而这两种状态之间的转化就是通过突变来实现的。所谓的突变就是在达到一定的临界值时,系统状态迅速远离临界面,跳跃或快速地变化到另一新的稳定态的过程。突变类型可以分为跳跃式非连续变化和渐进式连续变化两种。

2. 突变的特征

复杂性事物的突变都是具有其内在机理的,主要表现为以下两个层面:一是复杂性事物整体,或某一层次整体上的突变性发生;二是复杂性事物内部,或某个层次内部各个可分离部分的突变性表现。

3. 突变的类型

根据托姆证明,当控制变量不大于 4 个时,总结出 7 种突变形式:折叠型突变、尖点型突变、燕尾型突变、蝴蝶型突变、双曲脐点型突变、椭圆脐点型突变、抛物脐点型突变。

2.2.5 自组织理论框架

自组织理论是由耗散结构理论、协同学理论、混沌学理论和突变理论有机组合而成的一个理论体系(见图 2-3)。

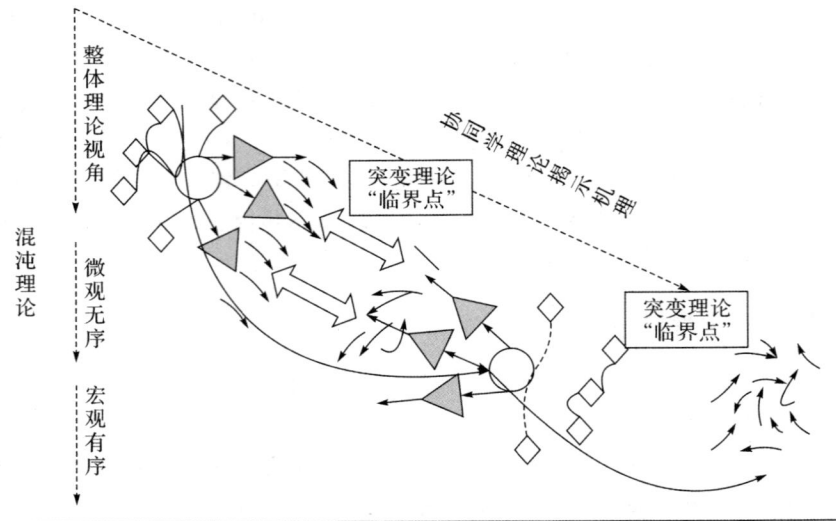

图 2-3　自组织理论体系构成

自组织理论存在三个要素:结构、功能和涨落。自组织就是在这三个要素的相互作用下发生的。(1)非平衡系统失衡,以致产生新结构的内部依据是非线性机制和随机涨落的存在。(2)非线性机制的发挥,以非平衡约束和随机涨落的存在为前提。(3)随机涨落的放大又以非线性机制和非平衡约束的存在为条件。

2.3　有关集群网络的基本理论

目前对集群网络的研究大多都是社会网络理论、复杂网络理论的一个衍生,而网络理论丰富的研究成果也为集群网络研究带来了新的启示和研究点。本书的研究思路就是以复杂网络上的传播机理与动力学分析、复杂网络上的相继故障作为理论基础,研究集群风险自组织的。

2.3.1　复杂网络的基本原理

在现实生活中,我们往往需要研究两个或多个行动者之间的关系,这种关系的复杂性往往会导致结构的复杂。为了理解网络结构和网络行为之间的关系,就需要对实际网络的结构特征进行分析,并在此基础上建立合适的网络结构模型(汪小凡等,2009)。

1. 规则网络

一般规则网络有全局耦合网络、最近邻耦合网络和星形网络三种。全局耦合网络是指任意两个点之间都有边直接相连;最近邻耦合网络是指每一个节点只和其周围的邻居节点相连;星形网络是指只有一个中心点,其余点只和中心点相连,而彼此之间互不连接的网络类型。

2. 随机网络

随机网络是与规则网络完全相反的网络,其中一个典型就是由厄多斯等人(1960)开发的 ER 随机模型,所谓的 ER 随机模型就是:如果当 N→∞时产生一个具有性质 Q 的 ER 随机图的概率为 1,那么就称几乎每一个 ER 随机图都具有性质 Q。随机网络模型是我们整个研究的基础模型,为了进一步刻画其基本原理,我们模拟了其演化过程:假设初始状态有 N 个点(示意模型里面给出 45 个点),我们以概率为 p 连接两点,这样就会得到一个典型的 EP 随机图(见图 2-4)。

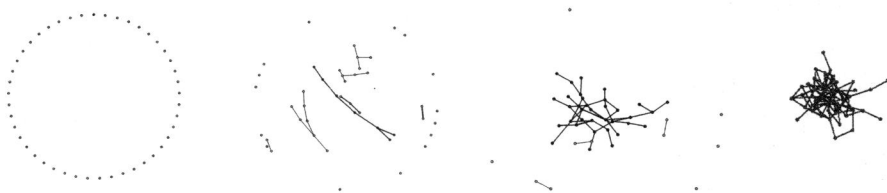

图 2-4　随机网络演化过程图

3. 小世界网络模型

小世界网络是既具有较短的平均路径长度又具有较高的聚类系数的网络。本章从 NW 小世界模型构造开始介绍小世界网络模型。①从规则图开始:考虑一个含有 N 个点的最近邻耦合网络,它们围成一个环,其中每个节点都与它左右相邻的各 K/2 节点相连,K 是偶数。②随机化加边:以概率 p 在随机选取的一对节点之间加上一条边。其中,任意两个不同的节点之间至多只能有一条边,并且每一个节点都不能有边与自身相连(汪小凡等,2009)。根据以上连接规则,作者通过计算机仿真模拟做出小世界网络连接示意图(见图 2-5)。

4. 无标度网络模型

近年来的研究发现 Internet、www 以及神经网络等的连接度分布函数具有幂律形式。这类网络的节点连接度没有明显的特征长度,是无标度网络的重要特征。BA 模型是一个典型的无标度网络模型,是由 Barabasi 等人(1999)提出的。该网络具有两个重要特性:一个是增长特性,另一个是优先连接特性。①

①　无标度网络模型在第五章中有详细的阐述。

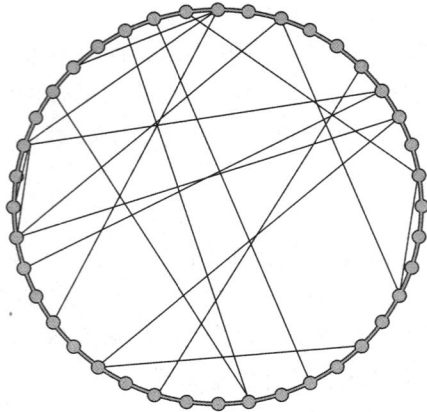

图 2-5　小世界网络连接示意图

5.局域世界演化模型

在现实经济社会的网络中,由于局域世界连接性的存在,会形成具有各自局域世界的节点,它们占据和使用整个网络的局部连接信息。局域世界演化网络模型就是用来描述这种情形的,它是在 BA 无标度网络模型的基础上改进而来的(Li & Jin,2003)。[①]

2.3.2　复杂网络的传播机理与动力学分析

集群风险自组织实际上就是建立在网络传播和动力学的基础之上的。本节通过回顾复杂网络研究中的流行病临界值理论、免疫策略和传播动力学分析,为集群风险自组织理论构建奠定基础。

1.复杂网络的传播临界值理论

Bailey(1975)、Anderson 和 May(1992)、Diekmann 和 Heesterbeek(2000)通过对流行病学的研究,提出了多种流行病传播模型,并将种群内个体抽象成具有典型状态特征的类型:S(易染状态);R(被移除状态),从而建立不同的传染模型。例如:SIR 模型就是指易染群体被感染,然后恢复健康并具有免疫性;SIS 模型就是指易染群体被感染后,返回到易染状态。

Pastor-Satorras 和 Vespignani(2001)对均匀网络、无标度网络的传播临界值进行了研究,并证明这些网络中存在一个有限的正的传播临界值 λ_c,如果有效传播率 $\lambda > \lambda_c$,判断网络处于激活态,反之,判断网络处于吸收相态。继而,Pastor-Satorras 和 Vespignani(2003)对 BA 无标度网络、有限规模无标度网络的传播临

---

① 局域世界演化模型在第五章中有详细的阐述。

界值进行了深入的探讨,认为这两个网络具有对病毒传播抵抗的脆弱性。Volchenkov et al.(2002)从生物网络进化选择的机理研究无标度网络,并认为由于不同的有限选择原则,导致无标度网络没有一个共同有效的免疫策略。Liu 等人(2003)认为复杂网络中存在着非零的传播临界值 λ_c。

2.复杂网络的免疫策略

选择合适的免疫策略是无标度网络抵御病毒攻击的关键。现有理论认为免疫策略可以分为三种:①随机免疫,②目标免疫,③熟人免疫。

Diekmann 和 Heesterbeek(2000)在定义免疫节点密度和免疫临界值后认为,无标度网络采取随机免疫策略所取得的效率是最低的。Pastor-Satorras 和 Vespignani(2001)认为根据无标度网络的不均匀特性,进行有选择的目标免疫后的效率显著高于随机免疫。Cohen 等人(2003)认为目标免疫虽然比较有效,但是需要掌握的信息量较大,导致信息成本较高,对于现有社会和 Internet 来说难以做到;因此,提出熟人免疫策略,即从 N 个节点中随机选出比例为 p 的节点,再从每一个被选出的节点中随机选择一个邻居节点进行免疫。研究表明,这种熟人免疫效果远好于随机免疫,而目标免疫的效果略好于熟人免疫。

3.复杂网络的传播动力学

复杂网络的传播动力学理论主要以传播过程中出现的,如:震荡等动态行为的分析为主,事实上现有研究以 NW 小世界网络的传播方程动力学为视角,对分岔、混动和一般不稳定震荡等动力学现象进行了探索。Barthelemy 等人(2004)分析了具有高度非均匀分布特性的复杂网络中传播爆发的时间演化过程,发现这种非均匀网络中病毒传播的低阶动态行为特征:若开始病毒传染了度大的节点,其会逐渐传染到网络中度逐渐减小的节点。

NW 小世界网络是由 Newman 和 Watts(1999)最早提出的,并描述了在一个 d 维 NW 小世界网络上的传播过程。Moukarzel(1999)在此基础上进行了更为翔实的分析,并建立了该网络传播原理。如图 2-6 所示,假设从最初的感染节点 A,病毒以常速 $v=1$ 开始传播,经过一系列推导和演化后得出其线性传播方程:

$$V(t) = \sum_{k=1}^{\infty} \frac{t^{dk}}{(dk)!}, d = 1, 2, 3, \dots$$

显然该方程是随着时间 t 的增大而发散的。

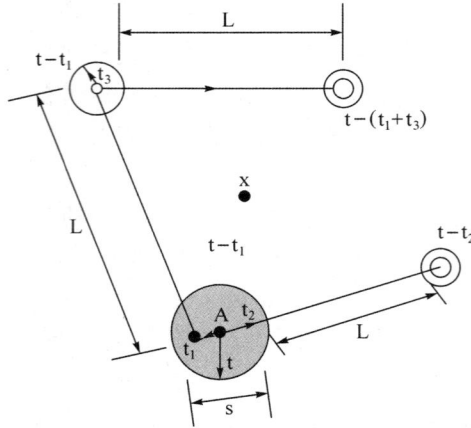

图 2-6　NW 小世界网络构念图

资料来源: Moukarzel C. F. Spreading and Shortest Paths in Systems with Sparse Long-range Connections. Physical Review E, 1999, 60(6).

Yang(2001)认为 NW 小世界网络的感染量 $V_{(t)}$ 中,由于现实中存在的等待时间,在网络传播中必然有一个时滞,并依此提出了小世界网络传播动力方程的分形、混沌与分岔。Hayashi(2004)利用均匀网络和非均匀网络的 SIR 模型来研究计算机病毒的传播过程,并比较了没有免疫措施和有免疫措施的网络演化情况。

2.3.3　复杂网络的相继故障

复杂网络的相继故障描述的就是实际网络中,一个或少数几个节点或边发生的故障,通过节点之间耦合关系引起其他节点发生故障后产生的连锁效应,最终导致相当部分节点甚至整个网络的崩溃(汪小凡等,2009)。这种相继故障反映在经济社会中就是风险,因此本书在刻画集群风险时应用复杂网络相继故障的原理,来模拟集群风险演化。

1. 复杂网络相继故障的动态模型分析

(1)负荷—容量模型:该模型中通常会将网络中某个节点或边赋予一个初始安全值。当由于某种原因某个节点或边的负荷超过其安全值时,会发生故障。该节点就会把负荷分配到其他节点。这些节点接受负荷后,总负荷也可能超过其安全值,从而产生新一轮的分配。这个反复的过程就会引起相继故障。Moreno 等人(2002)提出了研究 BA 无标度网络中节点和边的相继故障模型。同时,Newman 等人(2001)对比了相近平均度的均匀网络和无标度网络的相继故障,发现均匀网络对于攻击的鲁棒性比非均匀网络要好。继而,Holme 和 Kim(2002)研究了网络增长过程中相继故障的产生条件,并通过定义两种增长模式:ICA 模式(网络节点数线性增长)、ECA 模式(容量保持一个常数);发现 ECA 模式下相继故障的发生几乎是不可避免的。Grucitti 等人(2004)通过节点和边的混合模型研究了 ER 随机模型和 BA 无标度网络模型,认为 ER 模型的鲁棒性比 BA 模型要强。Kinney 等人(2005)通过对北美电力网络进行分析,得出了与 Grucitti 相似的结论。

(2)二值影响模型。该模型是一个一般影响模型(Asavathiratham,2000),Watts(2002)将这种模型应用于随机网络相继故障模型里面,通过构造一定的演化规则和攻击方式模拟了相继故障发生的过程,认为网络内部的联系不是很紧密的情况下,相继故障的传播受限于全局连接情况;而在网络内部联系紧密的情况下,受限于单个节点的稳定性。

(3)沙堆模型。自 Bak 等人(1987)通过计算机模拟出沙堆模型研究沙崩前的临界状态(自组织临界)后,Olami 等人(1992)、Bonabeau(1995)、Lise Paczuski(2002)对该模型的临界状态进行了深入研究。

(4)OPA 模型和 CASCADE 模型。Dobson 等人(2002)提出了一个电网由初始状态向自组织临界状态转化的模型,解释了北美电网的大规模相继故障和发展中国家电网的频繁小故障。

2.基于耦合映象格子的相继故障模型

耦合映象格子(CML)是指具有规则的拓扑结构的模型。近年来,具有小世界或无标度拓扑结构的 CML 中的动力学行为,如混沌、同步等,已经成为研究热点(Gade & Xu 2004)。其中,Wang 和 Xu(2004)对基于 CML 的相继故障模型、典型拓扑结构(包括全局耦合映象格子、小世界耦合映象格子、无标度耦合映象格子等)CML 中的相继故障进行了深入的研究。

2.3.4　集群网络与网络理论研究

自从 Granovetter(1985)"嵌入性"理论的提出和社会网络分析方法的兴起,产业集群的重要特征——关系接近性引起了学术界的关注。Gordon 和 McCann(2000)总结了产业集群研究中的三种主要范式,包括集聚经济模型、产业组织模型和社会网络模型。目前用网络理论对集群网络进行分析的研究主要从以下四个方面展开。

第一,集群的网络属性研究。Steinle 和 Schiele(2002)阐明了产业集群形成过程中集群网络形成条件与影响因素。蔡宁(2006a)通过社会网络分析方法,考察集群组织间关系网络的密集性质及其功能机制,以深入理解产业集群现象。在此基础上,蔡宁(2006b)运用系统论和社会网络分析工具,对集群企业网络结构与网络体系的建构进行了初步研究,认为集群企业网络体系是集群系统的核心层次,其结构特征可以通过网络变量进行刻画。

第二,集群网络与竞争优势关系研究。吴结兵(2010)通过企业网络结构属性和网络动态能力讨论了产业集群竞争优势形成的微观机制,明确了网络结构属性在集群竞争优势发展中的作用(Baptista & Swann,1998;Baptista,2000)。

第三,集群网络的案例研究。朱海燕和魏江(2009)运用社会网络分析方法和案例动态演绎方法,以浙江大唐袜业产业集群为例,探究知识密集型服务业嵌入到产业集群之后在其中所承担的角色及其发挥的功能。吴结兵(2008)以2001—2004年9个浙江纺织业集群为样本,运用社会网络等理论进行的实证分析表明:网络密度显著促进了集群效率的提高,但不利于集群效益的提升,其中网络密度通过集聚经济对集群效率产生正面影响,通过集体学习对集群效益产生负面影响。

第四,从复杂适应性系统角度分析集群发展和演化过程。Holland(1994)正式提出了比较完整的复杂适应系统理论,他认为系统发展和进化的基本动因是系统成员所具有的主动性以及其与环境的“自适应”过程。谭劲松和何铮(2007)的研究表明,集群演化所呈现出的涌现、路径依赖、复杂性和共同演化等特征正是复杂适应性系统的典型特征。集群演进过程实质上是系统自组织过程,虽然系统内每个企业的具体行为由于受制于许多随机因素干扰很难准确估计,但整体而言会表现出集群特定的成长轨迹(谭劲松,何铮,2009)。吴结兵(2010)认为,复杂适应性系统理论在集群演化研究中的应用是将集群演化的研究焦点从集群发展的整体现象转向了微观企业的适应性行为,为从微观企业层面展开集群演化研究奠定了坚实的基础。Chiles等人(2004)基于实证研究,从复杂理论角度建立分析框架来考察集群发展的自组织过程,提出集群内组织间相互作用、共同演化是集群形成和发展的根本动因。

2.4　有关集群风险治理和创业的基本理论

产业集群风险控制的研究主要有:Bergman(2002)研究了产业集群的政策调整、资源重新配置、与远距离合作者的开放性联系等方面对产业集群风险控制的作用;仇保兴(1999)则从实证角度认为,质量保证书、中间商的培育、标准化产品等可以控制由产品质量信息不对称而导致的产业集群风险;而王缉慈(2001)等指出,地方根植性网络是产业集群竞争力的基础,但在经济全球化背景下,外来影响越来越多地干扰着一个区域产业组织的演化过程,这就要求网络主动去适应外部环境以降低风险。以上研究都是从控制集群风险的角度研究集群风险治理。而事实上,集群风险治理的研究目前已经逐渐演化为对集群转型升级的理论研究,Rosegrant和Lampe(1992)、Saxenian(1994)、Dalum(1995)从集群整体层面解释了集群升级的内在原因,并用硅谷的崛起带领美国经济走出低迷、意大利南部集群三次复兴等成功案例加以佐证。Lawson(1997)、Rabellotti(2000)等学者进一步将这些集群的成功因素归纳为外部环境要素和企业内部要素促使集群创新从而实现转型升级。实际上,这些因素都可以用集群企业的创业行为所表征。因此,本书认为企业创业是集群风险治理的有效形式。本章就从国内外学者对创业的研究:公司创业的内涵、创业类型、创业政策三个方面展开。

2.4.1 公司创业的内涵

Burgelman(1983)和 Zahra(1993)认为,公司创业是指企业层面的创业行为。其含义是指组织内的个人或群体,与其组织联合,创造新的业务机构,推动组织内部战略更新和创新的过程(Sharma & Chrisman,1999),是企业进行多元化发展的过程(Chung & Gibbons,1997)。创业不仅发生在个人新建企业的过程中,已建企业同样存在以创新、风险承担、超前行动为特征的创业现象(Shane & Venkatraman,2000)。自 Aldrich 和 Zimmer(1986)提出将创业视为一种嵌入在社会关系网络中的现象以后,网络逐渐成为研究新企业形成和发展的有效工具。创业领域的学者使用网络理论研究创业的核心问题,如创业中差异化的信息通道(Gulati,Nohria & Zaheer,2000)、创业机会识别(McMullen & Shepherd,2006)等。研究表明,创业之所以成为一个机会的识别和利用的过程,主要原因是网络和社会结构与创业现象存在着密切的关系。

在此基础上,Simsek、Lubatkin、Veiga 和 Dino(2008)等运用开放系统理论和资源依存理论,将环境因素作为推动公司创业的前置变量;Zahra、Hayton 和 Salvato(2004)分析了组织文化、企业信息系统和资源等对公司创业活动的影响;Li、Guo 和 Liu(2008)则运用代理理论,分析了驱动企业高管人员从事公司创业活动的动力因素,包括公司法律、相关契约、个人利益等。创业动力与公司绩效显然有密切的相关关系,更有学者对公司创业及绩效进行了研究。Covin 和 Slevin(1991)认为公司创业拓展了企业能力范围。但已有的实证研究并不支持公司创业一定能推动企业绩效提升的结论,Zahra、Neubaum 和 Huse(2000)研究表明,衡量公司创业的风险投资活动对公司资产收益率和销售收益率存在显著的负效应。Yin 和 Lau(2008)的研究发现国内风险投资与企业绩效的相关性不显著。

2.4.2 公司创业的类型

Guth 和 Ginsberg(1990)把公司创业行为分为内部创新和战略更新两种,当一个企业发生内部创新或者战略更新就是创业型企业。Covin 和 Miles(1999)在此基础上提出了公司创业行为的四种类型,包括持续更新、组织更新、战略更新和领域更新。其中,持续更新是指企业通过定期持续地开发新产品或新的服务来利用市场机会;领域更新是指企业不仅集中资源于现有的领域,而且创造出新的产品市场来获取竞争优势。

2.4.3　公司创业的政策

Lundstrom 和 Stevenson 是最早关注并研究创业政策的两位学者。他们(Lundstrom & Stevenson,2001)认为创业政策是为激励一国或地区经济主体创业精神并提高其创业活动水平而采取的政策措施。创业政策针对创业过程的各个阶段,着眼于创业者的创业动机、机会和技能,并鼓励更多的人以建立自己的企业为首要目标。Lundstrom 和 Stevenson(2005)分析了 13 个国家的创业政策,定义创业政策是对创业进程中的早期阶段进行研究,以满足动机、机遇和技术要求为目标进行设计,主要目的是鼓励更多人将创业当成一种选择,进而达到鼓励他们采取行动创办企业的一系列政策。Acs 和 Szerb(2007)强调了区域性创业政策应该是鼓励本地创业,使企业的形成和增长成为一个"正和博弈",而非从其他区域吸引已存在企业的"零和博弈"政策。

2.5　理论评述

本书文献综述的脉络是首先通过集群及集群风险的基本理论进行研究,并对焦点企业、网络结构在集群风险中的关键作用进行分析,在归纳了现有对集群风险演化方面的理论之后,引出了自组织作为研究理论主线,通过对耗散结构理论、协同学理论、混沌学理论、突变理论的梳理,推演出现有自组织理论的研究框架。本章认为自组织理论的三个要素:结构、功能和涨落是推进自组织的关键因素,集群风险自组织也是遵循这一规律的。然而,这种自组织究竟是如何发生的? 其内在路径和机理是什么? 为了进一步加深对集群风险自组织的研究,本章引入了集群网络的相关理论,并试图从复杂网络的基本原理构建集群网络结构,从复杂网络的传播机理与动力学分析、复杂网络的相继故障解释风险自组织的过程,为进一步建立集群风险模型提供了理论基础。根据对最近文献的检索和分析,本章认为对创业理论和集群转型升级之间的关系深化研究是集群风险治理的一个有益的研究方向。为此,本章通过对公司创业的内涵解释、类型归类、政策分析方面的文献进行了归纳和总结,为后期的进一步研究构建了有效的理论框架(见图 2-7)。

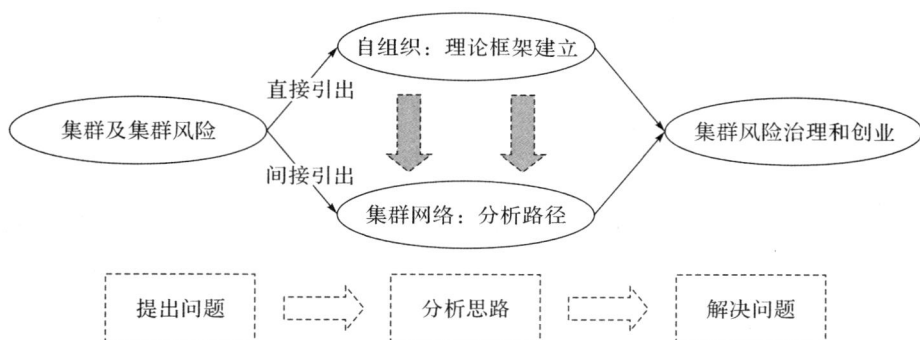

图 2-7 集群风险传导与扩散研究的理论体系构成

综上所述,目前对集群风险传导与扩散的研究大多都仅从风险成因等层面进行分析,已经初步探讨了焦点企业、网络结构对集群风险的影响,更有学者从演化的视角对集群风险进行了有益的探索。但是,以上研究皆缺乏从系统的视角对集群风险进行研究,集群作为一个在地理接近上的关系接近性的企业群体呈现出系统整体的特征。因此,集群风险的传导与扩散的研究必然离不开系统的研究方法,自组织理论则为其提供了一个有益的探索视角。然而现有文献中很少有从自组织视角对集群风险进行研究,本书认为构建集群风险自组织理论能够有效建立集群风险传导与扩散的机制。

此外,对集群风险传导与扩散的研究大多都从网络关系与网络能力的视角出发,已经初步探讨了产业集群的网络构成,这为进一步研究集群风险奠定了良好的基础。然而现有研究很少从风险的作用方式、作用对象等方面对集群风险进行分类,进而由于风险类型不同,对集群作用方式也不一样,从而导致风险的作用群体也不同(有的是作用于集群内个别企业,有的是作用于集群内大部分的企业)。因此在区分不同类型风险的作用群体后,对风险作用方式及对象的研究能够进一步有效揭示集群风险的作用机制。

同时,现有的文献对集群网络关系的研究还限于社会网络分析方法的运用。事实上,产业集群网络要素间的互动构成了复杂的网状关系,社会网络分析方法难以全面描述产业集群网络要素之间内在的复杂关系,也不能定量刻画这种复杂的网络结构,从而不可能深刻揭示网络性风险产生的机制,而现有复杂网络的研究已经翔实地探讨了网络动力学、网络传播机理、网络故障等,这些都为集群风险自组织研究奠定了理论基础。目前对网络能力的研究尚处于起步阶段,大多数学者对网络能力的概念提法比较笼统,没有将焦点企业、网络能力与集群风险进行结合考察,因此不能准确反映企业与企业关系之间的互动关系对网络结构的影响,更不能反映网络能力与集群风险之间的清晰关系。因此,如何梳理焦点企业、网络能力与集群风险之间的关系研究也是本书的重点。

　　基于以上的文献整理,我们认为,研究可以考虑运用复杂网络理论中的工具对集群网络结构进行刻画,从而揭示网络能力与网络结构之间的互动关系。复杂网络理论认为集群内部网络结构是由网络中结点(代表集群中企业数量)、网络边(代表企业之间的关系)而构成。复杂网络正是强调通过这些结点和边显示出异质性个体间集聚,非线性和相互作用的特性,并且以分布式控制、信息流共享、知识传递和学习、多样化行为特征、创新能力,以及行为个体间的复杂关系和结构演进表现(Auyang,1998;Holland,1995;Lane,2001)。同时,复杂网络这种表现形式也为计算机仿真技术提供了基础,为集群风险传导与扩散提供了全新的视角。

　　总之,关于集群风险传导与扩散的研究文献还相对较少。本书以自组织理论为新的研究点,对集群风险传导与扩散进行了文献综述,分析了其未来演化轨迹。然而,仅仅对集群风险传导与扩散的机理进行深入挖掘,显然没有回答如何应对风险的问题。为此,本书对现有集群风险治理的有关文献进行了梳理,发现创业理论与集群转型升级为该研究点的突破提供了有用的线索。因此,本书进一步对公司创业的内涵、类型和政策的文献进行归纳与总结,为探索集群风险治理提供了理论基础。

3 集群风险自组织理论建构的探索式多案例研究

集群理论的早期研究主要关注外部威胁和内部僵化(Porter,1990)对集群风险的根本影响。Tichy(1987)、Fritz 等人(1998)、萨克森宁(2000)认为集群风险是由区域外部经济环境的波动、产品生命周期的完结、区域社会文化的适应性等一系列外部事件引发;Perrow(1994)、Stuart(2000)、Anastasios(2003)等多数学者则基于内部要素视角,指出核心企业风险是导致集群风险的根本原因。近年来,有关网络关系(结构)的研究进一步加深了对集群风险内在机制的理解,Gordon 和 McCann(2000)、Lozano 和 Arenas(2007)、Thun 和 Hoenig(2011)基于供应链要素视角,指出集群可能把企业锁定于非生产性关系,或者阻止企业寻求更为有效的合作伙伴,由此导致集群发展的风险;Birkinshaw(2000)、朱荣(2010)从资金链要素视角出发,认为缺乏创新的金融业务以及沟通不足的银企融资渠道是集群风险传导和扩散的原因;Dalum(2002)、Khan 和 Ghani(2004)、Iammarino 和 McCann(2006)从技术链要素的视角分析企业间技术创新能力的变化,从而明确了集群风险产生的原因。上述研究仅仅对集群风险的产生进行阐释,而对集群风险的传导与扩散问题并未涉及太多。本书认为主要有以下原因:其一,集群风险的产生通常都是由特定事件引起的,是一个随机事件,因此很难对其过程进行观测;其二,集群风险的产生原因、内部组织结构以及不同阶段影响因素的复杂性都使得常规的理论研究很难从中抽象出集群风险的分析框架。实际上,集群遭受风险后的演变就是集群演化的一种形式,而集群自组织研究则提供了一个很好的视角(Albino et al.,2006),因此本书基于自组织理论对集群风险的传导与扩散进行研究。

3.1 研究取向

协同学在社会经济中的广泛应用(Foster et al.,1996)为集群风险自组织理论的构建提供了一个新的研究方向。Branskii(2004)将协同学中由分层理论、非线性关系等构成的信息反馈机制运用到自组织理论的建构中,并认为该机制就是系统在接受一个外部适应性压力后的演化过程(何铮,2005),它是通过层次性、非线性和协同性来共同实现的。其中,层次性表明系统中各要素具有重要性差异,反映了风险通过影响关键要素而逐层传导的特征;非线性指系统要素之间的相互作用、作用方式以及作用能力大小等,体现了风险要素之间作用能力的特征;协同性是指系统要素间通过竞争、协同效应所引起的关系结构变动,表现了风险要素引起集群网络变动的特征。协同学认为系统发生演化的先决条件是与外界环境有不断的物质、能量、信息交换,强调了集群外部风险研究维度的重要性,认为只有充分开放才可能驱使系统远离平衡态(Knyazeva,2004)。而集群内部风险研究更多体现了层次性、非线性和协同性,其中,企业风险维度表现的是单个企业对集群整体的影响,体现了层次性的原理;网络关系维度主要对由集群内企业结构关系的调整而引起的集群风险进行论述,在非线性和协同性上有所体现。由此,本书对案例集群所体现的层次性、协同性、非线性进行研究,并在此基础上构建集群风险自组织的理论构念维度。

集群风险自组织是一个复杂的动态过程,其理论构建是一个全新的构思领域,而不同类型集群的特征又不尽相同,使得风险自组织的表现形式各异。因此,本书使用探索式分析方法来构建相应的理论(Eisenhardt,1989),并就研究问题建立严格的分析框架(Tellis,1997),从而解决处于理论空白或已有文献所不能解释的问题(吴金希等,2004);使用多案例研究的复制逻辑,对不同类型的集群采用同样的分析程序,得出每次复制都确实能得出同样结论的分析结果,从而增强研究的说服力和构建更完善的理论(Yin,2003)。集群风险自组织理论是对集群风险理论的一种补充,因此,参照 Yin 的多案例样本选择标准,本书选择了三个研究案例。

3.2　研究设计

3.2.1　研究样本

本书样本的选取基于浙江省人民政府在 2008—2011 年间推出的《关于加快工业转型升级的实施意见》。在具体样本的选取过程中,作者参与了浙江省 42 个产业集群案例调研工作,走访了大量的集群内企业,并发现如下现象:2008 年国际金融危机中,浙江省产业集群普遍遭受不利影响,而不同集群风险的起因存在差异,部分集群风险缘于供应链问题,部分是由内部资金链问题所致,部分受制于技术链问题。因此,基于理论和现实需要,本书分别选取了三种类型集群作为典型案例,并邀请来自政府、高校、企业的三位专家对案例选取过程进行反复认证。

　　为确保访谈的真实性以及质性研究的效度和信度,本书在样本选取上,通过反复筛选确保了三个样本产业集群具有明显的差异性及代表性,从而提高了研究的外部效度。在样本研究对象选择上,进行了试访谈和反复访谈,并多次对访谈大纲进行修改,同时与当地政府部门建立了信任关系,从而提高了研究的内部信度:(1)企业样本,对选定集群中典型企业的管理层进行访谈,确定企业标准:一是集群内规模最大的示范性企业;二是与示范性企业在物资、资金、技术其中一个方面相关的企业;三是集群内其他相关企业。(2)政府部门,对集群所在区域政府的经济主管部门人员分别进行了多次访谈。

3.2.2　分析单位

　　在完成将要研究个案的总体界定后,对分析单位进行更细致、更明确地界定就显得非常必要(Yin,2003)。(1)分析单位。本书的分析单位是指某一特定的地理区域内服务具有地理接近及关系接近的企业集合(Powell,1996;Gordon & McCann,2000)。(2)研究范围。本研究分析范围是指集群内由核心企业及其关联企业(通过物质、技术、资金联结的企业)所构成的集群网络,Franc 等人(1991)、Lipparini 等人(1995)、Boari(2001)、刘友金等人(2005)的研究中也有类似的界定。(3)研究时间。本书界定的分析单位时间从一次风险开始到结束为一个周期。

3.2.3　数据收集

　　首先,作者对拟选定的案例进行了实地调研,调研以半结构化访谈的形式为主。在调研过程中,浙江省经信委、地方经贸系统的领导给予了大力支持,并派遣专职人员陪同作者到典型企业及相关政府部门进行调研,使作者获得了大量一手案例信息。其次,在每次调研结束后,作者及时对案例材料进行梳理,并通过邮件和电话的形式与访谈企业和政府工作人员进行了多次反复沟通。最后,作者通过当地统计年鉴、分管部门数据库以及高校财经数据库检索并收集了当地及国内权威媒体对样本集群的深度报道资料,对访谈数据进行了有效补充。

3.3　案例分析

3.3.1　浙江平湖光机电:中卫型产业集群

1.集群背景信息

　　光机电产业是平湖市的经济支柱,2008 年实现产值 142 亿元,占工业总产值的 22.36％。1998 年,日本电产芝浦(浙江)有限公司成功落户平湖后,当地政府在日资企业的配合下围绕微电机供应链进行产业招商,相继引进了日本电产集团等12家日系企业①以及韩国 SK、瑞典 SKF 等世界著名企业,同时也培育了一批为外资光机电企业进行配套生产的本土民营企业。平湖逐渐形成了以马达为主导产品,并包含冲压铁芯阻线、铁芯塑封、卷线、铁芯成型、PC 板组装、定子塑封、马达组装等各个供应链环节的产业集群。

  2. 案例风险判断

  本书从集群规模(Pietrobelli,1998)和集群效益(周雪光,2003)两个方面对集群整体风险自组织进行了定量分析,并以一个关键时点上是否有两个特征变量开始发生持续波动变化为判断依据,对集群风险爆发进行认定。从集群规模看(见图 3-1),

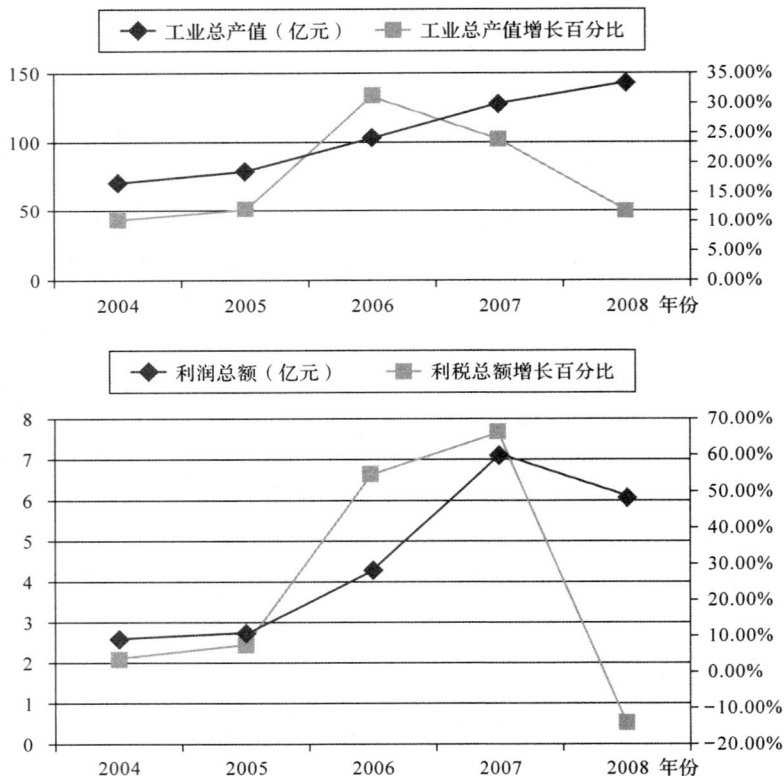

图 3-1　2004—2008 年平湖光机电集群规模和效益变化趋势

资料来源:根据平湖市经济贸易局提供的数据绘制。

---

  ①　日本电产集团公司由日本电产株式会社投资成立,主要从事精密马达生产。日本电产芝浦有限公司、日本电产科宝有限公司等12家子公司是属于日本电产集团公司的控股公司,主要从事相关主要配件生产。

平湖光机电总产值在 2006 年突破 100 亿元,并且产值增长百分比从 2005 年的 12.1％上升到 2006 年的 31％,但从 2007 年开始增速出现明显下滑,到 2008 年下降到 11.7％,低于 2005 年的增长水平。从集群效益来看(见图 3-1),利润总额从 2004 年的 2.57 亿元稳步上升到 2007 年的 7.08 亿元,增长百分比从 2005 年的 7.4％迅速增长到 2007 年的 65.8％,但在 2008 年回落到－14.3％。因此,本书判断在 2007—2008 年期间,平湖光机电集群风险爆发。

在平湖光机电集群风险判断的基础上,作者对日本电产、科宝等 13 家企业及浙江江茂实业股份有限公司、金利精密电子有限公司等 10 家相关配套企业进行深入走访。调研显示,受金融危机的影响,国际市场需求急剧萎缩,日本电产集团的国际销售市场承受了巨大的冲击,市场销售量下降明显。其供应链环节的配套企业、关联企业都受到了影响(见图 3-2)。因此,可以判定风险在整个集群中开始传导与扩散。

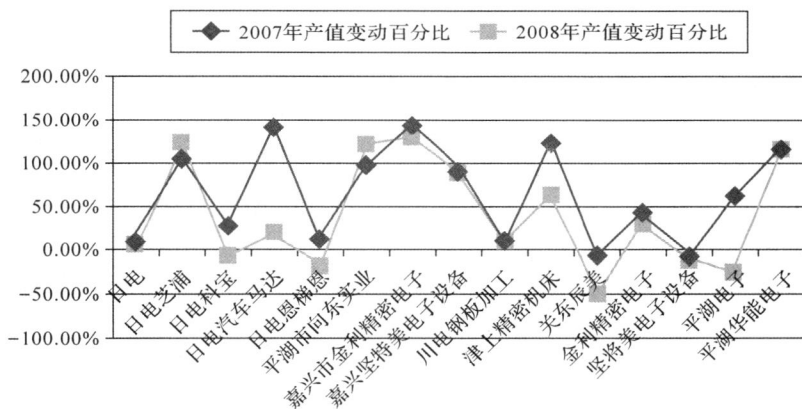

图 3-2　平湖光机电集群企业产值变动趋势
资料来源:根据平湖市经济贸易局提供的数据整理绘制。

3.案例解释

从集群的特征来看,日本电产(浙江)有限公司处于集群网络的中心节点,在集群中发挥着不可替代的作用,其共享的商业理念具有很强的投资示范性,从而吸引了以日本电产科宝(浙江)有限公司为代表的 13 家产业链配套子公司入驻平湖,形成了以日系企业为第一层次,以浙江江茂实业股份有限公司等数十家本土关联配套企业为第二层次的结构。日本电产不仅和集群内企业有多层次的联系(包括内部控股和产业链配套),也和美国、欧洲等大量集群外部企业具有技术合作、信息交流和网络联系。因此,当世界金融危机爆发时,日本电产首先受到严重影响,其产业增加值开始下滑,产量大幅度缩减;作为集群风险的风险源,它极大地影响了第一层次内的企业,进而导致外部第二层次企业的变动,这些都直接体现了集群风险自组织的层次性。

日本电产受到冲击后,网络内企业为保持集群在性质上相协调、结构要素组合上相稳定,通过关系组合内资源的配置、关系组合调整等作用方式形成了节点与节点之间的耦合关系,从而导致其他节点风险的连锁效应(汪小凡等,2009)。如:日本电产科宝有限公司、日本电产恩梯恩有限公司等关联企业为协调组合内资源的配置,减少了与日本电产的合作计划;乔智电子有限公司、金利精密电子有限公司等配套企业为调整关系组合,推迟了与日系企业的合作计划等。集群风险就是在企业之间的相互作用下传导与扩散的,这些都直接体现了风险自组织的非线性。

通过非线性的作用,网络中各节点企业增加或减少了连接数量,或者改变了连接距离和连接方式(Nooteboom,1999),最终影响了网络连通性(Crucitti,2004;Kinney et al.,2005),导致集群风险的爆发。如日本电产新宝、科宝、芝浦等关联企业通过改变连接距离来影响网络连通性,正如他们的业务总监所言:"……我们开始缩减产量,直接减少了与日本电产的业务量……"配套企业以改变连接方式来影响网络连通性,如金利精密电子有限公司总经理介绍:"我们改变了与日本电产的合作计划,开始和其他企业建立合作关系……"再如,浙江江茂实业股份有限公司在国内有了新的合作伙伴。上述做法改变了网络的性能,从而产生了网络性风险(蔡宁等,2003),就像平湖市经济贸易局某副局长所言:"在2007—2008年,平湖市很多小的光机电企业因为业务量的缩减而倒闭……"这个过程就直接体现了集群风险自组织的协同性(见图3-3)。

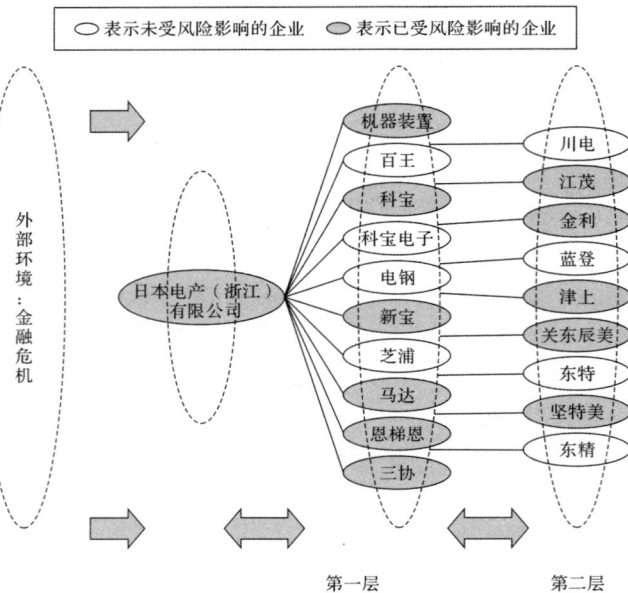

图 3-3 平湖光机电集群风险自组织示意图

3.3.2 浙江绍兴纺织:市场型产业集群

1. 案例背景

浙江省绍兴县是国内著名纺织产业基地,2008 年完成产值 1378.3 亿元,占全县工业销售收入的 65.6%。通过各个区域的分工协作,绍兴纺织业形成了由物理和关系上紧密连接的企业和组织所构成的产业集群。20 世纪 70 年代,新一代合成纤维进入国内纺织工业,带动了绍兴纺织产业的蓬勃发展,形成了人际关系网络为雏形的,以资金、生产网络为特征的绍兴纺织业集群(吴结兵,郭斌,2010)。在集群发展期间,由人际关系网络逐渐演化而成的跨组织资金担保网络关系的增长和深入发展,使绍兴纺织集群形成了专业化规范压力的制度性趋同(Paul,1983),促成了一大批几乎可以交换的集群企业。这些企业在不同的环节占据了相似的位置,拥有相似的态度倾向性和性情,不顾传统上存在的差别(Perrow,1974),将错综复杂的资金担保关系作为控制手段,形成了以资金链为连接方式的集群网络,在一定时期为集群内企业的发展创造了良好的融资平台,推动了绍兴纺织集群的迅速发展。

2. 案例风险判断

从集群规模看(见图 3-4),绍兴县纺织业总产值在 2007 年突破 1000 亿元,产值增长百分比从 2006 年的 8.11% 上升到 2008 年的 46.16%,但 2008 年起增速急剧滑坡,2009 年回落到－29.41%。从集群效益来分析(见图 3-4),利润总额从 2005 年的 43.02 亿元上升到 2007 年的 61.18 亿元,利税总额增长百分比从 2006 年的 5.53% 迅速增长到 2007 年的 34.76%,但在 2009 年降到－13.95%。因此,本书判断在 2007—2008 年期间,绍兴纺织集群风险显现。

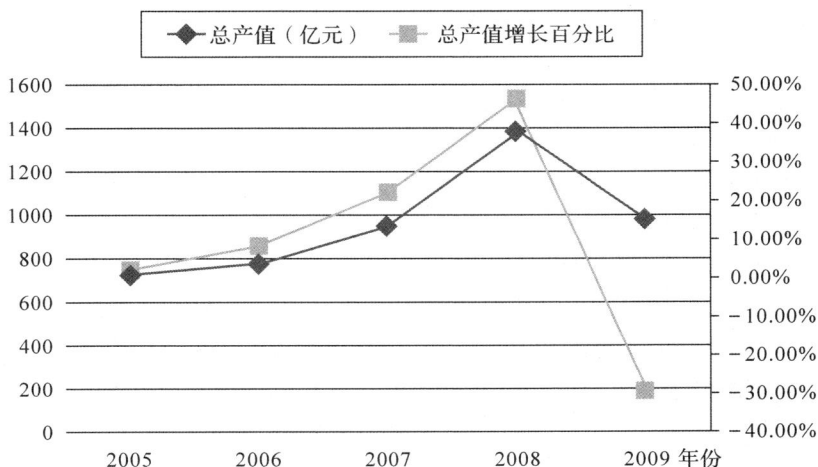

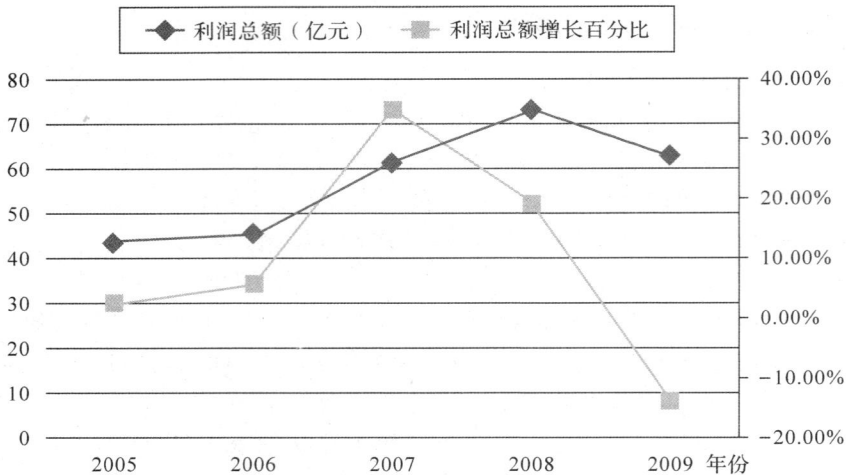

图 3-4 2005—2009 年绍兴纺织集群规模和效益变化趋势

资料来源:作者根据绍兴县经济贸易局提供的数据绘制。

在绍兴纺织集群风险判断的基础上,作者对浙江远东化纤集团等核心企业及其关联企业进行深入走访。调研显示,受 2008 年金融危机的影响,绍兴纺织集群中 6 家龙头企业已经破产重组,因此缺乏 2008 年以后的统计数据。同时,并购方(如远东化纤并购浙江华联三鑫集团)兼并上述企业后自身结构发生了重大改变,使得 2008 年和 2009 年两个时间段相关数据的可比性丧失。因此,本书没有对绍兴纺织集群企业产值变动百分比进行描述,据绍兴县发改局某科长介绍:"金融危机的爆发影响了大批绍兴纺织业企业,部分企业破产重组,大量企业产值大幅下降。"因此,可以判定风险在整个集群中开始传导与扩散。

3.案例解释

在绍兴纺织集群中存在这么一部分企业,它们通过资金链嵌入由企业、公共机构所组成的关系网络中,并与相关组织形成众多变化的关系(朱嘉红,邬爱其,2004)。这些企业在集群网络中所扮演的角色、承担的任务是异质的和不可互换的,它们运营着不同企业间庞大的网络关系(Lorenzoni & Lipparini,1999)。如有 7 家企业为浙江纵横集团提供了担保,而该企业又为另外 18 家企业提供了担保;再如有 7 家公司为浙江华联三鑫集团和浙江江龙集团提供担保或两者进行互保。这些是绍兴纺织集群资金链中的第一层次,而且外围还有数量众多、关系更紧密的第二、第三层次的企业。金融危机对外向依存度极高的绍兴纺织业形成了严重的冲击,浙江华联三鑫集团、浙江江龙集团、浙江纵横集团三家处于第一层次的企业相继出现问题,影响了第二、第三层次的企业,并进一步波及整个集群,这些都体现了集群风险自组织的层次性。

当集群风险爆发时,集群内企业通过交换、协调与控制等各种网络管理任务去杠杆利用其他企业的资源与能力(邢小强等,2006)来保持集群资金关系的协同性,这样通过节点与节点之间的资金耦合关系引起了其他节点的资金风险。如绍兴县的江龙集团率先受到冲击,并通过资金链的协调、控制作用于集群内其他企业。江龙集团与华联三鑫因为相互担保的关系而受影响(协调作用),并进一步通过资金链控制作用波及雄风、天马等具有担保关系的企业;江龙拖欠绍兴县振西染料有限公司数百万元货款,致使该公司资金链出现问题(控制作用)。这些都集中体现了集群风险自组织的非线性。

风险通过非线性的影响,直接引起了网络中关键节点的断裂,并通过节点之间的拟合关系(资金链)引起其他节点发生故障,从而产生连锁效应,最终导致相当一部分节点甚至整个网络的崩溃(Newman et al.,2001)。案例中江龙集团、华联三鑫、浙江纵横、浙江金雄集团、绍兴耀龙、五环氨纶等企业的相继停产(新华网,2008)就是关键节点断裂的反映。绍兴县振西染料有限公司被迫向周边企业融资,反映的正是通过节点间关系断裂而引起网络故障的情况。正如从事担保业的一位资深人士所言:"……江龙集团、纵横集团、华联三鑫等大型公司的倒闭,使得绍兴企业间那张纠缠不清的担保网,就像多米诺骨牌,冲击的是一大片企业。"这就充分体现了集群风险自组织协同性的特征(见图3-5)。

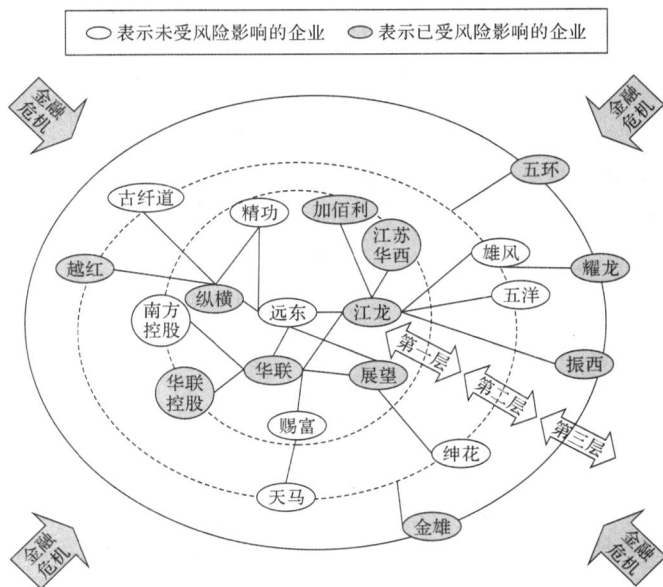

图 3-5　绍兴纺织集群风险自组织示意图

3.3.3 浙江建德化工：混合网络型产业集群

1. 集群背景信息

建德市地处杭州市西南钱塘江上游，是传统的化工产业集聚区。2007 年实现总产值 81.9 亿元，占工业总产值的 50.5%。该地区化工产业最初由以生产土制化肥、土农药为主的数家小企业形成。20 世纪 90 年代，随着国民经济的高速发展及环保要求的提高，浙江新安化工集团通过淘汰杀虫脒、氧乐果等高毒性、高污染的产品，并研发高效、低毒的绿色环保草甘膦农药产品，带动了建德化工产业的快速发展。目前，建德已经成为全球仅次于美国孟山都公司的草甘膦第二大生产基地。在新安化工集团、新化化工集团等核心企业的带动下，通过技术传递（Stuart，2000）、技术溢出及示范性（魏江等，2004）、企业高管创业（Li et al.，2008）等方式，集群内大量的中小企业逐渐涌现，最终形成了以新安化工、新化化工等为技术核心，以企业间技术关联为连接方式的集群网络，正如新安化工技术总监所介绍："我们新安化工是建德化工的黄埔军校……通过我们的技术支持就培养了十余家下游企业。""我担任新安化工的技术部门经理二十多年……退休后来到这家公司担任经理。"白沙化工公司副总经理如是说。

2. 案例风险判断

从集群规模看，化工工业总产值在 2008 年突破 80 亿元，并且增长百分比从 2006 年开始以每年 20% 的速度递增，并在 2009 年回落到 −13.31%。从集群效益来分析，利税总额从 2006 年的 9.26 亿元上升到 2008 年的 16.39 亿元，利税总额增长百分比从 2007 年的 −8.86% 迅速增长到 2008 年的 94.19%，但在 2009 年降到 −55.22%。因此，本书判断在 2008—2009 年期间，建德化工集群风险显现。

在对建德化工集群风险进行判断的基础上，作者对新安化工、新化化工等核心企业及其相关联企业进行了深入访谈。调研显示，受国际市场的影响，草甘膦原材料价格大幅度波动，导致新安化工的整体产量锐减，与其技术链直接相关的企业、关联企业也都受到了影响。因此，可以判定风险在整个集群中开始传导与扩散（见图 3-6）。

3. 案例解释

在集群成长阶段，新安化工草甘膦化肥的研发成功使其成为集群内最具有活力的企业，并带动了集群整体的发展。在草甘膦及其后续产品的开发过程中，新安化工通过集群内知识转移与扩散（Child，2001），以及与 R&D 活动相关的学习（Dodgson，1993），将其技术扩散到了整个集群，最终形成了以新安化工、新城化工等核心企业作为第一层次，与其有直接技术相关的集群内企业为第二层次，其余配套企业为第三层次的结构。2008 年，草甘膦原料国际市场的巨大波动导致新安化工开始出现危机,风险首先在第一层次的企业中传导,继而在第二、第三层次中扩散,这些都体现了集群风险自组织的层次性。

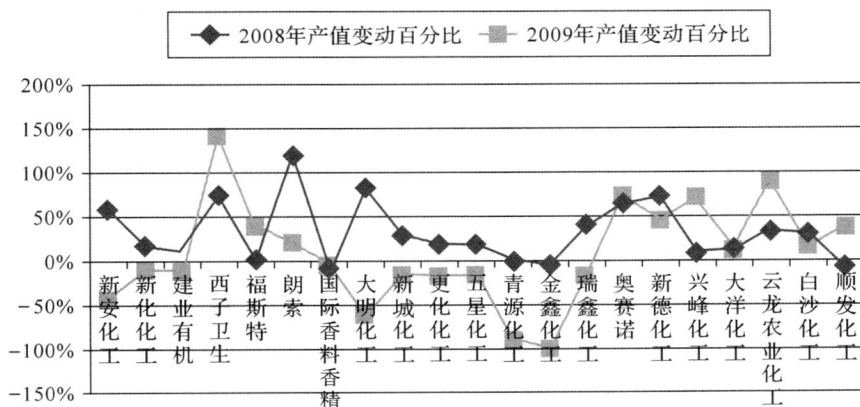

图 3-6 建德化工集群企业产值变动趋势

在经受国际市场的冲击后,新安化工等核心企业为保证与集群在性质、结构要素和功能上的同步性,通过网络关系管理能力(Dyer,1998),将风险传导与扩散到集群内其他企业,如受新安化工的影响,闻涛化工、白沙化工等关联企业调整产能;大明化工、新城化工等新化化工的关联企业,也因新化化工的支配关系开始调整生产线;同时,与新安化工有直接技术关系的企业,像其孵化的有机硅下游企业,开始放慢新产品在东莞、深圳市场的推广速度。这个过程就体现了集群风险自组织的非线性。

风险通过非线性的作用影响了集群中新安化工、新化化工等核心企业,进而影响到结构中其他节点企业,使得集群网络遭受严重打击。如案例中集群内企业新化化工、建业有机等通过改变连接距离,减少了与新安化工的业务关系从而影响了网络连通性。根据建德市统计局数据,截至 2009 年,建德化工企业由原来的 63 家减少到 34 家,主要就是因为集群网络中节点的连接关系发生了改变。受此影响,集群整体陷入低效状态,应对市场环境变化的能力减弱,正如建德市经济发展局某副局长所言:"2008 年是建德化工最差的一年,化工业遭受前所未有的打击……"以上的过程就体现了风险自组织的协同性(见图 3-7)。

43

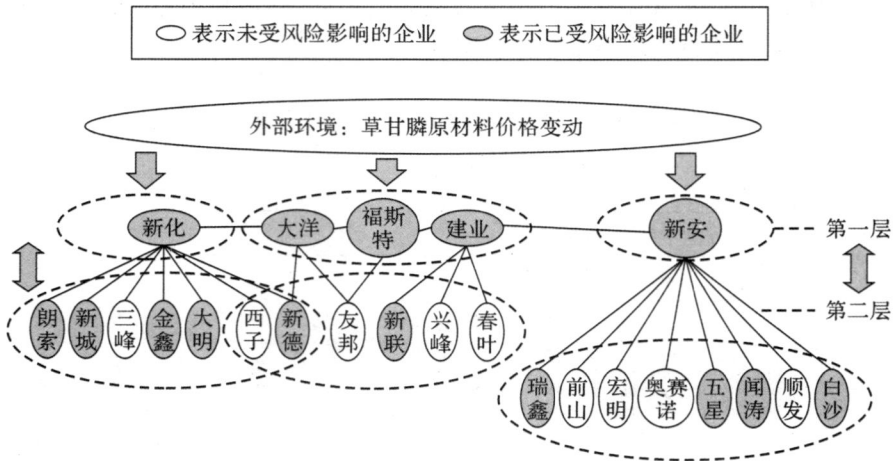

图 3-7　建德化工集群风险自组织示意图

3.4　研究讨论

3.4.1　集群风险自组织理论建构

为了进一步挖掘风险自组织理论模型的特征,本书遵循 Yin(1999)所提出的跨案例聚类分析方法,在对三个案例全部证据进行全面分析的基础上,按照跨案例研究逐步复制的法则,把这三个案例作为一个整体来分析风险自组织过程(见表 3-1)。

表 3-1　集群风险自组织研究的跨案例聚类分析

产业集群	风险事件	层次性	非线性	协同性
平湖光机电产业集群	国际金融危机	①日本电产等第一层次的核心企业受到攻击	①日系企业减少了与日本电产的合作	①日系企业直接减少了与日本电产的业务往来(连接距离改变)
		②第二层次的配套企业受到影响	②本土配套企业推迟了与日系企业的合作计划	②配套企业变更合作伙伴(网络连通性改变)

续表

产业集群	风险事件	层次性	非线性	协同性
绍兴纺织产业集群	国际金融危机	①江龙、纵横、华联三鑫等第一层次的核心企业受到攻击	①江龙集团出现问题,影响到担保企业华联三鑫,同时波及其他核心企业	①江龙集团、华联三鑫、浙江纵横停产(关键节点断裂)
		②第二层次企业受到影响	②江龙、纵横、华联三鑫的资金问题通过资金链影响到其他企业	②金雄集团、绍兴耀龙、五环氨纶停产(关键节点断裂)
		③第三、第四层次企业也相继受到波及		③振西染料等关联企业被迫向周边企业融资(网络连通性改变)
建德化工产业集群	国际原材料市场价格变动	①新安化工等第一层次的核心企业受到攻击	①闻涛化工、白沙化工等调整产能	①新化化工、建业有机等减少了与新安化工的业务来往(连接距离改变)
		②具有直接技术相关的第二层次企业受到影响	②大明化工、新城化工等调整生产线	②建德化工企业由原来的63家,减少到34家(网络连通性改变)
		③第三层次的配套企业受到波及	③新安化工有机硅下游企业减缓新产品的市场推广	
构念维度		风险源:焦点企业	风险载体:网络能力	风险传导路径:网络结构

从对这三个案例的解析中,可以清晰地看到集群风险自组织的演化全过程。根据协同学理论,集群风险首先诱发于一个外部风险压力,这种压力通过系统的传递使集群脱离原有形态,进入临界状态,从而表现出风险自组织特征。而集群作为一个由物理和关系上紧密连接的企业和组织构成的整体(Molina-Morales & Martínez-Fernández,2008),它所表现出的风险自组织特征主要体现在集群内在作用机制上的反应。从层次性分析结果来看,风险首先是对集群中具有角色不可替换性、快速成长性、网络联系多向性和行为示范性的焦点企业(刘友金等,2005)进行攻击,当这些企业出现风险后开始迅速在集群企业中传导。因此,焦点企业是集群风险源,是风险作用的关键节点。其次,从非线性的分析结果来看,当焦点企业受到影响后,集群风险通过企业间资源与关系的配置、协调、控制等内在作用机制即企业网络能力(Ritter et al.,2004)进行传导与扩散,因此网络能力就是风险载体。从协同性的分析结果来看,集群风险通过影响企业间网络关系使得网络中关键节点、相关节点及连接规则发生改变,最终影响集群网络结构。因此,网络结构就是风险传导路径。对此,本书提出研究命题1:集群风险自组织是一个内在结构

演化的过程,由焦点企业(风险源)、网络能力(载体)、网络结构(路径)三者依次作用而阶段性表征。

3.4.2 集群风险自组织间断非平衡性探索

从以上分析结果来看,集群风险爆发并不是简单地呈现"一触即发"就"火烧连营"的状态,而是经过焦点企业、网络能力、网络结构阶段性地逐层打破平衡态的过程。因此,本书提出研究命题2:在层次性、非线性和协同性三者协同演化下,风险阶段性地打破了集群平衡态,从而形成集群风险自组织间断非平衡性的特征(见图3-8)。

具体来看,本书认为区域外部经济环境的波动将导致产业集群的周期性风险,进而使区域集群的发展受到负面影响,甚至走向衰退(Fritz et al.,1998)。在三个典型案例中,引发集群危机的风险事件都受到了环境条件波动的影响,外部环境要素向产业体中不断渗透,并在供应链、资金链和技术链等方面引起一系列的涨落,从而使集群嵌入在非平衡的条件中。三个集群宏观量(总产值)的瞬时值经常会偏离它的预期值而出现起伏,就是非平衡态的主要体现。由此,得出子命题2a:外部环境的变化,会引起集群要素的涨落,导致集群嵌入非平衡态条件中——集群涨落阶段。

从层次性来看,风险事件直接触发了集群内具有特殊地位和主导作用(朱嘉红、邬爱其,2004)的焦点企业要素,使之成为集群风险源,从而波及其相关企业后引起局部耦合,打破了原有结构的边界,并冲击集群整体,进而使得风险放大,成为推动集群结构演变的巨涨落。案例集群中风险在企业中逐层传导就反映了这个阶段的特征。由此,得出子命题2b:风险事件直接影响了焦点企业,形成集群风险源,破除了结构边界,推动集群进入巨涨落——集群失衡阶段。

从非线性来看,集群风险以焦点企业为核心,通过物质、资金、技术等要素与集群内企业发生相互作用即风险耦合现象,这种网络能力改变了企业选择合作对象的关系(Möller et al.,1999)以及合作伙伴间资源配置情况等,使得集群这个序参量的变化进一步扩大,导致集群失衡现象越趋严重,最后发生相变。案例集群企业间动态关系的调整情况就体现了这一点。由此,得出子命题2c:焦点企业通过网络能力与集群内企业发生风险耦合,扩大了集群失衡效应,推动集群进入临界状态——集群相变阶段。

从协同性来看,焦点企业及网络能力的变动,破坏了集群企业间的网络关系,引起了网络结构中关键节点(或路径)的断裂(或改变),从而诱发了网络性风险,最终集群无序性序参量占据主导地位,使集群陷入混沌阶段。案例集群中企业关系混乱,大量中小企业停产,集群规模、总产值、利税严重下滑就是这一阶段的体现。

由此,得出子命题 2d:集群网络关系的改变,破坏了原有的网络结构,导致集群效益的下降和竞争优势的丧失——集群混沌阶段。

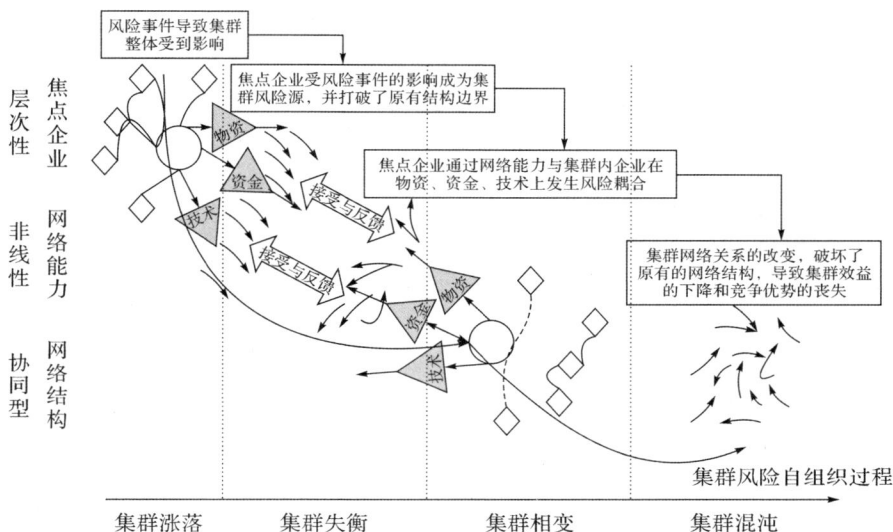

图 3-8　集群风险自组织理论框架构建

3.5　小　结

本书基于平湖光机电集群、绍兴纺织集群、建德化工集群的探索式多案例研究,提出了集群风险自组织理论模型,确定了集群风险自组织是由风险源(焦点企业)、风险载体(网络能力)、风险传导路径(网络结构)三个理论维度组成,并对其间断非平衡性的特征进行了详细分析,总结出集群风险自组织是由集群涨落、集群失衡、集群相变和集群混沌四个维度组成。

4 焦点企业网络能力、网络结构与集群风险：关系机理与分层假设

上一章构建了集群风险自组织的理论架构，该理论架构表明：集群风险自组织是一个内在结构演化的过程，由焦点企业、网络能力、网络结构三者相互作用而阶段性表征，并依此讨论了集群风险自组织间断非平衡性的特征。但是，这三者究竟是如何相互作用的？三者之间又有什么样的联系？由此导致的集群风险自组织内在机理是怎么样的？现有研究显然并未阐述，本章以严密的理论推演为依据，以网络能力作为研究点，构建焦点企业的网络能力的三个不同维度：网络规划管理能力、网络配置管理能力、网络关系管理能力与网络结构的两个维度：网络中心度和关系适应性，从而探索焦点企业网络能力、网络结构与集群风险自组织之间的关系机理，为下一步实证研究奠定理论基础。

4.1 焦点企业网络能力

4.1.1 集群企业网络能力的提出

Hakansson(1987)最先提出企业网络能力的思想，其主要从外部网络关系处理的视角，提出企业网络化能力的概念，即企业改善其网络位置的能力和处理某单个关系的能力。继而，Prahalad 和 Hamel(1990)将企业的"核心能力"这一概念引入管理学研究领域后，有关企业能力的讨论一直都是学者研究的热点(Winter,1987；Carlsson & Eliasson,1991；Eliasson,1990；Rasche & Wolfrum,1994)。能力通常被诠释成为企业在一系列过程或者活动(Day,1994；Li & Calantone,1998；Prahalad & Hamel,1990)中所体现出来的一种潜在的、权威的、有执行力的概念。这种能力的衡量主要包括胜任力(qualification)和执行力(task)两个方面。胜任力主要是指企业的个性特征，在企业网络的背景下，胜任力是指企业如何去发展、维系和使用关系的能力；执行力是指为实现某一个目标，而将一系列活动组合的能

力。因此,企业完成任务的能力往往能反向证明企业胜任力,而执行任务的能力也往往需要企业的胜任力来支持。为了解释这两个维度,实际研究中既需要了解网络的构成(即要研究以焦点企业为核心的网络中包括哪些企业),也需要从网络结构的视角去剖析(即要分析这些企业是如何联结的)(Ritter,1999)。现有文献大多从网络构成的视角研究企业与企业之间的关系管理能力(Walter,1998)。然而,以网络结构作为研究点,研究焦点企业网络能力已经逐渐成为主流,例如:Ritter(2004)认为企业在实践中会面临不同的网络管理情境,如在网络中处于掌控者地位、从属地位或者平等地位,而网络能力就是企业运用网络结构关系,处理这些情境的能力。集群网络是焦点企业网络能力的表现基础,集群网络管理是焦点企业网络能力表现的前置条件。因此,以网络结构作为视角,首先需要了解集群网络和集群网络管理,继而推演焦点企业的网络能力(Yen & Helena,2009)。

1. 集群网络

企业间关系网络的研究越来越受组织学、战略管理学和市场营销学的学者们重视。Gulati 等人(2000)、Johnston 等人(1999)认为企业间关系网络是嵌入在社会、专业和关系网络之中的,需要网络内企业通过相互合作、共享信息和资源,以缩短产品生命周期、提高研发费用和提升专业知识(Ritter & Gemuenden,2004)。因此,这种网络结构的构建就成为集群竞争优势的来源(Wilkinson & Young,2002;Dyer & Singh,1998)。De Nooy 等人(2005)、Hakansson 和 Ford(2002)认为网络就是由网络内个体通过一系列不同强度或深度的关系连接而成的。因此,集群网络可以被定义为:集群内企业组合在一起,通过协调彼此间行为、共享资源、相互合作来实现共同目标(Johnston et al.,1999)。

2. 集群网络管理

集群网络管理就是对集群内企业间的关系管理。集群网络关系既可以是垂直关系,也可以是平行关系;既可以是由供应商、客户组成,也可以是由竞争者和其他的网络成员相互连接而成(Gulati et al.,2000)。这种关系往往是建立在先前的交易、投资或者战略联盟的基础上的。Mcloughlin 和 Horan(2000)认为集群网络关系管理可以从个体层面(管理企业间特殊的关系)和网络层面(管理企业在网络中位置)两个层面去研究。从个体层面上来讲,企业个体行为的选择不仅仅取决于个体间利益关系,还受网络结构的影响(Marsden,1981)。因此,作为集群网络中的企业,需要考虑集群网络带来的机会和约束(Ford et al.,2000;Hakansson & Ford,2000)。从网络层面上来讲,集群网络一方面能够给集群内企业提供有利的机会,例如企业间协同创新(Ritter & Gemunden,2004;Ahuja,2000);另一方面,这种机会又容易受制于集群内企业和网络的"路径依赖"(Hakansson & Ford,2002;Gulati et al.,2000)。

现有对集群网络管理的研究大多都是从网络影响力(Mcloughin & Horan，2000)和网络动态性(Wilkinson，2001)这两个维度来表征的。第一，网络影响力。在网络理论中，"网络位置"是网络影响力的重要来源(Johanson & Mattsson，1994；McLoughlin & Horan，2000；Burt & Janicik，1996)。实质上，网络影响力就是企业在网络中的认可度(Ford et al.，2002)，网络中心性越高的企业在网络中的影响力往往越高，也就越容易影响其他企业来共同实现既定目标(Hakansson & Ford，2002)，这样的企业也就是集群中的焦点企业。第二，网络动态性。Wilkinson 和 Young(2002)认为集群网络会随着条件变化而变化，往往会在各种目标和网络成员之间建立某种平衡。虽然，网络整体上是趋于稳定，但这种平衡态会随着时间的推移而被打破，例如金融危机、市场衰退等风险因素，经常会使得集群网络结构发生变化(Gulati et al.，2000；Tikkanen，1998)，网络动态性管理能力就是在平衡态被破坏后，对网络结构的重新修复或重新塑造的能力。综上所述，网络管理能力就是集群复杂网络系统为实现个体和组织目标，而进行的自组织过程。

3.焦点企业的网络能力

焦点企业的网络能力是网络管理的关键(Yen & Helena，2009)。自 Prahalad 和 Hamel(1990)将"核心能力"引入企业管理的研究中后，引起了学术界和实践管理者的高度重视，企业通过建立并使用网络关系来增强竞争力的"核心能力"，就称为"网络能力"(Ritter，1999)，其定义为：企业处理业务关系的能力，包括资源有效利用能力、网络人力资源管理能力、信息综合处理能力和企业文化影响力四个层面。

4.1.2 焦点企业网络能力的构建

根据管理学(集群治理)和经济学(集群经济)领域(Hunt，1983)的研究成果，网络能力可以划分为四个层次来分析(见表 4-1)：第一层次，网络结构。集群网络结构是由集群内个体企业组合而成，研究者运用网络理论将集群视作网络，并研究其网络的内部运作机制(Håkansson，1995)。第二层次，焦点企业。这个层次主要研究集群企业和外部环境之间的关系，集群企业在网络中的位置和角色，集群企业之间的技术交流、合作和竞争，集群企业在网络中的位置与其演化过程等。第三层次，焦点企业配置管理能力。这个层次主要说明了集群企业是如何管理关系的，关注的是内部资源和运营关系的能力。第四层次，焦点企业关系管理能力。这个层次关注于网络核心元素是如何管理关系，并如何影响网络结构的(Kristian & Aino，1999)。

表 4-1　集群网络能力研究框架

管理层面	关键点	主要研究点
层次1：网络结构	网络是企业创造有价值活动的载体，是构成企业"环境"的主体。了解网络的结构、运营和演化是网络管理的核心。	如何有效利用关系网络并发掘机会？如何以网络演化的视角识别战略机遇？如何从网络的视角研究企业战略组合和焦点企业网络能力的形成？
层次2：焦点企业	集群网络中的企业战略行为选择是由焦点企业在网络中的位置和角色决定的。焦点企业网络能力中的识别、演化、构建、关系和位置都是基于集群网络的。	如何进行网络战略管理？如何进入新的网络组织？如何进行网络位置管理？
层次3：焦点企业配置管理能力	企业是联结资源和活动的主体。其战略核心是资源和行为相互匹配的问题。关系匹配能力是关系管理能力中的重要一环。	如何对供应商或客户实现最优化关系管理？如何从组织管理的视角进行供应商或客户网络管理？
层次4：焦点企业关系管理能力	客户或供应商个体是形成集群网络最基本的单元。创新、管理和VIP关系管理是企业的核心资源。	如何评估客户的未来价值？如何有效提升创新、管理和核心关系的管理能力？如何有效进行阶段性关系管理？

资料来源：作者根据 Kristian K. M.，Aino H. Business Relationships and Networks: Managerial Challenge of Network Era. Industrial Marketing Management，1999(28)整理。

Kristian 和 Aino(1999)进一步对将焦点企业的网络能力分为：网络管理能力和组合管理能力。(1)网络管理能力：包括网络远景规划能力和核心网络管理能力。第一，网络远景规划能力，是有效规划未来网络结构及其演化的技巧和能力，是焦点企业识别机会、利用机会的战略管理能力。现有对网络远景规划能力的研究并不多，Håkansson 和 Johanson（1993）、Håkansson 和 Hender（1995）、Håkansson 和 Lundgren(1995)、Lundgren(1995)、Mazet 等人(1995)就从网络演化和网络治理的视角研究网络远景规划能力。远景规划能力是一种组织学习构建能力。在系统的演化过程中，创新知识的获取是重要的演化因素之一，而这种知识的传递或获取就是通过网络结构来实现的。而焦点企业在这个过程中，通过网络结构对当前和可预见的网络行为进行规划，以更好地实现这种组织学习(Sinkula et al，. 1997；Dubois，1998)。第二，核心网络管理能力，即焦点企业动态管理、协调与网络中其他个体之间的资源和行为的能力。这种能力是建立和管理客户、供应商价值网络，研发网络的重要网络能力；也是进入一个新网络时的企业定位能力。现有文献对核心网络管理能力做了大量研究。Mattsson(1985，1987)就对网络位置管理能力进行了深入的研究，继而 Jüttner 和 Schlange(1996)研究了基于焦点企业和其他企业之间是如何进行网络管理的。此外，Axelsson 和 Johanson(1992)、Håkansson 和 Eriksson(1993)、Blankenburg(1995)还从生产管理、区域文化背景对网络管理的影响等多维度进行了研究。(2)组合管理能力:包括整个网络的组合管理能力和单个企业的关系管理能力。第一,整个网络的组合管理能力指的是企业通过供应链的组合管理,达到最优化企业资源的能力,这是焦点企业管理整个网络资源,并进行有效调控的能力。组合管理包括两个基本层次:战略层面的组合管理,指的是集中分配战略资源聚焦于关键客户;经营层面的组合管理,指的是对主要客户类型进行管理(Olsen et al.,1997;Storbacka,1997)。第二,单个企业的关系管理能力指的是处理企业间关系的能力,在网络中企业选择合适的合作对象,利用合作对象的资源,管理与合作对象的关系(Kristian & Aino,1999)。这种网络关系管理能力类似于 Ritter(1999)构建的焦点企业及其关联企业的关系分析模式,认为网络能力是管理伙伴间协调活动和相互适应的能力,是一种管理连接强度的才能,即建立和维护恰当强度的连接,从而在网络中形成强关系和弱关系。网络关系管理能力包括价值管理、投资管理以及如何建立、发展、维持和舍弃等有效的关系管理行为(Woodruff & Gardial,1996;Millman,1996;Filiatrault & Lapierre,1997),这种能力是决定企业在嵌入性的网络中获利程度的关键(Granovetter,1973;Hansen,1999)。同时,网络关系也需要通过这种能力的形式来实现(Williamson,1999;Nooteboom,2004b)。

Ritter(1999)将网络能力分为网络执行力和网络胜任力两个维度,并将网络能力置于整个集群网络结构的研究中(见图 4-1)。网络胜任力是指企业处理关系的能力,包括专业能力胜任力和社会胜任力(Helfert,1998)。从网络结构来看,社会技能是网络结构建立的基础,专业技能是网络结构的组成因素。网络执行力包括单维关系执行力(Bagozzi,1975;Rueker & Walker,1987;Mohr & Nevin,1990;Hallen et al.,1991)和多维关系执行力(Koontz & Donnell,1984;Olsen & Ellram,1997)。因此,从网络结构来看,单维关系执行力是管理网络中企业和企业之间关系的关键,多维关系执行力是管理整个网络的关系(Mattsson,1985)。

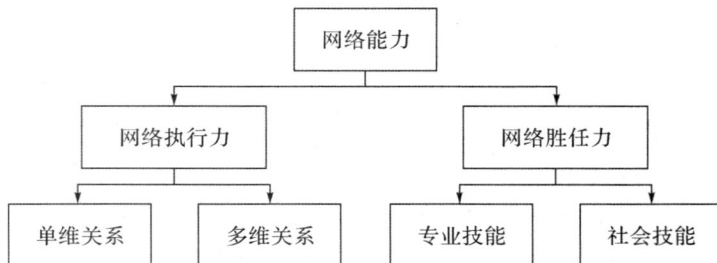

图 4-1　企业网络能力元素

资料来源:作者根据 Ritter T. The Networking Company:Antecedents for Coping with Relationships and Networks Effectively. Industrial Marketing Management,1999(28),一文整理而得。

Dwyer(1998)进一步对网络执行能力(关系能力)进行了解释,认为企业通过形成、发展与支配伙伴关系,从而促进获取和维持互惠关系的能力(Michel et al.,2000)。Sivadas 等人(2000)从合作能力的视角解释了网络能力,认为网络能力就是参与创新的组织间相互调整的能力。Teece(1997)和徐金发等人(2001)认为网络能力理论是集群内企业处理与外部网络关系的能力,这种能力是由企业发起、维持和运用商业关系并获取网络竞争优势的能力(Ritter,1999;Ritter et al.,2002;Ritter et al.,2004)。学者们的研究认为,企业培育这些网络能力的目的是为了形成更为有效的产业集群网络,提高企业自身的竞争优势。尽管学者们对网络能力的提法有所不同,但都认同网络能力是企业拥有的,更为重要的是这些能力都是企业嵌入集群网络的特征。

综上所述,由于不同学者对焦点企业网络能力的定义不同,对焦点企业网络能力的构建维度也不尽相同。本书在总结前人的研究基础上,将焦点企业的网络能力归纳为:网络规划管理能力、网络配置管理能力、网络关系管理能力三个维度,具体理论推演过程如图 4-2 所示。

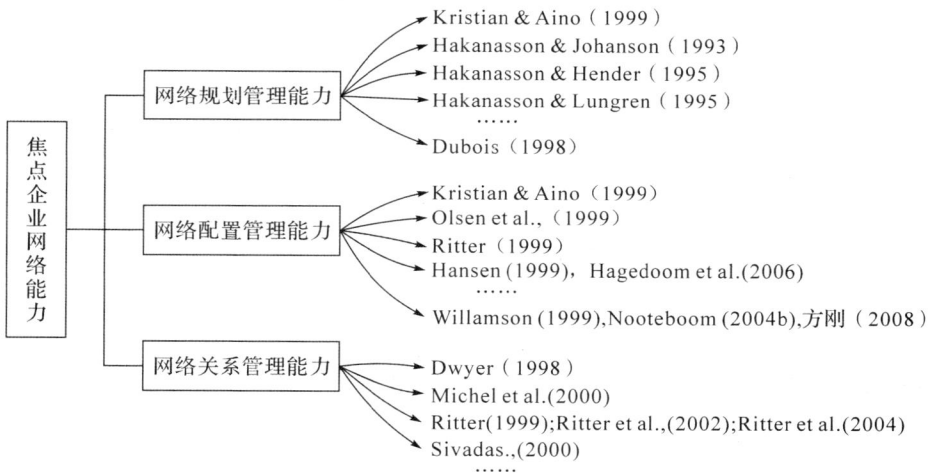

图 4-2　焦点企业网络能力理论推演图

4.2　焦点企业网络能力与网络结构的关系

企业网络能力与网络结构之间的关系是学者们一直争论的话题。有的学者认为集群网络中存在着焦点企业(Jarillo,1988),并通过"战略网络关系"控制着网络内其他企业。有的学者认为焦点企业和网络中其他企业所组成的网络结构就是一个复杂的自适应系统(Easton et al.,1997)。集群内的焦点企业不仅仅是完全通过资源来控制和影响其余企业的(Ford,1997;Hakansson & Ford,2001;Wikinson & Young,2002),这中间还有一些其他"看得见的手"作用于整个网络中的企业,并产生有利于焦点企业的行为(Hakansson,1987)。为此,本书主要通过构建焦点企业网络能力与网络结构之间的关系、网络结构与集群风险之间的关系,进行相应的实证研究,以此建立焦点企业网络能力、网络结构与集群风险之间的关系机理。

4.2.1　网络规划管理能力与网络结构

网络规划管理能力是指企业管理规范差异的才能,通过战略性的规划能力(Möller & Halinen,1999)使企业能够建立网络成员间的集体规范和共享价值系统。焦点企业的这种能力包括计划、组织、配置、控制能力(Ritter,1999;Ritter & Gemunden,2003;Ritter et al.,2002)。其中计划是焦点企业对集群整体规划能力的体现,要求对网络中不同成员进行规范性管理,使得企业间协同效应得到最佳发挥。组织能力是计划具体实施的表现,要求焦点企业通过对资源进行合理分配,使得集群整体目标、决策得以贯彻实施。根据 Burt(1992)的结构洞理论,焦点企业通过计划、组织规制建立为对方所接受的标准或工作规程,发展与对方兼容的管理模式,从而减小合作双方由于不同的组织背景和组织文化带来的消极影响,使得焦点企业处于网络结构的中央位置,因此焦点企业的网络规划管理能力越强,集群网络结构中心度就越高。

Ritter(1999)认为焦点企业的规划能力由以下三个维度组成:内部适应能力(具体包括资源、企业间强弱关系等)、网络适应能力(具体包括网络属性特征与企业内部资源之间的匹配性、战略和资源与网络内部的匹配性)和环境适应能力(具体包括与外部市场和技术发展的适应性等)。在此基础上,焦点企业运用网络规划管理能力,有效协调企业间关系,有效分配资源以及人员(Ritter,2003),并且管理战略网络能力(Hagedoorn et al.,2006),进行网络设置,选择合适的网络合作伙伴,使企业能够与伙伴维持较长时间的合作和交流,形成彼此相适应的关系,从而形成共享的价值和标准。

由此，我们得出假设 H_1。

H_{1a}：焦点企业的网络规划能力与网络中心度密切相关，网络规划能力越强，网络中心度越高。

H_{1b}：企业的网络规划能力与关系适应性密切相关，网络规划能力越强，集群企业间关系适应性就越好。

4.2.2　网络配置管理能力与网络结构

网络配置管理能力是管理与合作伙伴联结的能力，通过这种能力企业可以提高创新能力和关系风险治理能力（Gilsing et al.，2005），主要包括管理合作伙伴联结范围能力，即运用发现、评估等方法选择伙伴的能力（Hagedoorn et al.，2006），以此筛选并吸引对自己有价值的企业，并使企业在网络中能拥有足够的伙伴和丰富的联结，从而提高网络中心度（方刚，2009）。集群网络结构管理（Coleman，1988），通过对中心企业的连接数量、连接距离和连接方式（Freeman，1979）的管理提高网络配置能力，使得集群内达到认知、知识、价值、行为准则的分享（Gilsing，2005）。Yen 和 Helena（2009）认为企业通过提高网络配置能力来选择高网络中心度的连接行为，会促使社会准则、社会控制、联盟、社会声誉的形成。在环境不确定的情况下，这种机制有利于集群探索式创新的形成（Nooteboom 1999，2004a），有利于提升集群企业创新绩效（Shan et al.，1994；Ahuja，2000；Ritter & Gemunden，2004），进而提高集群竞争力。

集群网络结构是由焦点企业和外围企业共同构成的（Borgatti & Everett，1999），大量的研究认为集群网络关系的形成能增强集群企业的竞争力（Porter，1998；McKendrick et al.，2000；Chiu & Wuehrer，2006），集群内企业间有效的关系联结可以使得企业更容易获取知识。Madhavan 等人（1998）和 De Nooy 等人（2005）认为，集群内焦点企业运用网络配置能力能有效调节与网络中其他企业之间的关系，形成对自己最有利的网络结构（Gilsing，2005）和网络位置（Ritter & Gemunden，2004），成功实现创新目标和创新绩效。

由此，可以得出本研究的假设 H_2。

H_{2a}：焦点企业的网络配置能力越强，管理合作伙伴联结范围和密度的能力就越强，这样整个网络的中心度就越高。

H_{2b}：焦点企业的网络配置能力越强，越容易调配集群内企业关系，这样集群企业间关系适应性就越好。

4.2.3　网络关系管理能力与网络结构

网络关系管理能力是指在网络中企业选择合适的合作对象，利用合作对象的资源,管理与合作对象的关系(Möller et al.,1999),在《集群中高技术焦点企业的市场组织》一文中指出,焦点企业的内部网络(合作对象)管理是成功实现网络关系管理的重要因素。Ritter 等人(2002)、Ritter 和 Gemunden(2003)认为网络关系管理能力对企业绩效具有正向作用。关系管理通过促使伙伴间紧密而有序的物质、资金、信息的合作交流,加强了关系行为导向(Gert & Peter,2009),提高了集群网络中心度,对企业绩效产生了积极影响。相关研究在 Walter(2006)的文中也有涉及,他对 191 家企业的集群网络进行分析后,认为集群内某些企业扮演着"关系维系者"的角色,通过这些企业的关系维系有效解决了企业间纷争,加快了知识的传递速度,并且企业的关系管理能力越强,企业在集群中的地位就越强,集群的网络中心度就越高。

网络关系管理能力是管理伙伴间协调活动和相互适应的能力,就是一种管理联结强度的才能(Ritter,1999),即建立和维护恰当强度的联结,从而在网络中形成强关系和弱关系。这种能力是决定企业在嵌入性的网络中获利程度的关键(Granovetter,1973;Hansen,1999)。Helfert 和 Vith(1999)认为合适的伙伴团队的关系设计是伙伴关系管理能力的关键,他们通过与 230 位法国和德国公司的高层管理者的访谈发现,伙伴团队关系管理能力的提高,能够有效改进伙伴间潜在的关系,提高伙伴间关系适应能力,从而增强网络整体竞争力。

由此,作者得出本研究的假设 H_3。

H_{3a}:焦点企业的关系管理能力与网络中心度密切相关,关系管理能力越强,网络中心度越高。

H_{3b}:焦点企业的关系管理能力与网络关系适应性密切相关,关系管理能力越强,网络关系适应性越好。

4.3 网络结构与集群风险的关系

从第二章的文献综述来看,现有对集群风险的归类可以分为两类:一类是内生性风险(蔡宁,吴结兵,2002;吴晓波,2003;Lazerson,1999;Cristina,2001),包括网络性风险和自黏性风险;另一类是外生性风险(Fritz et al.,1998;Dalum,2002),包括结构性风险和周期性风险。后续的研究基本都是围绕着这两大块展开的。然而,无论是从焦点企业研究集群风险,还是从网络结构的视角研究集群风险,都仅仅探索了集群风险的成因。而集群风险的表现形式是什么?什么样的属性指标可以判定集群风险爆发?现有研究并未涉及。为此,本书引入复杂网络中的鲁棒性这一概念,这一概念是由 Albert 等人(2000)在研究随机网络和无标度网络中提出的，该篇文章成为当年 *Nature* 杂志的封面文章。作者认为，集群就是一个复杂的网络结构。因此，对集群风险的衡量也可以用风险鲁棒性这一概念去定量刻画。事实上，集群风险鲁棒性就是集群抗风险能力的表现。从本书的逻辑来看，集群遭受风险越严重，风险对集群网络结构的破坏性就越强，由此导致集群风险鲁棒性越差（即集群抗风险能力越低）。在此基础上，本章从网络结构的两个属性指标：网络中心度和关系适应性来研究集群风险鲁棒性。

4.3.1　网络中心度与集群风险鲁棒性

网络结构中用企业间相互联结代表网络企业交流的方式，网络结构属性和联结方式是刻画集群企业行为的有效指标（Burt & Janicik,1996）。关于网络联结参数的衡量，现有研究大多从网络中心度（Degree Centrality）（Freeman,1979）、网络中心性（Coreness）（Borgatti & Everett 1999）来研究。网络中心度是衡量集群整体网络结构的指标。现有研究表明，网络中心度越高则集群成员之间依赖程度越高，企业间相似程度越低（Piore et al.,1984；Scott et al.,1990；Saxenian 1994；Freeman 1995；Lozano et al.,2007）。企业选择高网络中心度的联结行为有利于社会准则、社会控制、联盟、社会声誉的形成（Coleman,1988）。在环境不确定的情况下，这种机制有利于集群探索式创新的形成（Nooteboom,1999,2004a）。然而，网络中心度高虽然会带有正向的创新激励，但是也会带来集群风险，联结焦点企业的企业数增多会增加企业的转移成本（Nooteboom,1999,2002）。同时，集群网络中心度高，意味着企业间的依存度高，从而使得集群风险容易通过焦点企业传导与扩散。由此，可以得出本研究的假设 H_4。

H_4：焦点企业的网络中心度越高使得集群内企业间转移成本、依存度越高，反映了较低的集群风险鲁棒性。

4.3.2　关系适应性与集群风险鲁棒性

企业间所形成的强关系，能够传递高质量的信息和隐性知识；Coleman(1998)从企业间信誉、信任等视角对强关系进行研究，认为强关系有利于企业自我约束，并能够有效促进企业间合作。Rowley(2000)进一步认为，强关系能够增强企业间信任关系，避免企业间机会主义的出现，从而降低企业间冲突，有利于形成企业间相互交流和友好合作的氛围，并促进集群内企业间形成联盟（Kale,2002；Heimeriks,2004）。但是，强关系容易使企业形成锁定效应和路径依赖（Grabher,1993），其中锁定效应包括：①以锁定本地企业间关系为主的功能性锁定；②产生周期性低迷的认知锁定；③制度机构的固化引起的政治锁定。而路径依赖是指次优行为和锁定效应持久存在。然而，更有意思的是，现有对弱关系的研究反映出这样

57

一个事实:弱关系有利于吸收新成员,延伸企业网络,从而实现跨边界组织的交流与联系(Granovetter,1973)。在恰当的时机选择一种适宜的弱关系有利于节约时间和资源(Burt,1992),更有利于接触和吸收更多差异化的信息。因此,弱关系较少受到关系网络的约束和限制,有利于行动者保持独立性,更有利于企业间风险转移及分散。由此,作者认为选择一个合适的强弱关系程度,是提高集群风险鲁棒性的关键。由此,得出本研究的假设 H_5。

H_5:焦点企业与集群内其他企业间网络关系适应性设置得越合理,集群风险鲁棒性越强。

本章重点提出了企业网络能力的概念,并按照网络规划管理能力、网络配置管理能力和网络关系管理能力三个维度对其进行剖析;根据集群网络结构的分析框架,详细分析了网络中心度和关系适应性与各维度之间的关系,同时讨论了网络能力的三个维度是如何通过网络结构对集群风险鲁棒性产生作用的机理。在此基础上,建立了在既定集群组织结构下的网络能力、网络结构和风险鲁棒性的概念模型(见图 4-3)。

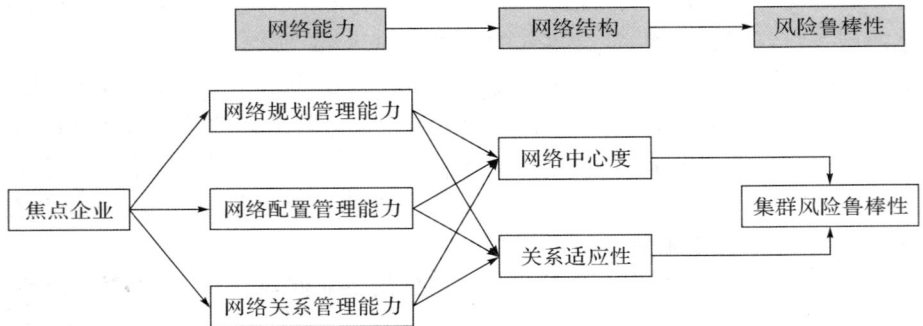

图 4-3　焦点企业网络能力、网络结构与集群风险概念图

这样,通过本书第三章的研究讨论结论,考虑从焦点企业网络能力——网络结构——集群风险之间的路径,来研究集群风险自组织问题,并由此形成了一层假设。本章更为深入地对网络能力进行了细分,并将网络结构中的结构属性和关系属性进行了机理解释,从而探讨了集群风险鲁棒性,并由此形成了二层假设,并将集群风险路径归结为一系列关系假设(见图 4-4)。

题
目　　　　　　基于焦点企业的集群风险自组织研究

现实背景:集群风险已经是区域经济
持续发展的重点问题

研
究　　理论背景:集群理论、自组织理
背　　论、复杂网络理论,创业理论
景

研
究　　集群风险自组织是一个内在结构演化的过程,由焦点企业、网
命　　络能力、网络结构三者相互作用而阶段性表征
题

一
层　　焦点企业网络能力的不　　　集群网络结构不同会导致
假　　同会导致网络结构差异　　　集群风险鲁棒性的差异
设

二　网络能力
层　•网络规划管理能力(+)
假　　　　　　　　　　　网络结构
设　网络能力　　　　　　•网络中心度(-)
　•网络配置管理能力(+)　　　　　　　　　　集群风险鲁棒性
　　　　　　　　　　　网络结构
　网络能力　　　　　　•关系适应性(+)
　•网络关系管理能力(+)

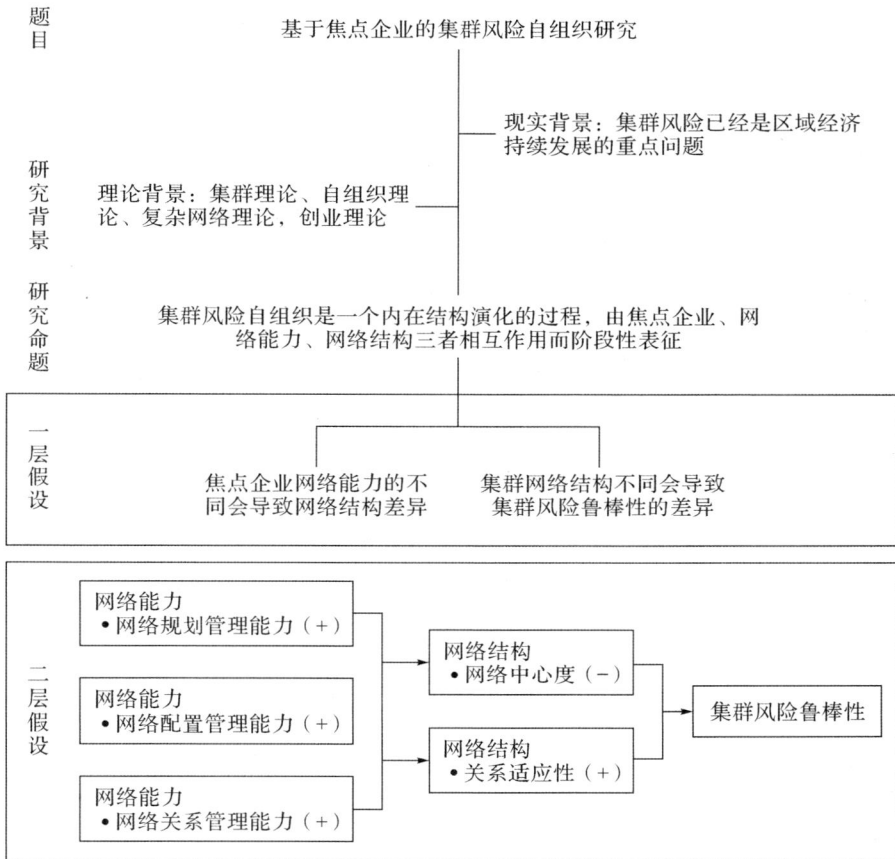

图 4-4　基于焦点企业的集群风险自组织研究树

4.4　小　结

　　本章在第三章的基础上,对焦点企业网络能力、网络结构进行了细分,并依此建立了集群风险自组织的关系机理与分层关系假设。本章的主要任务就是构建焦点企业网络能力——网络结构——集群风险关系假设模型,为实证研究奠定基础,最后通过研究树进行归纳总结。

5 焦点企业网络能力、网络结构与集群风险的实证研究

现有对焦点企业网络能力、网络结构与集群风险的理论研究为本书的理论假设的演绎提供了规范的逻辑框架,然而,还需要建立恰当的实证模型,运用正确的研究方法加以定量检验和验证。因此,规范的科学范式和严谨的科学研究过程直接决定了实证研究的质量。本章首先对调研样本选择、变量和测度指标的设计,数据的收集、数学建模模型的建立、研究方法的选取等进行详细的说明。其次,通过统计研究方法和结构方程模型对调研中所获得的数据进行定量分析,进一步论证理论推演假设的正确性。

5.1 问卷设计

5.1.1 问卷的内容

本书的第三章通过探索性的案例分析提出了焦点企业、网络能力、网络结构,并依此建构了集群风险自组织的理论总体框架,并通过第四章的理论推演解释了自组织的内在关系机理和理论模型。依据前文的理论模型和假设,问卷最终形成以下四大块内容:(1)企业的基本情况。主要用以获取企业的性质、企业规模、经营领域等一些基本信息,并初步判断该企业受 2008 年金融危机的影响程度。(2)焦点企业网络能力的基本情况。该部分旨在了解企业管理合作伙伴的能力(网络配置管理能力)、伙伴间协调和相互适应能力(网络关系管理能力)、伙伴间相互规范能力(网络规划管理能力)的情况。(3)集群网络结构的基本情况。该部分旨在了解被调研的焦点企业在网络中的地位即网络中心度、被调研的焦点企业与本地其他企业关系即网络关系适应性两部分内容。(4)集群风险鲁棒性。该部分旨在通过了解集群网络在遭受风险后的变化情况,包括网络连通性和平均路径长度,来判断集群抗风险能力。

5.1.2 问卷的设计

问卷调研法是目前管理学、社会学中最为普及的研究方法,也是最快速有效的收集数据的方法。研究者可以通过提高问卷调研量表的信度和效度,回收高质量的研究数据。然而,问卷本身的质量直接影响着参与者在填写问卷时的态度和行为(陈晓萍等,2008),因此,如何设计一份科学的问卷,提高问卷的解释力度,显然是最为重要的研究工作。本章主要通过以下四种方法来设计问卷。

1. 借鉴现有量表

集群企业的网络能力及网络结构研究已经有数十年的历史,在这之中已经创建了大量的研究量表,这些量表对本书研究具有宝贵的借鉴意义。这些在文献中占据主导地位的量表一般具有较高的信度和效度(谢家琳,2008),本书在设计问卷量表的过程中就部分沿用了以往文献中出现过的问项。例如:在网络能力的量表设计中就借用了 Ritter(1999)研究企业关系管理能力方面的研究量表设计。

2. 自行设计量表

在自行量表设计之前,作者主要通过敞开式的访谈形式,对 20 家集群企业进行了访谈,访谈主要采用开放式的问题设计,如:"请告诉我们,给贵公司做外协的有哪些企业? 它们一般和我们保持了多长时间的合作关系?"通过这种访谈形式初步验证先验假设,并深入了解了集群网络、焦点企业、网络能力的表现形式。在自行量表设计过程中,为解决数据采集的系统性、转化的便利性,作者采用封闭型问题设计。在此基础上,作者自行设计了部分问项(见附录 2)。

3. 实地企业访谈

在量表设计过程中,作者通过参与浙江省 42 个产业集群案例实地调研,走访了大量集群内企业,将预先设计的量表向政府工作者、企业家代表及行业协会的工作人员发放,并从问项设计、语言表达等方面广泛征集了他们的意见,使得量表设计更为贴近现实情况。

4. 征询专家学者的意见

在设计量表过程中,作者征求了三位相关专业领域中的专家,他们分别来自浙江大学、西安交通大学,然后咨询了研究团队的相关意见,并进一步对量表进行了修改,最终形成本书的调查问卷(见附录 2)。

5.1.3 问卷的发放及回收

1. 问卷发放

根据本书的研究对象,作者问卷的主要发放对象是集群中规模以上企业或者集群中具有角色不可替代性、快速成长性、网络联系多向性和行为示范型性等特征的企业。考虑到样本回收的便利性,作者问卷发放的主要区域是浙江省范围内(少部分在安徽省:浙江大学工商管理培训学员所填写),主要企业类型包括:化工、纺织、机电类等企业。在第三章案例分析中,作者分析了2008年金融危机对平湖光机电、绍兴纺织、建德化工三类集群企业的影响。因此,以这三个行业中企业作为问卷主要调研对象具有很好的代表性,同时,考虑到问卷发放和回收的可行性,在问卷调研过程中作者也零星选择了其他行业的典型企业作为代表,但所涉及的样本与本研究所要求的调研对象高度吻合。

从问卷发送对象选择来看,作者主要选择企业中高层管理人员或资深技术人员,这些人员对企业运营情况相当了解,并具有一定的行业知识。同时,选择这些人员对于问卷中企业网络能力、网络结构和集群风险之间关系理解能更深入,因此,问卷回答的有效性、可靠性会较高。

2. 问卷回收

本书的调研问卷都是通过作者一定的人脉关系渠道和与政府合作项目中发放得到的:①委托相关政府部门(如集群所在的经济贸易局或者行业协会)的工作人员发放;②通过浙江大学继续教育中心的工商管理培训、浙江工商大学 MBA 教学中心向企业家发放问卷;③通过作者的人脉关系,直接委托作者熟悉的企业家朋友找相关人员发放调研问卷。

由于在问卷发放过程中,作者采用在某一地或某一企业中征集,特别是在问卷回收中第二和第三个过程中,作者亲自到现场发放并即时回收问卷,并在这个过程中现场解释和解答调研对象在填写过程中的问题,提高了问卷的回收效果。尽管如此,问卷最后的回收结果仍然并不理想。作者2011年5月—11月共发放问卷388份,回收302份,回收率达77.8%。经过对回答问卷的质量进行筛选,最终得到有效问卷167份,问卷有效率为55.3%。其中:①委托相关政府部门发放问卷169份,回收119份,回收率为70.4%,其中有效问卷为70份,有效率为58.8%;②委托培训机构和MBA教学机构发放问卷142份,回收115份,回收率为81%,其中有效问卷61份,有效率为53.04%;③个人人脉关系发放问卷77份,回收68份,回收率为88.3%,其中有效问卷36份,有效率为53%(见表5-1)。

表 5-1　问卷回收情况　　　　　　　　　　　　单位:份

发放途径	政府部门	管理培训及 MBA 教学机构	人脉关系	总计
发放份数	169	142	77	388
回收份数	119	115	68	302
有效问卷份数	70	61	36	167

5.2 变量设计及测度指标

根据第四章所涉及的理论模型,本书所设计的主要变量包括:关于焦点企业网络能力变量包括:网络规划管理能力、网络配置管理能力、网络关系管理能力;关于网络结构的变量包括:网络中心度、网络关系强度;关于集群风险鲁棒性的变量包括:网络连通性和平均路径长度。在测度这些变量的时候大多都是凭调研对象主观的判断,给研究者和被研究者在数据分类、排序上造成很大的困扰。为此,作者根据等距的尺度(Likert 尺度)进行打分,即 Likert 7 点量表打分法。根据该方法原则,本书在调查问卷中设计了 1～7 个格度,数据点之间的距离是相等的,依次表示从非常不同意向非常同意过渡,其中 4 代表中性标准。在这个基础上,作者沿用此尺度进行一系列的数量分析(如信度分析等),为后续研究打下了基础。

5.2.1 被解释变量

本书以集群风险鲁棒性作为被解释变量。现有研究对集群风险鲁棒性的测量都集中在不同网络结构集群间的比较研究,如:Saxenian(1994)对美国硅谷和 128 公路在经历 20 世纪 70 年代末日本半导体工业对美国电子工业的冲击后的风险鲁棒性的比较;Becattini(1969)、Amin 等人(1990)对意大利纺织集群的风险鲁棒性的刻画等,尚未有研究利用测量指标,对其进行深入描述。为此,被解释变量的问项设计,作者以自行设计为主。

在实际的调研过程中,作者通过整理数次访谈的记录发现,企业在描述自身的风险时经常会通过分析与上下游企业之间的合作关系或者关系交往的频次,来突显自己所面临的困境。如在本书的第三章,平湖光机电集群中日本电产新宝、科宝、芝浦等关联企业的业务总监所介绍:"……我们开始缩减产量,直接减少了与日本电产的业务量……"金利精密电子有限公司总经理介绍:"我们改变了与日本电产的合作计划,开始和其他企业建立合作关系……"绍兴纺织集群、建德化工集群也有类似的语境。事实上,这些语境就反映了复杂网络中网络连通性(Crucitti et al.,2004;Kinney et al.,2005)和平均路径长度(Albert et al.,2000)这两个方面。集群网络连通性是指集群内由企业彼此连接的情况,其中,连接情况变动越大则风险鲁棒性就越差;平均路径长度表示的是集群企业间信息交换、资源流动、资金往来的平均周期,其中,平均周期越长则风险鲁棒性就越差。Newman 等人(2001)、Moreno 等人(2002)、Motter 等人(2002)就在相似的复杂网络研究中应用这两个变量研究网络故障。

因此,本书就以网络连通性和平均路径长度作为两个方面来设计集群风险鲁棒性的测量变量。在测量指标设计时,作者尽量采用了能直接反映企业间关系情况的问项,并以直接判断问项为主,如:我们发现有的本地企业开始停产,这样被调研者就可以有一个确定的从零开始的起点,避免了等距法量表设计中尺度起始点是任意的情景。对集群风险鲁棒性问项设计如表 5-2 所示。

表 5-2　集群风险鲁棒性的测量

变量名称	变量解释	测量条数	来源或依据
集群风险鲁棒性 FQ1~FQ5	判断集群企业间的联结情况及频次	①我们发现有的合作伙伴已经不和我们有业务来往; ②我们发现有的本地企业开始停产; ③我们与本地企业间的交流时间间隔变长了,次数减少了; ④我们与各种类型的合作伙伴,包括大学、研究所、行业内重要的供应商和客户的交流时间间隔变长,次数减少; ⑤我们开始主动/被动减少了与本地企业的合作。	自行设计

5.2.2　解释变量

本书中网络能力作为被解释变量。在这个基础上,根据第四章焦点企业网络能力构建中提出将网络能力细分为:网络规划管理能力、网络配置管理能力和网络关系管理能力三个细分变量。然而,具体运用哪些指标来测度这三个细分变量,一直是研究者关注的重点。① 网络规划管理能力:Möller 和 Halinen(1999)、Hagedoorn 等人(2006)以管理规范差异的才能,以及使企业能够建立网络成员间的集体规范和共享价值系统作为研究点测度网络规划管理能力。②网络配置管理能力:Hagedoorn 等人(2006)从网络识别视角做了深入研究;Nooteboom(1999)、Gilsing(2005)以焦点企业与其他企业之间的关系联结能力为视角测度了网络配置管理能力。③ 网络关系管理能力:Moran 和 Galunic(1998)、Ritter(1999)、Möller 等人(1999)、Inkpen 和 Tsang(2005)等从网络中企业选择合适的合作对象,利用合作对象的资源,管理与合作对象的关系作为研究点研究网络关系管理能力。

本章在现有研究文献的基础上,以及基于对目标构念的理解,设计了 11 个指标来度量焦点企业网络能力(见表 5-3)。

表 5-3 网络能力的测量

变量名称	变量解释	测量条数	来源或依据
网络规划管理能力 AQ1～AQ5	管理规范差异的才能,使企业能够建立网络成员间的集体规范和共享价值系统	①我们与主要合作伙伴已经形成共同的准则,并形成长期合作关系; ②我们具有很强的建立与合作伙伴间的共有规范并分享价值观的能力; ③我们与合作伙伴间已经建立默契的交流形式; ④我们在与合作伙伴交流过程中,能够主导建立相互信任、互惠互利的市场规范; ⑤在与合作伙伴进行交流过程中,我们有能力建立信任机制,即使有机会,双方都不会利用对方。	Möller 和 Halinen (1999) Hagedoorn 等人 (2006) Ritter(1999) Inkpen 和 Tsang (2005)
网络配置管理能力 AQ6～AQ8	管理与合作伙伴联结密度的能力	①与本地其他企业相比,我们拥有更多的合作伙伴; ②与本地其他企业相比,我们的合作伙伴类型更多,如:高校、研究院、供应链中的上下游企业等; ③我们具有发现及发展潜在的合作伙伴的能力,目前已经成为我们合作伙伴的情况表示如下:1=目前只有很少的潜在合作伙伴已经成为我们的正式合作伙伴,4=目前有一半的潜在合作伙伴已经成为我们的正式合作伙伴,7=所有。	自行设计 Gilsing (2005) Nooteboom (1999) 方刚(2008)
网络关系管理能力 AQ9～AQ11	网络中企业选择合适的合作对象,利用合作对象的资源,管理与合作对象的关系	①我们在发现、评估和选择本地合作伙伴方面具有很强的能力; ②我们拥有能够维护与合作伙伴间长时间合作的能力; ③当与合作伙伴发生冲突时,我们提出的解决方案往往非常有效。	Hagedoorn 等人 (2006) Möller 等人(1999) Moran 和 Galunic (1998)

5.2.3 中介变量

本书以网络结构作为解释变量。在集群网络结构的研究中,衡量网络结构的变量有很多,从第四章的分析中,我们可以看出焦点企业在遭受风险后,通过网络能力作用与网络结构,使得网络结构中网络中心度与关系适应性两个属性指标发生变化从而引起集群风险。Bain(1968)、Wellman(1982)、Stuart(2000)、Batjargal(2001)、Karamanosi(2003)等使用企业在集群内新技术、新产品、新市场的开发等具有导向性指标测度网络中心度。Inkpen 和 Tsang(2005)和方刚(2008)等从信息共享、合作交流等方面测度企业与集群内其他企业的关系。本章在前人的基础上,构建了 10 个问项来测度网络中心度和关系适应性(见表 5-4)。

表 5-4　网络结构的测量

变量名称	变量解释	测量条数	来源或依据
网络中心度 NQ1～NQ4	判断企业在集群网络中的地位	①我们常常在本地率先推出新产品/服务; ②我们常常在本地领先开辟新的产品市场; ③我们常常在本地领先进行组织变革或应用新技术; ④我们资产增速在本地企业中是最快的; ⑤我们产出增速在本地企业中是最快的; ⑥我们能够同时保持与众多本地合作伙伴密切联系的能力。	Batjargal(2001) 方刚(2008) Stuart(2000) Karamanosi(2003) 自行设计
关系适应性 NQ5～NQ8	判断企业与集群内其他企业的关系	①我们经常与本地合作伙伴交换一些商业信息; ②本地其他企业容易与我们建立合作伙伴关系; ③本地其他企业经常通过我们企业进行各种交流; ④本地企业基本上对我们企业的产品和技术都有了解。	自行设计 Wellman(1982) 自行设计

5.3　研究方法

研究方法是对已获得的数据进行深入挖掘、分析。因此,一个好的研究方法的选择对研究结论的科学性具有导向性的作用。本书以结构方程模型分析法为核心,结合描述性统计分析法和信度效度分析法,对研究问题进行有序和细致的分析。

5.3.1　描述性统计分析法

描述性统计分析法是指对样本的整体或某部分的特征进行研究,主要的作用是收集资料、发现问题、提供信息,从资料的表象中提炼出研究的规律和特性,从而更有利于作者对样本的宏观把控和进行初步的系统性探索研究。本书的描述性统计主要包括以下三个方面:企业类型、企业销售规模、企业金融危机前后(总销售额、员工总数、市场份额)的变化情况。

5.3.2 信度和效度分析法

信度和效度是保证一个研究质量高低的评判标准。信度作用是估计测量误差的大小，以误差的方差的大小来度量，一般来说误差越大，信度越小。具体而言，衡量信度都是以 Cronbach's α 系数作为评判标准。根据大多数学者的观点，α 系数越大越好。在实际运用中，该值超过 0.70 则表明样本数据、指标与变量的一致性较好；0.50 与 0.70 之间，则表明可靠性是可以接受的；而低于 0.35 则应予以放弃（李怀祖，2004）。

效度表示研究测量的正确性，效度越高表示测量概念的准确度越高。本书主要是从内容效度和构念效度两个方面来进行效度分析，构念效度主要用来判断观察变量和潜变量之间的假设关系是否与数据吻合，作用用验证性因子分析来实现。

5.3.3 结构方程模型分析法

结构方程模型（structural equation modeling，SEM）通常由 5 个步骤组成：模型设定、模型识别、模型估计、模型评价和模型修正。本书研究的模型就是分析多个显变量与多个潜变量之间的关系，适用于结构方程模型。SEM 的基本元素包括以下三个方面。

1. 显变量与潜变量

在 SEM 模型当中，变量有两种基本的形态：显变项与潜变项。研究者得到的测量变项资料是真正被 SEM 用来分析与计算的基本元素；潜变项则是由显变项所推估出来的变项。在典型的 SEM 分析中，显变项的变异系受到某一个或某几个潜变项影响，因此又称为潜变项的测量指标或外显变项。

2. 内衍变量与外衍变量

从变量生成的视角来分析，SEM 又可分为内衍变量和外衍变量。所谓内衍变量是指模型中，会受到任何一个其他变量影响的变项，也就是路径图中会受到任何一个其他变量以单箭头指涉的变项；外衍变量则是模型当中不受任何其他变项影响但影响他人的变项，也就是路径图中会指向任何一个其他变项，但不被任何变项以单箭头指涉的变项。

3. 直接关系与非直接关系

在 SEM 当中，变项的关系有直接关系和非直接关系两种主要类型。直接关系表示变项之间具有假设性的线性因果或预测关系，在路径图当中以单向箭头来表示。非直接关系则表示两个变项之间虽然具有线性关系，但两者之间影响关系方向无法辨认，多以相关来表示，在 SEM 路径图中，以带有双箭头的线段或曲线表示。无论是直接关系还是直接关系，两个变量之间的关系可以参数估计的方式被估计出来,用以反映两个变项间的路径或弧径。同时,一个完整的 SEM 模型,包括了测量模型与结构模型两部分,前者系指实际测量变项与潜在特质的相互关系,后者则说明潜在变项之间的关系(如图 5-1)。

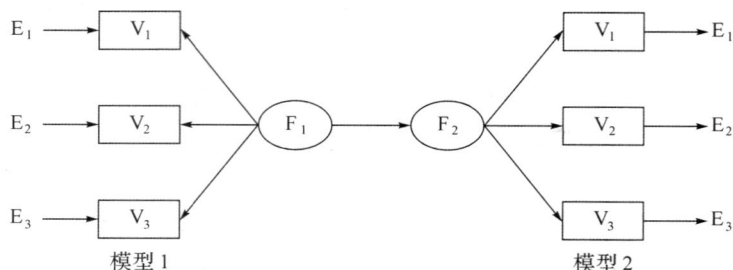

图 5-1　典型的 SEM 模型图示

5.4　实证研究

5.4.1　描述性统计分析

通过问卷发放、回收和初步删选工作,最终取得有效样本 167 份。本书首先对整体样本进行描述性统计分析,从而得到样本整体特征,主要包括:企业性质、企业销售总额、2008 年后企业增速(包括总销售额、员工总数、市场份额)进行描述性统计,结果如下。

1. 样本企业性质

本研究样本选取由国有、民营、外资三种类型构成。在收集到的 167 份样本中,由于浙江集群企业的特质,样本由大量的民营企业构成,其中民营企业有 91 家,占样本总量的 54.5%;国有企业有 52 家,占样本总量的 31.1%;外资企业有 24 家,占样本总量的 14.4%(表 5-5)。

表 5-5　企业性质

企业性质	频率	百分比	有效百分比	累积百分比
国有	52	31.1	31.1	31.1
民营	91	54.5	54.5	85.6
外资	24	14.4	14.4	100

2. 样本企业销售总额

本研究用企业销售总额来表示企业规模,在收集的 167 份样本中,企业规模在 3000 万元以上的较为集中,占样本容量的 85％。根据《关于在财务统计工作中执行新的企业规模划分标准的通知》[①],销售额达到 3 亿元以上的为大型企业,销售额在 3000 万～3 亿元之间的为中型企业,3000 万元以下的为小型企业,见表 5-6。温伟祥(2008)也曾做过类似的研究。本书的样本中 85.0％以上的都是大型企业(本书主题是围绕焦点企业的集群风险传导与扩散的研究,因此在样本发放过程中作者一般选取集群中规模以上的大型企业作为调研对象)。

表 5-6 企业销售总额

企业销售总额	频率	百分比	有效百分比	累积百分比
3 亿元以上	90	53.9	53.9	53.9
3000 万元－3 亿元	52	31.1	31.1	85.0
500 万元－3000 万元	13	7.8	7.8	92.8
500 万元以下	12	7.2	7.2	100.0

3. 2008 年金融危机后,样本企业增速比较

本研究样本用总销售额、员工总数、市场份额来刻画样本企业的增速。在总销售额中,大幅减少占 24％、稍有减少占 49.7％;在员工总数中大幅减少占 12％,稍有减少占 31.1％,变化不大占 45.5％;在市场份额中,大幅减少占 22.8％,稍有减少占 31.7％,见表 5-7。数据结果说明,在金融危机后,集群内企业增长速度明显趋缓,从样本整体结构上来看,样本集群确实受风险影响。

表 5-7 企业增长速度

	增速	频率	百分比	有效百分比	累积百分比
总销售额	大幅减少	40	24.0	24.0	24.0
	稍有减少	83	49.7	49.7	73.7
	变化不大	18	10.8	10.8	84.4
	稍有增加	20	12.0	12.0	96.4
	大幅增加	6	3.6	3.6	100.0

---

① 国资委于 2003 年 11 月颁布的通知。

续表

	增速	频率	百分比	有效百分比	累积百分比
员工总数	大幅减少	20	12.0	12.0	12.0
	稍有减少	52	31.1	31.1	43.1
	变化不大	76	45.5	45.5	88.6
	稍有增加	19	11.4	11.4	100.0
	大幅增加	——	——	——	——
市场份额	大幅减少	38	22.8	22.8	22.8
	稍有减少	53	31.7	31.7	54.5
	变化不大	57	34.1	34.1	88.6
	稍有增加	13	7.8	7.8	96.4
	大幅增加	6	3.6	3.6	100.0

5.4.2　信度和效度检验

1. 样本效度检验

通常讲,效度衡量有内容效度和构建效度两个方面。本研究用于测量集群风险自组织在焦点企业网络能力、网络结构和风险鲁棒性的量表有三大类来源:直接使用文献中已有的度量条款、将现有文献中有关理论抽象化转换、自行设计。在量表设计和试调研阶段,作者综合了相关领域专家、科研团队,并实地访谈了企业管理人员和政府相关工作人员后进行修正确定。因此,可以认为本问卷具有较高的内容效度。

本研究中的效度分析主要是对构建效度进行检验,通常认为因子分析是检验此效度的常用方法(吴明隆,2003),若能有效地提取共同因子,且此共同因子与理论结构的特质较为接近,则可判断测量工具具有构建效度。在本书的研究中主要采用 Bartlett 球度检验和 KMO 值来进行判断,其中 KMO 值越大代表变量间共同因素越多,越适合因子分析,一般认为当 KMO 值小于 0.7 不适合因子分析(马庆国,2002)。下文通过因子分析的主成分分析法分别对焦点企业的网络能力、网络结构、集群风险鲁棒性的衡量指标进行构建效度的检验,结果如下。

(1)集群风险鲁棒性因子分析

对模型中 5 个度量集群风险鲁棒性的量表进行 KMO 检验和 Bartlett 球度检验,结果显示为:KMO=0.754>0.7,巴特利球体检验的 χ^2 统计值的显著性概率为 0.000,小于 0.001,说明数据适合做因子分析。根据特征根大于 1 原则,通过正交旋转法和最大方差法进行主成分因子提取,共得到 1 个主因子(集群风险鲁棒性),总体方差的解释力度达到 65.183%,与指标设置时变量结构一致,说明本研究集群风险鲁棒性的指标设置具备构建效度,各因子对应的因子负载表见表5-8。

表 5-8　集群风险鲁棒性因子分析结果

题项		因子负荷系数
		变量
集群风险鲁棒性	FQ1	0.905
	FQ2	0.831
	FQ3	0.779
	FQ4	0.759
	FQ5	0.754

（2）焦点企业网络能力因子分析

对焦点企业网络能力的分析中,本书一共设计了 11 个问项进行测度,首先进行 KMO 检验和巴特利球体检验,结果分别为:KMO＝0.810＞0.7,巴特利球体检验的 χ^2 统计值的显著性概率为 0.000,小于 0.001,说明数据满足做因子分析的基本条件。根据特征根大于 1 原则,通过正交旋转法和最大方差法进行主成分因子提取,共得到 2 个因子,总体方差的解释力度达到 72.605％,与指标设置时变量结构一致,说明本研究焦点企业网络能力的指标设置具备构建效度,各因子对应的因子负载表见表 5-9。

表 5-9　焦点企业网络能力因子分析结果

题项		因子负荷系数		
		变量 1	变量 2	变量 3
网络规划能力	AQ1	0.826	0.186	−0.158
	AQ2	0.766	0.362	0.179
	AQ3	0.741	−0.14	0.399
	AQ4	0.732	0.287	0.360
	AQ5	0.723	0.242	0.257
网络配置能力	AQ6	0.249	0.836	0.055
	AQ7	0.117	0.774	0.179
	AQ8	0.202	0.732	0.117
网络关系管理能力	AQ9	−0.040	0.445	0.818
	AQ10	0.452	−0.013	0.704
	AQ11	0.617	0.182	0.639

（3）网络结构的因子分析

对集群网络结构的分析中,本书一共设计了 7 个问项进行测度,首先进行 KMO 检验和巴特利球体检验,结果分别为:KMO＝0.819＞0.7,巴特利球体检验

的 χ^2 统计值的显著性概率为 0.000,小于 0.001,说明数据满足做因子分析的基本条件。根据特征根大于 1 原则,通过正交旋转法和最大方差法进行主成分因子提取,共得到 2 个因子,总体方差的解释力度达到 67.776%,与指标设置时变量结构一致,说明本研究网络结构的指标设置具备构建效度,各因子对应的因子负载表见表 5-10。

表 5-10 网络结构因子分析结果

题项		因子负荷系数	
		变量 1	变量 2
网络中心性	NQ1	0.773	0.346
	NQ2	0.748	0.321
	NQ3	0.901	0.157
	NQ4	0.755	0.205
	NQ5	0.721	0.302
关系适应性	NQ6	0.095	0.817
	NQ7	0.36	0.763
	NQ8	0.302	0.778
	NQ9	0.462	0.601

其中指标 NQ9"本地企业基本上对我们企业的产品和技术都有了解"不能纳入因子 2 中,也不适合纳入因子 1 中,表明该问项在设计之初的构念就有问题,"本地企业基本上对我们企业的产品和技术都有了解"并不适合用来测量关系适应性。经过对被调研者的后续访谈,及作者与相关专家讨论的结果分析,发现可能是这个问项中企业核心技术属于企业竞争优势的来源,一般企业对自己的核心技术都会保密,并不能为其他企业所了解,所以该问项效果较差,本书将其删去。因此,作者对测量模型进行调整,将此变量从模型中剔除,从而量表对关系适应性的变量由 3 个指标构成(即 NQ6、NQ7、NQ8)。

2. 样本信度检验

信度是指测量的可靠程度。信度的高低,反映在测量工具的异质性或稳定性等特征上。量表的信度分析包括内在信度分析和外在信度分析。本书采用内部信度一致性来测量变量,在内部信度测量中通常采用 Cronbach's α 系数来判断同一概念各项目间的异质性,李怀祖(2004)认为 α 超过 0.70,则表明样本数据的信度通过检验,介于 0.70~0.35 之间可以接受,低于 0.35 的则应该放弃。本研究对所测量变量的信度检验结果如表 5-11 所示。

表 5-11　量表的信度分析

主要维度	变量	测量题项	Cronbach's Alpha 值	Corrected Item-Total Correlation
集群风险	集群风险鲁棒性	FQ1		0.826
		FQ2		0.722
		FQ3	0.865	0.634
		FQ4		0.624
		FQ5		0.617
焦点企业网络能力	网络规划管理能力	AQ1		0.608
		AQ2		0.741
		AQ3	0.874	0.677
		AQ4		0.786
		AQ5		0.728
	网络配置管理能力	AQ6		0.674
		AQ7	0.74	0.555
		AQ8		0.507
	网络关系管理能力	AQ9		0.559
		AQ10	0.783	0.660
		AQ11		0.673
网络结构	网络中心度	NQ1		0.751
		NQ2		0.702
		NQ3	0.889	0.829
		NQ4		0.670
		NQ5		0.663
	关系适应性	NQ6		0.594
		NQ7	0.790	0.702
		NQ8		0.597

如表 5-11 所示,在变量测度表中所有的题项对所有的问项(Item-Total)的相关系数都大于 0.5,Cronbach's α 系数值都超过了 0.7,结果符合 Item-Total 相关系数大于 0.35,Cronbach's α 系数值大于 0.7 的判断标准,表明本研究设计的量表信度较高,变量之间的内部结构一致性也较高。

5.4.3　基于 SEM 的实证研究

1. 初始结构方程模型的变量及路径

在前文的基础上,本研究构建了焦点企业网络能力—网络结构—集群风险的论证思路,并在此基础上提出了本书的假设与概念模型。本研究通过 AMOS 17.0

软件来实现整个 SEM 的分析过程(见图 5-2)。其中:

(1)设计 11 个有关焦点企业网络能力的外生显变量,分别是:AQ1、AQ2、AQ3、AQ4、AQ5、AQ6、AQ7、AQ8、AQ9、AQ10、AQ11,通过这 11 个外生显变量测量 3 个有关焦点企业网络能力的外生潜变量,分别是:GH——网络规划管理能力,PZ——网络配置管理能力,GX——网络关系管理能力。

(2)设计了 8 个有关网络结构的内生显变量,分别是 NQ1、NQ2、NQ3、NQ4、NQ5、NQ6、NQ7、NQ8,通过这 8 个内生显变量测量了 2 个有关网络结构属性的内生潜变量,分别是:ZX——网络中心性,SY——关系适应性。

(3)设计了 5 个关于集群风险鲁棒性的内生显变量,分别是:FQ1、FQ2、FQ3、FQ4、FQ5,通过这 5 个内生显变量测量 1 个内生潜变量(FX——集群风险鲁棒性)。

(4)设计了 24 个显变量的残余变量(e1,…,e24),设置了 2 个潜变量的残余变量(e25、e26)。

在初始结构方程模型中,本书设计了 6 条初始假设路径,它们分别是:

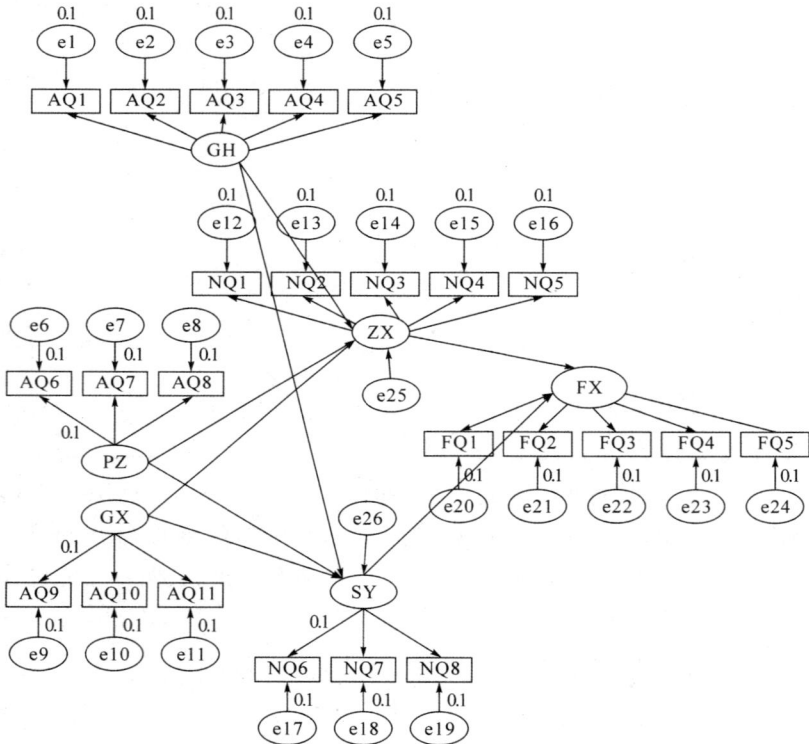

图 5-2 初始结构方程路径图

（1）设计了 6 条路径，即 3 个外生潜变量（GH、PZ、GX）对 2 个内生潜变量（ZX、SY）产生的作用关系。

（2）设计了 2 条路径，即 2 个内生潜变量（ZX、SY）对 1 个内生潜变量（FX）产生的作用关系。

表 5-12 为初始 SEM 拟合统计值，其中 χ^2 值为 763.5，自由度 $d.f.$ 为 245，$P < 0.001$。$\chi^2/d.f.$ 值为 3.116，未达到小于 3 的标准；NFI、CFI、TLI 值也都小于参考判断值 0.9，RMSEA 值也未通过相应的检验。

表 5-12　初始 SEM 拟合统计值

拟合统计值	测量模型	参考值
χ^2	763.5	>0
$d.f.$	245	>0
$\chi^2/d.f.$	3.116	$\leqslant 3$
P	0.000	>0.05
NFI	0.806	>0.90
CFI	0.833	>0.90
TLI	0.797	>0.90
RMSEA	0.113	<0.08

从表 5-13 所得出的变量间路径参数估计值来看，本研究 8 个假设中只有 5 个的 C.R. 值大于 1.96，并且在 $P=0.05$ 的水平上具有统计显著性。但是 λ_2（关系适应性 ← 网络规划能力）、λ_5（网络中心性 ← 网络关系能力）、λ_6（关系适应性←网络关系能力）3 个路径未能通过 SME 相应的指标检验，这表明初始 SME 存在一些问题，因此需要对模型进行进一步修正。

表 5-13　初始 SEM 模型路径系数

路　径		标准化估计值	估计值	临界比	P 值
网络中心性←网络规划能力	λ_1	0.412	0.184	2.243	0.025
关系适应性←网络规划能力	λ_2	0.280	0.145	1.933	0.053
网络中心性←网络配置能力	λ_3	0.467	0.193	2.419	0.016
关系适应性←网络配置能力	λ_4	0.324	0.158	2.051	0.040
网络中心性←网络关系能力	λ_5	0.226	0.300	0.754	0.451
关系适应性←网络关系能力	λ_6	0,222	0.236	0.942	0.346
集群风险鲁棒性←网络中心性	β_1	1.036	0.161	6.441	***
集群风险鲁棒性←关系适应性	β_2	-1.263	0.236	-5.361	***

2. 模型修正与检验

目前对于 SEM 模型进行修正的方法主要有两个:(1)根据初始模型检验中路径检验结构,增加或删去自变量间的路径关系。(2)应用 SEM 输出的残差分析或者根据 AMOS 软件输出的修正指数调整模型。通过增加残差间的协方差关系,对 MI>3.84 以上的参数路径进行修改(侯泰杰等,2004)。本书在初始模型判断中,有三条路径的临界值较低,P 值较高,首先采用的是消除数据与模型之间偏差,通过增加残差间协方差关系及自变量之间的路径对模型进行调整(见表 5-14)。

表 5-14　增加的协方差关系及其相应 MI 值

协方差项			M. I.	协方差项			M. I.
e25	↔	e26	57.609	e2	↔	e8	7.088
e16	↔	e26	5.805	e2	↔	e10	10.958
e22	↔	e16	11.364	e1	↔	e6	5.256
e22	↔	e20	27.487	e1	↔	e9	5.024
e23	↔	e21	8.678	e17	↔	e20	20.838
e24	↔	e22	7.159	e17	↔	e23	7.652
e8	↔	GH	6.648	e18	↔	e25	21.546
e7	↔	GX	4.436	e18	↔	e20	7.902
e7	↔	e20	7.389	e18	↔	e21	4.593
e7	↔	e21	4.069	e18	↔	e23	4.607
e6	↔	GH	5.595	e18	↔	e17	17.432
e6	↔	e26	6.37	e19	↔	e25	24.28
e6	↔	e25	4.354	e19	↔	e20	22.269
e11	↔	GH	22.182	e19	↔	e17	15.037
e10	↔	GH	5.892	e19	↔	e18	25.524
e10	↔	e23	4.622	e15	↔	e16	29.234
e9	↔	PZ	15.825	e15	↔	e22	4.727
e9	↔	e8	8.532	e15	↔	e23	7.307
e5	↔	e25	5.723	e15	↔	e24	9.137
e5	↔	e16	4.374	e15	↔	e17	4.372
e5	↔	e9	4.931	e14	↔	e26	9.329
e4	↔	GX	14.291	e14	↔	e16	7.526
e4	↔	e6	4.671	e14	↔	e20	15.154
e4	↔	e11	6.677	e14	↔	e17	9.584
e3	↔	e11	10.977	e14	↔	e18	8.352
e3	↔	e10	6.773	e13	↔	e26	4.058
e2	↔	PZ	7.41	e13	↔	e16	4.035

续表

协方差项			M. I.	协方差项			M. I.
e12	←→	e26	5.777	e13	←→	e8	7.15
e12	←→	e16	5.205	e13	←→	e15	12.802
e12	←→	e21	6.833	e13	←→	e14	8.949
e12	←→	e22	7.812	e12	←→	e23	16.137
e12	←→	e13	32.82	e12	←→	e17	11.539
e12	←→	e14	13.137	e12	←→	e15	5.995
PZ	←→	GH	31.215	PZ	←→	GX	22.728
GH	←→	GX	44.385				

通过增加残差间的相关关系和变量间路径关系对初始 SEM 进行修正,结果如下(表 5-15、表 5-16)。从表 5-15 的拟合统计值来看,其中 χ^2 值为 228.129,自由度 $d.f.$ 为 184,$P < 0.05$,χ^2 显著,但是由于 $\chi^2/d.f.$ 的值为 $1.24 \leqslant 3$,因此对 χ^2 的不显著要求可以忽略,表明拟合效果较好。从另外几个关键指标来看,CFI 的值为 0.972 大于 0.9;TLI 的值为 0.959 大于 0.9;RMSEA 的值为 0.038,低于 0.08;NFI 值为 0.879 已经接近大于 0.9 的参照值,说明 SEM 模型的拟合效果已经较好。

表 5-15　修正 SEM 拟合统计值

拟合统计值	测量模型	参考值
χ^2	228.129	>0
$d.f.$	184	>0
$\chi^2/d.f.$	1.24	$\leqslant 3$
P	0.015	<0.05
NFI	0.879	>0.90
CFI	0.972	>0.90
TLI	0.959	>0.90
RMSEA	0.038	<0.08

表 5-16　修正 SEM 测量模型中变量参数估计值

变量 ←—— 因子		标准化估计值	估计值	S.E.	C.R.	P 值
NQ1	← 网络中心性	0.738	1	—	—	—
NQ2	← 网络中心性	0.632	0.937	0.1	9.413	***
NQ3	← 网络中心性	0.669	1.039	0.119	8.712	***
NQ4	← 网络中心性	0.713	0.928	0.12	7.718	***
NQ5	← 网络中心性	0.651	0.895	0.125	7.144	***
NQ8	← 关系适应性	0.543	1	—	—	—
NQ7	← 关系适应性	0.699	1.201	0.173	6.947	***
NQ6	← 关系适应性	0.637	1.12	0.189	5.935	***
AQ1	← 网络规划能力	0.596	1	—	—	—
AQ2	← 网络规划能力	0.614	0.911	0.151	6.047	***
AQ3	← 网络规划能力	0.654	1.004	0.155	6.457	***
AQ4	← 网络规划能力	0.674	1.015	0.154	6.6	***
AQ5	← 网络规划能力	0.685	1.187	0.179	6.649	***
AQ6	← 网络配置能力	0.842	1	—	—	—
AQ8	← 网络配置能力	0.453	0.633	0.169	3.74	***
AQ7	← 网络配置能力	0.574	0.669	0.165	4.052	***
AQ9	← 网络关系能力	0.543	1	—	—	—
AQ10	← 网络关系能力	0.504	0.896	0.248	3.62	***
AQ11	← 网络关系能力	0.606	1.192	0.334	3.567	***
FQ5	← 集群风险鲁棒性	0.553	1	—	—	—
FQ4	← 集群风险鲁棒性	0.582	1.268	0.211	6.009	***
FQ3	← 集群风险鲁棒性	0.635	1.219	0.242	5.033	***
FQ2	← 集群风险鲁棒性	0.629	1.221	0.162	7.555	***
FQ1	← 集群风险鲁棒性	0.912	1.616	0.263	6.149	***

注:因子负荷为标准化值;—表示设为固定;*** 表示 $P < 0.001$。

从修正后 SEM 模型中变量的参数估计值可以看出(表 5-15),参数标准化估计值均在 0.5～0.95 的区间内,且 $C.R.$ 值均大于 1.96,且参数估计值的标准差都大于 0,$P < 0.001$ 的水平上具有显著性。综合各项指标的检验结果可以认为,修正后的模型比初始模型有了大幅的改善。本书将修正模型确定为本研究最终的结构模型,见图 5-3。

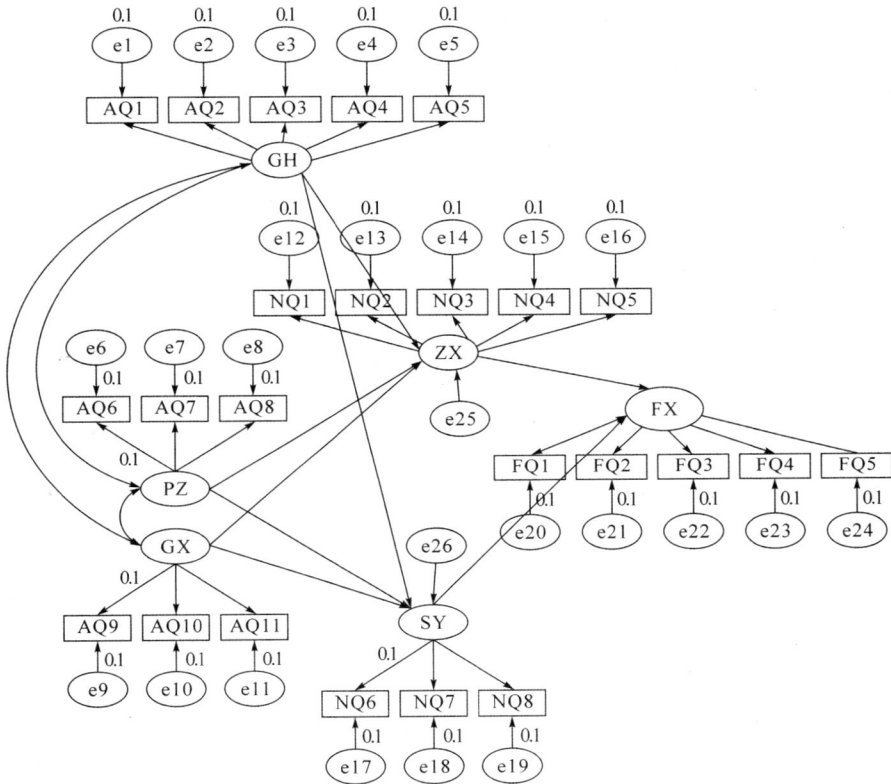

图 5-3 修正后的结构方程模型

5.5 小 结

表 5-17 给出修正后结构方程测量模型中各变量的参数估计值,其中临界比均大于 1.96,$P<0.05$ 水平上显著,说明修正 SEM 测量模型中变量参数估计值效果良好。

表 5-17 修正 SEM 测量模型中路径系数

路　径		标准化估计值	估计值	临界比	P 值
网络中心性←网络规划能力	λ_1	0.418	0.160	2.618	0.009
关系适应性←网络规划能力	λ_2	0.231	0.118	1.980	0.049
网络中心性←网络配置能力	λ_3	0.531	0.136	3.896	***

续表

路　径		标准化估计值	估计值	临界比	P 值
关系适应性←网络配置能力	λ_4	0.351	0.110	3.193	0.001
网络中心性←网络关系能力	λ_5	0.267	0.157	2.321	0.033
关系适应性←网络关系能力	λ_6	0.246	0.202	2.982	0.023
集群风险鲁棒性←网络中心性	β_1	1.062	0.223	4.758	***
集群风险鲁棒性←关系适应性	β_2	−1.266	0.301	−4.211	***

通过表 5-17，我们可以得到如下假设：

假设 H_{1a}、H_{1b} 验证：根据 $\lambda_1 = 0.418$，$C.R. = 2.618$，$P = 0.009$；$\lambda_2 = 0.231$，$C.R. = 1.98$，$P = 0.049$，可得临界比大于参考值 1.96，并且路径系数都在 0.05 水平上显著，这说明焦点企业的网络规划能力对网络中心性和关系适应性存在显著的正向作用。网络规划能力越强，网络结构属性指标中网络中心性越高、关系适应性越好，即假设 H_{1a}、H_{1b} 成立。

假设 H_{2a}、H_{2b} 验证：根据 $\lambda_3 = 0.531$，$C.R. = 3.896$，$P = 0.000$；$\lambda_4 = 0.351$，$C.R. = 3.193$，$P = 0.001$，可得临界比大于参考值 1.96，并且路径系数都在 0.05 水平上显著，这说明焦点企业的网络配置能力对网络中心性和关系适应性存在显著的正向作用。网络配置能力越强，网络结构属性指标中网络中心性越高、关系适应性越好，即假设 H_{2a}、H_{2b} 成立。

假设 H_{3a}、H_{3b} 验证：根据 $\lambda_5 = 0.267$，$C.R. = 2.321$，$P = 0.033$；$\lambda_6 = 0.246$，$C.R. = 2.982$，$P = 0.023$，可得临界比大于参考值 1.96，并且路径系数都在 0.05 水平上显著，这说明焦点企业的网络关系能力对网络中心性和关系适应性存在显著的正向作用。网络关系能力越强，网络结构属性指标中网络中心性越高、关系适应性越好，即假设 H_{2a}、H_{2b} 成立。

假设 H_{4a}、H_{4b} 验证：根据 $\beta_1 = 1.062$，$C.R. = 4.758$，$P = 0.000$，可得临界比大于参考值 1.96，并且路径系数都在 0.05 水平上显著，这说明网络中心性与集群风险鲁棒性存在显著的正向作用；网络中心性越高，集群风险鲁棒性就越好，与原假设相反。$\beta_2 = -1.266$，$C.R. = -4.211$，$P = 0.000$，可得临界比的绝对值大于参考值 1.96，并且路径系数都在 0.05 水平上显著，这说明关系适应性越强，集群风险鲁棒性就越差，与原假设相反。因此假设 H_{4a}、H_{4b} 不成立。

为什么网络中心性越高，集群风险鲁棒性就越好？为什么关系适应性越强，集群风险鲁棒性就越差？为此，作者也曾百思不解，然而在后续对复杂网络的研究中却给了本书很大的启示。首先考虑外界环境，本书调研的时间点是 2008—2010 年之间，正是金融危机之后的一段时间，从集群风险的视角来看，这种风险是属于随机性的外生性风险。其次考虑集群分类本身,网络中心性越高的集群更偏向于中卫型集群,关系适应性越强的集群更偏向于市场型集群,两类集群的内在网络结构就存在巨大的差异,因此对集群风险鲁棒性的表现就不尽相同。早在复杂网络理论研究中 BA 模型、ER 模型对不同风险类型的鲁棒性研究就反映了这个问题:研究认为在应对随机攻击时 BA 模型的风险鲁棒性比 ER 模型的要好,在应对蓄意攻击时 BA 模型的风险鲁棒性比 ER 模型的要差(Albert et. al. ,2000)。然而,集群的内在网络结构能和复杂网络研究中模型结构相对应吗? 这种理论结论是否与集群风险的研究相吻合? 为此,本书从集群风险自组织行为演化为视角,从复杂网络仿真研究为切入点对这一问题进行深入的探索和研究。

6 集群风险自组织行为演化的复杂网络仿真研究

上一章论述了焦点企业网络能力、网络结构与集群风险之间的理论机理,并以实证研究的分析方法,对三者进行细分的基础上,求证了理论假设,进一步论证了集群风险自组织的理论机理,并认为网络中心性、关系适应性与集群风险鲁棒性之间存在较为复杂的相互关系。同时,集群在遭受风险后,集群内企业、集群网络结构究竟是如何演化的? 它的内在机理是怎么样的? 本章就是以复杂网络为研究基础,在区分不同类型集群以及不同集群风险特征下,研究集群风险自组织行为,并对上一章提出的研究假设进行了补充。

从现实中讲,2008 年世界金融危机带来的金融市场的动荡、硅谷经济的衰退,以及我国绍兴纺织业集群和广东东莞玩具业集群的危机等,使人们逐渐认识到集群区域的专业化是一种带有风险的战略。因此进一步加强对集群风险的演化研究,促进区域经济持续发展是亟待解决的现实问题。

从理论上讲,集群作为一种超越企业的网络组织(Powell et al. ,1996;Gordon et al. ,2000),在带来资源整合效应的同时,也存在着负面的作用,即可能把企业锁定在非生产性的关系上,或者阻止企业寻求更为有效的合作伙伴,由此导致集群发展的风险(Uzzi,1997)。现有研究大多都从环境因素、集群特征因素和集群网络关系三个方面来诠释集群风险的形成,而通过集群演进过程来研究风险的文献相对较少,且主要集中在某一静态的时间点上对集群风险进行研究(Tichy,1987;Fritz,1998;吴晓波,2003;邓明然,夏喆,2006;Jason,2008)。究其原因,主要有以下两点:第一,不同类型集群内企业所构成的网络关系是特有的,因而其网络结构具有显著差异,更由于现实影响因素的复杂性,使得研究者很难从中提取一般模型,进而对集群整体网络结构进行实证研究。第二,集群网络结构演化是一个时间函数,因而结构演化过程具有动态性,更由于现有研究方法的局限性,使得研究者很难从定量的角度研究集群风险。

网络关系是集群的本质特征,不但体现于集群内部企业间的效应中,还表现在与外部环境之间的关系上(吴结兵,郭斌,2010)。企业集聚的过程是各种关系形成的过程,这是构成集群内部网络结构的基础。本书基于以上研究,将集群网络结构视作复杂网络结构(Squazzoni et al.,2002;Chiles et al.,2004;谭劲松,何铮2009),并通过建立集群复杂网络结构模型(池仁勇,2005;吴结兵,徐梦周,2008),运用计算机仿真,模拟得出不同风险类型下集群风险鲁棒性的强弱分布,以检验相关命题。

6.1 集群网络结构与集群风险

6.1.1 三种类型集群及其网络结构

Markusen(1996)对不同国家的产业区进行研究,将集群分成四种类型:马歇尔式集群、轮轴式集群、卫星平台式集群和国家力量依赖型集群,成为集群分类的经典范式。然而现实中集群可能是几种类型的混合形式,也可能是现在属于其中一种,经过一段时间后转变为另一种。本书以网络中心度和关系适应性两个指标作为集群划分标准,网络中心度用于描述集群成员之间相互依赖程度,关系适应性用于描述集群内企业间关系强度的分布情况。Piore 等人(1984)、Scott 等人(1990)、Saxenian(1994)、Freeman(1995)、Lozano 等人(2007)使用过该类指标描述集群特征。在此基础上,本书将集群类型分为市场型、中卫型和混合网络型(蔡宁,吴结兵,2002)(见表6-1)。

(1)集群类型 1——市场型:企业之间的关系以平等市场交易为主,各生产商以水平联系来完成产品生产的集群类型。该类型集群企业同质性较高,因此双边的依赖性弱,网络中心度低;而企业间关系强度分布却相对适中,关系适应性较强。

(2)集群类型 2——中卫型:以大企业为中心、众多中小企业为外围而形成的集群类型。大企业处于支配地位,中小企业处于外围或下属角色,主要为"核心企业"进行特定的专业化加工,或根据需要提供专门化产品,或进行限制性销售(蔡宁,吴结兵,2007)。该类型集群企业同质性低,因此企业相互依赖性强,网络中心度高,企业之间的关系主要是上下游的分工合作,大多都是以强关系为主,关系是影响较差。

(3)集群类型 3——混合网络型:介于市场型和中卫型之间,同时具备两者特征的集群类型。该类集群内企业网络中心度居中,企业之间既有上下游的分工合作关系也有竞争关系,因此关系适应性也居中。

表 6-1   三种集群网络结构对比

集群类型	指标		
	市场型	中卫型	混合网络型
网络中心度	低	高	中
关系适应性	高	低	中

6.1.2   两种集群风险的攻击实质

集群风险可以归纳为内生性风险和外生性风险(朱瑞博,2004)(见表 6-2)。内生性风险指由产业集群内部力量所累积的风险,包括网络性风险(蔡宁,吴结兵,2002),主要以集群网络中集散节点为研究点,以集群内企业及企业关系为研究对象,对集群内微观个体特别是焦点企业导致的内生性风险进行的研究。例如:Lazerson 等人(1999)研究了集群结构演进规律中,从供应商成长起来的焦点企业的更替以及其在集群多元化中起到的作用,并指出供应商战略性能力的导向必须与集群战略性关系网络相匹配,否则不利于集群经济的持续发展。Cristina(2001)进一步以意大利包装业集群结构演进为例,研究分析焦点企业在生产链、资金链、技术链和管理溢出效应中的作用,从而有效推动集群的演进,并指出焦点企业的功能缺失可能引起集群风险。外生性风险是由产业集群外部力量所引致的风险,包括结构性风险和周期性风险(Fritz,1998)。它以整个集群宏观总体为研究对象,以集群受外界整体性经济波动(周期性风险)和集群内产品生命周期(结构性风险)为研究点,主要分析风险对集群内每个企业的共性影响,进而研究集群整体风险。例如:Fritz 等人(1998)对外部经济周期性波动导致风险的研究。Dalum 等人(2002)在波特技术间断论基础上,以北欧的无线通信工具集群为例,从实证角度研究了该集群内企业共性技术的生命周期如何使区域集群崩溃从而丧失竞争力的问题。

表 6-2   两种集群风险特征

风险类型	特征		
	属性	作用对象	作用方式
内生性风险	微观个体	焦点企业	特定
外生性风险	宏观总体	所有企业	随机

6.1.3   三类集群对风险的鲁棒性分析

不同类型集群的网络结构是有差异的。Markusen(1996)从集群风险的角度分析了不同类型集群的强势和弱势。王缉慈(1998)在 Markusen 的基础上,以集群网络为研究视角,提出意大利式新产业区(市场型集群)相对于其他类型产业区更具优势。而后,蔡宁等人(2003)运用社会网络方法分析了集群的网络性风险,认为集群网络结构是网络性风险形成的重要因素。王发明等人(2006)则运用网络结构中度分布、集聚系数以及平均最短路径长度定性地描述了美国128公路(中卫型集群)衰退和硅谷集群(混合网络型集群)的兴起。

这种网络结构的差异性导致了三种集群在外生性风险和内生性风险下,对风险的鲁棒性和脆弱性是不同的。Saxenian(1994)以美国两个高技术产业区:硅谷——混合网络型集群(王缉慈,2001)和128公路——中卫型集群为研究对象,描述了两个集群在经历外生性风险(20世纪70年代末日本半导体工业对美国电子工业的影响)后,发现128公路比硅谷受到的冲击更小。而在经受内生性风险(美国电子工业由半导体进入微电脑)后,发现硅谷比128公路更成功。Lozano(2007)则进一步在刻画两类集群的网络结构后,得出两类集群在不同阶段对风险的鲁棒性是不一样的。

Becattini(1969)分析了在经历内生性风险后,意大利纺织业集群中以数量巨大、小型家庭作坊式为集群发展模式(市场型)的兴起与以福特模式为集群发展模式(中卫型)的失败。Amin等人(1990)研究得到,经历过1980年的经济危机(外生性风险)后,意大利纺织产业集群受到了极大的冲击,与此同时,以大工业为主导的集群模式却得到了比较好的发展。

以上的研究比较了两种风险情况下三类集群对风险的鲁棒性的差异,并得出以下结论:

(1)外生性风险:中卫型>混合网络型,中卫型>市场型;

(2)内生性风险:中卫型<混合网络型,中卫型<市场型。

但是,在这两种风险情况下,混合网络型与市场型集群对风险的鲁棒性如何比较?三类集群对风险的鲁棒性如何判断?已成为当下研究所面临的难题之一。

解决以上问题的关键点在于:第一,都以不同类型的集群总体为研究对象,整体网络结构的构建需要大样本数据。第二,都是针对不同集群网络动态的攻击过程,因此需要建立一个足够的时间跨度函数才能加以检验。第三,现实中,集群网络受攻击的对象以及受攻击的强度难以观察,因此很难研究攻击对集群整体影响程度。这些特点使得传统的研究方法难以定量描述风险对集群网络结构的动态影响过程,这不仅表现在数据收集上,而且也表现在研究对象的有效选择、具体指标的描述以及模型整体的构建上。基于以上不足,本书尝试采用复杂网络理论来分析不同的集群类型,这种研究方法能通过微观个体的具体行为准则构建宏观总体,从而有效识别研究对象,进而对集群风险和网络结构演化进行定量研究。

6.2 集群仿真模型的研究设计

基于复杂网络视角,集群内部网络结构是由网络中节点(代表集群中企业)和网络边(代表企业之间的关系)而构成。集群通过这些节点和边显示出异质性个体间的集聚,非线性和相互作用的特性,并且通过分布式控制、信息流共享、知识传递和学习、多样化行为特征、创新能力,以及行为个体间的复杂关系和结构演进表现出来(Auyang,1998;Holland,1995;Lane,2001)。在复杂网络研究中,学者通过建立动态网络模型,研究度分布、平均路径长度(或最短路径长度)、集聚系数、网络密度等相关指标的变化,分析一个或少数几个结点或边在发生故障时通过结点之间的拟合关系(边)引起其他结点发生故障,从而产生连锁效应,最终导致相当一部分结点甚至整个网络的崩溃(Newman,et al.,2001;Moreno et al.,2002;Motter et al.,2002;Crucitti et al.,2004;Kinney et al.,2005)。

本部分揭示了集群网络结构与复杂网络之间的耦合关系,并选取常用的网络度量指标:度分布、平均路径长度、最大连通子图相对值,作为刻画集群网络及风险的三个指标。同时,建立研究模型,作为分析集群网络结构的基础。

6.2.1 相关属性指标

为确保测量工具的效度及信度,本书采用复杂网络理论中最常用的测度指标,再根据研究目的加以适当补充作为计算机仿真研究的工具。

(1)度分布(P):结点 i 的度 k_i 是该结点连接的其他结点的数目。网络中结点的度分布情况可用分布函数 $P(k)$ 来表示。$P(k)$ 表示的是一个随机选定结点的度恰好为 k 的概率。

$$P_k = \sum_{k'=k}^{\infty} P(k')$$

该公式表示的是度不小于 k 的结点概率分布。度分布反映的是网络整体结构,少量结点度分布越高,网络结构越不均匀;结点之间度分布同质性越高,网络结构越均匀。

(2)平均路径长度(L):网络中两个结点 i 和 j 之间的距离 d_{ij} 定义为连接这两个结点的最短路径长度。网络的平均路径长度 L 定义为任意两个结点之间的距离平均值,即:

$$L = \frac{1}{\frac{1}{2}N(N-1)} \sum_{i>j} d_{ij}$$

其中,N 为网络结点数,并不考虑结点到自身的距离。在网络中,结点 i 和 j 之间有多条路径,中断其中一些路径可能会使这两个结点之间的距离 d_{ij} 增大,同时整个网络的平均路径长度 L 也会增大(Albert et al. ,2000)。

(3)最大连通子图相对值(G):该参数是在去掉发生故障的结点后,衡量网络中最大连通的子网络中的结点个数。将最大连通子图的相对值 G 定义为:

$$G = \frac{N'}{N}$$

其中,N' 表示相继故障结束后网络的最大连通子图包含的结点个数。该参数 G 表示网络性能。

6.2.2 研究模型构建

本书首先分析市场型、中卫型和混合网络型集群的网络特征,并与复杂网络经典模型:ER 模型、BA 模型和局域世界演化模型进行耦合性比较。其次,通过各模型的连接规则,运用计算机仿真模型构建三类集群的网络结构(见图 6-1)。

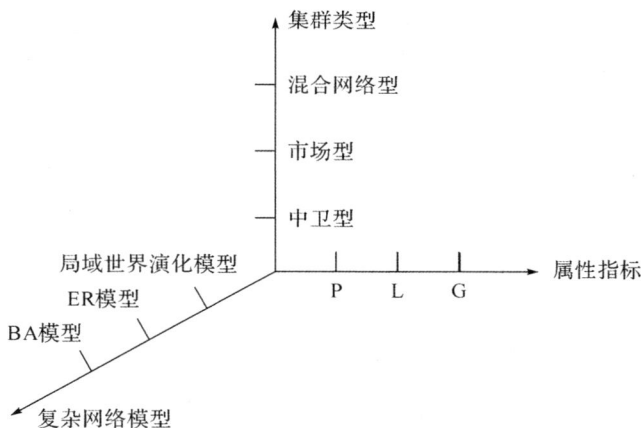

图 6-1 理论模型构建图

(1)模型 1——MC-ER 模型(市场型集群与 ER 模型):ER 模型的网络结点度分布近似服从 Poisson 分布,且具有两个重要特性:①度分布趋于平均。②结点之间边的连接是以概率事件出现(见表 6-3)。

表 6-3　ER 模型与市场型集群耦合性判断

模型	特征 1	特征 2
ER 模型	度分布平均	概率连接
市场型	关系适应性高	网络中心度低

本书将以 ER 模型的网络结构来耦合市场型集群网络结构（MC-ER 模型）。

MC-ER 模型的新进入企业与原企业连接的概率：

$$\prod_i = \frac{1}{N(t)}$$

其中，N 为在 t 时间的企业总数，即网络结点总数。

（2）模型 2——CC-BA 模型（中卫型集群与 BA 模型）：BA 模型具有两个重要特性：①增长特性：网络规模是不断扩大的。②优先连接特性：新的结点更倾向于与那些具有较高连接度的"大"结点相连接（见表 6-4）。

表 6-4　BA 模型与中卫型集群耦合性判断

模型	特性 1	特性 2
BA 模型	具有较高连接度的"大"结点	优先连接
中卫型	关系适应性低	网络中心度高

本书将以 BA 模型的网络结构来耦合中卫型集群网络结构（CC-BA 模型）。

CC-BA 模型的新进入企业与原企业连接的概率：

$$\prod_i = \frac{k_i}{\sum_j k_j}$$

其中，k_i 表示结点 i 的度，k_j 表示结点 j 的度。

（3）模型 3——IC-LN 模型（混合网络型集群与局域世界演化模型）：局域世界演化模型具有两个重要特性：①增长特性：网络规模是不断扩大的。②局域世界优先连接特性：新的结点与特定结点相连接构成局域世界（见表 6-5）。

表 6-5　局域世界演化模型与混合网络型集群耦合性判断

模型	特性 1	特性 2
局域世界演化模型	局域世界内优先连接	局域世界间以概率连接
混合网络型	中卫型集群特征	市场型集群特征

本书将以局域世界演化模型的网络结构来耦合混合网络集群网络结构（IC-LN 模型）。

IC-LN 模型的新进入企业与原企业连接的概率：

$$\prod_{Local}(k_i) = \frac{M}{m_0 + t} \frac{k_i}{\sum\limits_{j}{}_{Local} k_j}$$

其中，M 表示从网络中已有的结点中选取 M 个节点（$M \geqslant m$），作为新加入结点的局域世界。m_0 表示网络初始结点数，k_i 表示结点 i 的度，k_j 表示结点 j 的度。

三类模型仿真模拟图：本书采用仿真模拟首先区分三类集群各自的网络结构，由此建立三个模型：MC-ER 模型、CC-BA 模型和 IC-LN 模型。我们假设集群内企业之间是通过企业关系连接的，集群网络在正常情况下，运行于一种自由流（free-flow）状态（Motter et al.，2002），而且是一种无向图，不考虑企业间强弱关系，即连接边之间的权重相等。在具体模型构建上，我们从一个具有初始结点的网络开始，按照各类集群网络结构结点连接概率规则，每次加入一个新节点，一直增加到 500 个节点（见图 6-2、图 6-3）。

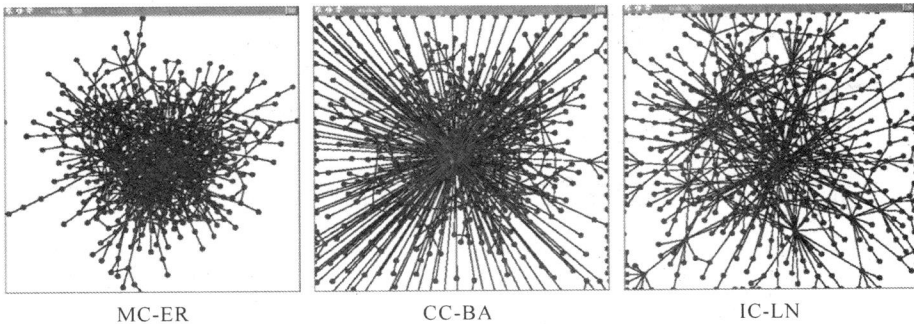

MC-ER　　　　　　CC-BA　　　　　　IC-LN

图 6-2　集群网络结构模型（仿真模拟，N＝500 agents 随机连接）

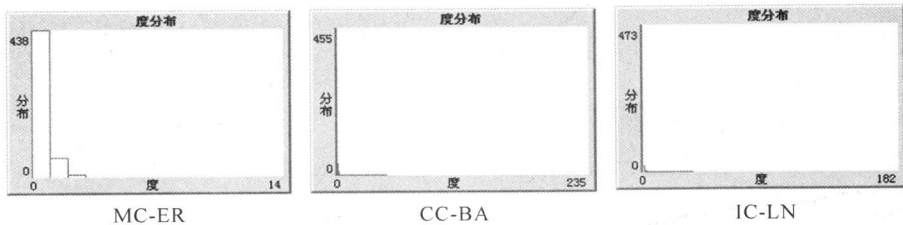

MC-ER　　　　　　CC-BA　　　　　　IC-LN

图 6-3　集群网络结构模型的度分布（仿真模拟，N＝500 agents 随机连接）

6.3 集群风险自组织行为演化仿真模拟

在构建三类模型的基础上,本书通过计算机仿真模拟,比较模型受攻击后网络结构的演化,通过演化结果得出不同集群的风险鲁棒性强弱分布。本书采取两类攻击策略:随机攻击和蓄意攻击。随机攻击就是完全随机地去除网络中结点,实验中每次只攻击一个结点;蓄意攻击就是有意识地逐步去除网络中度最高的结点,实验中每次攻击度相同的所有结点。同时将受攻击的结点和该结点与其他结点相连的边去除,直至整个网络连通性为零。假设去除的结点数占原始网络总结点数的比例为 f,可以用最大连通子图相对值 G 和平均路径长度 l 与 f 关系来度量网络的鲁棒性。模拟结果如下(见图 6-4):

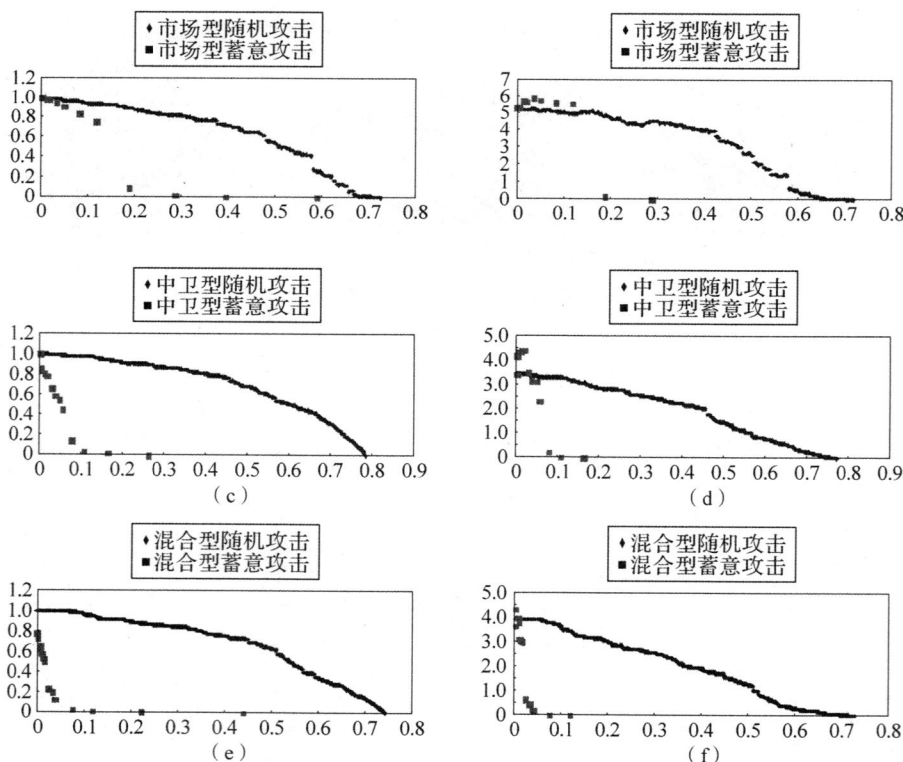

图 6-4 MC-ER 模型、CC-BA 模型、IC-LN 模型的鲁棒性和脆弱性

6.3.1 模型演化仿真模拟

(1)最大连通子图相对值:反映的是网络整体的连通性,连通子图变化速度的快慢可以在一定程度上反映模型受攻击后的鲁棒性。从图 6-4 最大连通子图的三个图可以发现,在其他条件相同的情况下,三种模型演化过程及结果存在显著差异。

随机攻击的情况:MC-ER 模型的最大连通子图数最先为零,其次是 IC-LN 模型,最后是 CC-BA 模型。由此得出,模型受到随机攻击时,三种模型的鲁棒性比较为:CC-BA 模型>IC-LN 模型>MC-ER 模型。

蓄意攻击的情况:CC-BA 模型的最大连通子图数最先为零,其次是 IC-LN 模型,最后是 MC-ER 模型。由此得出,模型受到蓄意攻击时,三种模型的鲁棒性比较为:MC-ER 模型>IC-LN 模型>CC-BA 模型。

(2)平均路径长度:平均路径长度反映的是网络连通效率,平均路径长度的长短变化可以在一定程度上反映模型受攻击后的鲁棒性。从图 6-4 平均路径长度的三个图可以发现,在其他条件相同的情况下,三种模型演化过程及结果存在显著差异。

随机攻击的情况:MC-ER 模型的平均路径长度最先为零,其次是 IC-LN 模型,最后是 CC-BA 模型。由此得出,模型受到随机攻击时,三种模型的鲁棒性比较为:CC-BA 模型>IC-LN 模型>MC-ER 模型。

蓄意攻击的情况:CC-BA 模型的平均路径长度在相对高的 f 后降为零,其次是 IC-LN 模型,最后是 MC-ER 模型;同时 CC-BA 模型的平均路径长度最先为零,其次是 IC-LN 模型,最后是 MC-ER 模型。由此得出,模型受到蓄意攻击时,三种模型的鲁棒性比较为:MC-ER 模型>IC-LN 模型>CC-BA 模型。

6.3.2 集群风险自组织行为演化分析

(1)集群风险自组织与结构演化:内生性风险以特定的作用方式作用于集群内微观企业个体,因此可以将蓄意攻击视为内生性风险的一种表现形式。譬如:广东东莞最大的玩具厂商和俊集团的倒闭,对该地区玩具业集群造成巨大冲击。外生性风险以随机的作用方式作用于集群内宏观企业总体,因此可以将随机攻击视为外生性风险的一种表现形式。譬如:2008 年金融危机对绍兴纺织业集群的整体威胁,导致大量企业倒闭。两种风险影响了集群内企业微观个体及网络关系的变动,从而导致集群网络结构的演化。在模型中,集群内企业微观个体的变动表现为对网络中结点的攻击,即最大连通子图相对值的变化;网络关系的变动表现为对网络中边的攻击,即平均最短路径的变化。

（2）集群风险鲁棒性比较：集群网络结构演化过程和结果的不同，导致集群风险鲁棒性具有显著差异。本书根据最大连通子图相对值和平均路径长度的分析，认为当集群网络受到外生性风险（随机攻击）时，市场型集群对随机攻击具有高度的脆弱性，中卫型具有高度的鲁棒性，混合网络型介于两者之间，即三种集群的鲁棒性分布为：中卫型＞混合网络型＞市场型；当集群网络受到内生性风险（蓄意攻击）时，中卫型集群对蓄意攻击具有高度的脆弱性，市场型具有高度的鲁棒性，混合网络型介于两者之间，即三种集群的鲁棒性分布为：市场型＞混合网络型＞中卫型（见表6-6）。

表 6-6　集群对风险的鲁棒性比较

风险类型	集群类型		
	市场型	中卫型	混合网络型
内生性风险	强	弱	中
外生性风险	弱	强	中

（3）比较结果分析：①中卫型集群对随机攻击的高度鲁棒性，来自于网络中结点度分布的极端非均匀性，即少量结点的度相对较大，绝大多数结点度很小。当 f 较小时，随机选取攻击的结点都是度相对较小的结点，这些结点的去除对整个网络的连通性并不会产生较大的影响。然而，正是这种极端非均匀性使得中卫型集群对蓄意攻击具有高度的脆弱性，在攻击时逐步去除网络中度最大的结点会对整个网络的连通性产生重大影响。②市场型集群对蓄意攻击的高度鲁棒性，来自于网络中结点度分布的高度均匀性，即绝大多数结点度的大小相同。在攻击时逐步去除网络中度最大的结点对整个网络的连通性几乎不产生影响。然而，正是这种高度的均匀性使得市场型集群对随机攻击具有相对脆弱性。③混合型集群对随机攻击和蓄意攻击的鲁棒性居中，来自于网络中结点以局域世界连接的特性以及度分布趋中，因此无论遭受哪种攻击，它的鲁棒性都处于其他两类集群中间。

6.4　小　结

作为一个复杂网络系统，集群风险所导致的网络结构演化过程中的相互关系是极其复杂和多变的，因此从动态角度去定量分析集群网络结构的变动，以揭示三类集群整体的风险鲁棒性和脆弱性是理论上值得探讨的领域。本章从复杂网络结构的两个属性指标：网络中心度和关系适应性出发，构造了市场型、中卫型和混合网络型三种集群网络结构模型，采用度分布、平均路径长度、最大连通子图相对值三个指标，通过仿真模拟来定量研究在不同攻击策略下模型的动态演化，进而研究不同类型集群对风险的鲁棒性和脆弱性，从而推演了集群风险自组织行为演化的过程，并且对上一章提出的研究假设进行了补充，科学分析了在不同风险环境下网络结构与风险鲁棒性之间的关系。研究发现，在外生性风险条件下，网络中心度越高，集群风险鲁棒性就越强，反之在内生性风险条件下就越差；在外生性风险条件下，关系适应性越好，集群风险鲁棒性就越差，反之在内生性风险条件下就越好。

7 集群风险治理及升级:企业创业视角

上述研究揭示了集群风险自组织行为的内在机理,并以系统仿真的研究方法对集群风险自组织行为进行了演化分析。然而,集群在遭受风险后,如何通过相应的途径进行治理,并实现集群的转型升级? 本书以企业创业作为依据,探索了通过企业创业实现集群风险治理及升级路径。

实现集群转型升级有多种可选路径,集群企业创业是集群转型升级路径之一。例如,长沙机械集群内大型企业——中联重科、三一重工、山河智能等的成功创业带动了集群内其他企业的创业,促成了整个长沙机械集群的升级,使其在 2010 年成为长沙第一个千亿产业集群。由此可见,企业创业是集群企业实现升级的关键路径。如何通过企业创业行为带动集群转型升级成为理论界和实际工作者亟待解决的现实问题。

正如理论综述部分所述,集群企业的创业行为是集群转型升级的有效途径。然而,这个过程是如何实现的? 更多的学者都以焦点企业创业为视角研究集群升级,魏江等论述了小企业蓬勃发展与部分带头企业和个人的创业示范作用有紧密相关性。Lorenzoni 和 Lipparini(1999)进一步指出在一定环境下,集群风险会促使焦点企业成长并带动集群发展,焦点企业的主导作用是明显的和不可替代的,其一般是作为市场需求发现者、企业孵化器、创业支持者、成功典范以及变革代理者等角色而存在的。Stuart(2000)从技术联盟的角度出发,比较了与焦点企业建立技术联盟的公司与未建立联盟的小公司之间的业绩表现,从而说明焦点企业在促进集群升级中的作用。研究表明,焦点企业创业对集群升级具有显著影响,然而,集群风险是如何引起焦点企业创业的? 焦点企业是怎么带动集群内其他企业创业,进而实现了集群整体升级的? 现有研究显然并未涉及。本书的目的就是要解释在风险环境下焦点企业创业行为对集群转型升级的影响机理。

7.1　研究设计

7.1.1　研究样本

浙江是典型的以县（市、区）为基本单位构成的集群经济。据统计[①]，2007 年，浙江省集群经济共实现工业总产值 2.52 万亿元，占全部工业总产值的 53.4%；从业人员达 674.5 万人，占全部工业从业人员的 47.8%；以工业总产值 5 亿元以上为统计范围的产业集群共有 462 个，形成了"一县一品"为特征的工业发展格局。数据显示，在浙江省制造业的总量中，有一半多的份额是以产业集群的形态来存载，这在全国首屈一指，所以本书选取浙江省的产业集群作为研究对象，具有很强的典型性。同时，2008 年，金融危机开始逐渐显现，浙江产业集群在此后普遍陷入困境，然而经过三年时间的发展大多已经成功走出危机[②]，并且实现了集群整体升级，符合本书的研究主题，且具有显著的代表性。

7.1.2　分析单元

在完成将要研究的个案的总体界定后，Yin(2003)认为对分析单位进行更细致、更明确的界定就显得非常必要。本书设计的分析单位分别是：焦点企业及其关联企业（通过物质、资金、技术联结的企业）所构成的创业网络，类似研究在 Lipset 等人的研究中有所体现。本书界定的分析单位时间是一次集群升级成功为一个周期。该周期范围的界定借鉴于 Robert 等人在研究企业风险管理中所述。

7.1.3　数据收集

首先，作者对拟选定的案例进行了实地调研，调研以半结构化访谈的形式为主。在调研过程中，浙江省经信委、地方经贸系统的领导给予了大力支持，并派遣专职人员陪同作者到典型企业及相关政府部门进行调研，使作者获得了大量一手案例信息。其次，为确保访谈的真实性以及质性研究的效度和信度，本书在样本选取上，通过反复筛选确保了三个样本产业集群具有明显的差异性及代表性，从而提高了研究的外部效度。在样本研究对象选择上，进行了试访谈和反复访谈，并多次对访谈大纲进行修改，同时与当地政府部门建立了信任关系，从而提高了研究的内

[①]　数据来源：2007 年浙江省经济和信息化委员会的内部检测数据。
[②]　摘自：浙江省工业转型升级领导小组办公室文件，浙转升办〔2011〕8 号。

部信度：(1)企业样本，对选定集群中典型企业的管理层进行访谈，确定企业标准：一是集群内规模最大的示范性企业；二是与示范性企业在物资、资金、技术其中一个方面相关的企业；三是集群内其他相关企业。(2)政府部门，作者对集群所在区域政府的经济主管部门人员进行了多次分别访谈。(3)样本数据收集，作者通过高校财经数据库(infobank)检索收集了对当地及国内权威媒体对样本集群的深度报道，从而获得了访谈外的大量信息。

7.2　典型案例分析

现有研究表明，风险会激励集群内焦点企业进行创业。然而，焦点企业这种"揭竿而起"的创业行为是否最终带来了集群的"浪潮经济"？本书以三个典型案例作为分析依据，在具体分析了集群内焦点企业的创业行为后，对集群转型升级路径进行了探索。

7.2.1　浙江乐清工业电器集群

温州乐清市从 20 世纪 60 年代就开始从事低压电器制造，自 1976 年成立低压电器门市部以来，形成了门市部和家庭作坊相结合的"前店后厂"方式，成长起一大批电器行业龙头企业。2008 年乐清电器产业共实现产值 540 多亿元，从业人员超过 16 万人，产值已经占全市工业产值的 50% 以上，拥有电器及相关配套生产企业达 6000 多家，目前产品已覆盖低、中、高压各领域，是国内著名的"中国电器之都"。

在 50 多年的发展历程中，乐清工业电器集群经历了两次重大风险。第一次风险是在 20 世纪 90 年代，由于早期市场秩序的混乱，乐清低压电器产品出现了大规模的质量问题，国家有关部门成立工作组，对乐清低压电器集中清理，当时共关闭了 1267 家低压电器门市部。危机中亦蕴含着转机，在企业大量关停、重组的同时也带动了一批创业企业，它们为提高企业间协同合作效应，有效降低成本，首先在战略层面进行更新，实现了产业链上纵向一体化战略。其次采用兼并、重组、联盟等组织更新的创业行为。如德力西在 1992 年兼并了 9 家电器企业，在 1996 年到 1998 年期间通过合作的方式先后形成了 80 多家企业的联盟；长城变压器厂在 1994 年联合 7 家企业，组建了天正集团；正泰在 1994 年至 1995 年期间对本地 48 家企业进行横向联合后组建了正泰集团，从而形成了一批焦点企业，正是这些焦点企业二次创业带领集群走出危机并迅速发展。第二次风险发生在 2008 年金融危机时，伴随着国际市场不景气、原材料价格居高不下以及激烈的市场竞争环境，乐清工业电器集群再次陷入危机，然而也正是集群企业一系列的创业活动，如正泰通过低压产品向高压产品拓展的创业行为，实现了现有产品和市场领域上的更新，帮助困难企业进行产品变革的战略更新等；德力西也展开了相应的战略层面的创业行为，譬如通过从专业市场销售为主向品牌连锁经销为主转变，积极与国际著名企业施耐德合作等，最终带领集群成功走出金融危机，并再次引领国内电器行业的发展。

7.2.2 浙江长兴蓄电池集群

长兴蓄电池集群起步于 20 世纪 70 年代，经过 40 多年的发展，已经成为国内具有一定影响力的新兴特色产业。2008 年长兴蓄电池集群全年实现总产值 100.1 亿元，占据国内市场份额的 40%，从业人员达到 13000 余人，拥有"电动自行车铅酸蓄电池之乡"之称，培育了天能、超威、振龙、昌盛等一批行业内龙头企业，以及包括生产塑壳、硫酸、电池生产设备制造、隔板纸、包装等配套协作企业百余家。

长兴蓄电池集群在多年的发展历程中出现过两次重大风险。第一次是出现在 2004 年，长兴蓄电池主要是以铅酸蓄电池为主。由于早期对铅的危害性认识不足，导致生产企业、工人和政府对铅污染的防治不够重视，诱发了血铅风波。在血铅事件中长兴被列为蓄电池重点监控区，大量媒体舆论的报道对集群造成了负面影响。危机直接导致集群内企业大量关停或外迁，企业数由最高峰的 175 家减少到 58 家。然而危机的爆发并没有使得长兴蓄电池集群从此消沉，相反经过天能、超威等企业在改进生产工艺上的创业行为：如天能扩大产能、改进生产工艺；超能添置环保设备；众成职工岗位培训等；改变原有投资模式，通过在外创立企业等的创业行为：如 2005 年始，长兴蓄电池中天能、超威等企业积极对外投资，据统计，当时在外投资的企业数超过 50 家，总投资超过了 20 亿元。这些创业行为有效促进了这些焦点企业的形成和发展，推动了集群升级。第二次是出现在 2008 年的金融危机，国际市场环境的恶化及原材料价格的大幅波动，集群产值、利税同比大幅下降，长兴蓄电池企业普遍受到影响。在这期间，天能、超威通过与奇瑞、吉利、东风等 30 多家电动生产企业开展了广泛的合作实现了产品领域上的战略更新；通过研发并突破储能电池、车载动力电池、超级电容器的技术瓶颈实现了技术的持续更新；同时，天能、兴海能源开始通过发展轻巧、时尚、耐用为主的镍氢电池、锂电池，继而生产锂电动车实现了产品的持续更新。正是这些焦点企业的成功创业行为最终实现了集群转型升级。

7.2.3 浙江海宁皮革集群

海宁皮革集群经过 30 多年的发展，现已成为中国著名的皮革、皮草生产基地和集散中心，有"中国皮革之都"之美誉，培育了卡森、蒙努、雪豹等一批龙头企业，形成了从制革到服装、箱包皮具生产等完整的产业链,整体规模和品牌效应在国内居于首位,是海宁地方经济和社会发展的支柱产业。2008 年,海宁市拥有皮革工业企业 2062 家,从业人员 73348 人,全年实现工业产值 177.62 亿元,皮革工业经济总量列全国同行业首位。

在海宁皮革集群多年发展过程中经历了两次重大风险。第一次是发生在1997 年的亚洲金融风暴,危机迅速给以出口导向型为主的集群带来了巨大影响,大量皮革中小企业面临困境。海宁中国皮革城的创业成功则为集群走出第一次危机创造了有利条件,皮革城始建于 1994 年,在危机前皮革城的市场功能并没有很好体现。1999 年成立的皮革城投资开发公司,通过经营模式转变,积极开展与市场及本地企业互动,以皮革专业市场的开发、租赁和服务等商业化创业运作带动了海宁皮革产业的市场转型。此后,皮革城进行一系列持续更新的创业行为,如皮革城出口加工区建设、皮革城国际贸易部成立等都有效地推动了产业发展。第二次是发生在 2008 年金融危机,当年行业协会的统计中 53 家皮革企业亏损 8 家,工业总产值、利税总额等都大幅下降。在这种严峻的外部环境下,卡森通过产品领域的更新,开发新产品汽车坐垫革,并成为德国大众汽车集团的正式供应商;白领氏、圣顿改变了传统的 OEM 生产模式,通过与意大利著名设计师合作,设计了自主品牌的皮革服装,以此进行了战略层面更新的创业行为;皮革城通过多次举办博览会和时装发布会、申报"国家 4A 级旅游景区"等,以此进行了持续更新的创业行为,使得海宁皮革城成为皮革原材料供应、商品交易、信息交流中心。正是这些企业的创业行为,使得集群形成了一批有特色的焦点企业,并带动了海宁皮革走出了第二次金融危机,成功实现集群升级。

7.3　集群跨层面升级理论框架

以上三个案例都体现了集群在遭受风险后成功实现升级的过程,然而这个过程究竟是通过什么途径实现的? 本书利用简单的经济学原理将案例中的现实情境抽象成一个一般化的理论演化模型,揭示焦点企业创业与集群跨层面升级之间的内在关系。

7.3.1　初始状态(T1)

假设风险发生前的产业集群形态:由生产同一种产品的大量中小企业构成的完全竞争市场。经过长期的市场选择后,大量企业生产一定量产出的成本已经达到最小化,使得企业平均生产成本($SAC_1\cdots SAC_i\cdots SAC_n$)都稳定在长期平均成本

(LAC)左右,这些平均成本表现在前文所述的集群风险要素。

7.3.2 企业升级期(T2)

现在考虑风险对企业的影响。当集群风险爆发后,所引发的一系列外部环境变化导致生产要素成本上升,例如案例中危机所伴随着原材料价格上涨、人工成本增加、污染处理成本上升等,直接引致原处于 LAC 周边的大量企业直接停产或濒临倒闭。此时,假设处于困境中企业(A)会选择四种创业行为:持续更新、组织更新、战略更新和领域更新,之后出现以下 4 种情景。情景 1:对于存在规模效应的集群内企业,选择组织更新,即通过兼并重组、扩大规模生产或对外设立新公司等创业行为,变更了原有的组织形式,降低了生产成本。在图 7-1 中,由 A 点到 B 点的生产变动,代表了 A 企业通过以上创业行为导致的规模经济后降低的成本。案例中,20 世纪 90 年代,乐清工业电器集群的德力西、正泰的兼并重组行为的成功就是通过这种途径成功升级。情景 2:选择持续更新,即企业通过定期持续地开发新产品、新服务、新项目、改进生产工艺等来提高产品市场竞争力,降低成本。在图 7-1 中,由 A 点到 C 点的变动,代表了 A 企业通过创新和一定的规模生产后产生学习曲线效应所带来的成本降低。案例中,2004 年长兴蓄电池血铅事件后超能、众成等焦点企业的改革;2008 年正泰向高压产品延伸,天能、兴海能源研发镍氢电池、锂电池就是这种企业创业行为的表现。情景 3:选择领域更新,就是企业不仅集中于现有的领域,而且创造出新的市场领域来获取竞争优势;选择战略更新,就是企业在商业模式和市场模式上的重新定位。在图 7-1 中,由 A 点到 D 点的变动,代表了 A 企业在战略更新和领域更新后,同时发生了组织更新和持续更新直接降低了成本,从而使得平均成本曲线向下移动。案例中,2008 年金融危机,乐清工业电器集群中的正泰、德力西,长兴蓄电池集群中的天能、超威以及海宁皮革集群中的皮革城、白领氏、圣顿等的创业行为,正是这种成功案例的典型企业代表。情景 4:企业选择改变原有生产模式,转型成为相关配套企业,退出原有市场,如案例集群中就有大量中小企业采用这种形式,提高了集群内协调配套能力。在这个时期,率先创业成功的企业必然会提升企业竞争能力,成为集群中具有角色不可替换性、快速成长性、网络联系多向性和行为示范性的焦点企业,并引领集群发展。

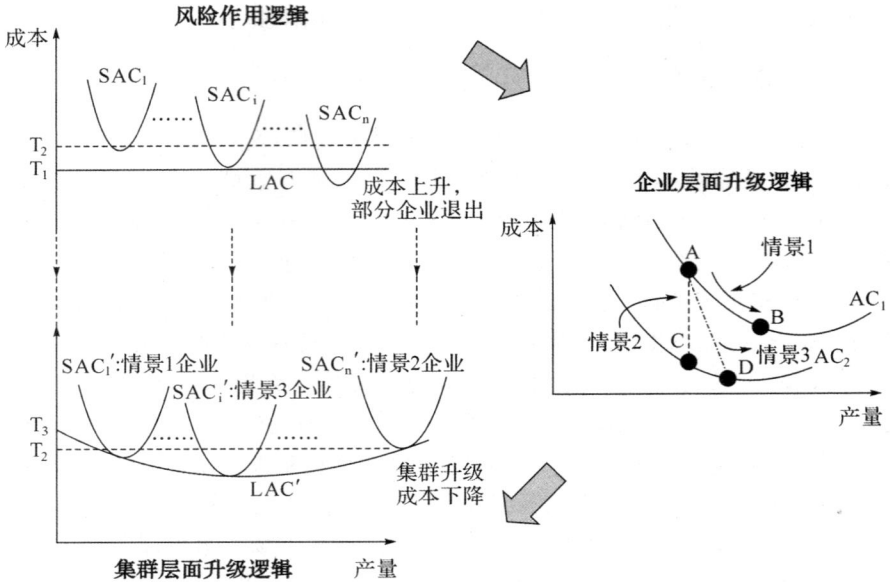

图 7-1　集群跨层面升级模型分析

7.3.3　集群升级期(T3)

现在引入集群内所有企业。根据序贯博弈原理,焦点企业(α)作为领导者率先发起行业内创业,并且假设创业成功能获得利润函数 $f(c_\alpha)$。集群内其余企业(β)会根据 α 相关行为而做出相应的战略选择,如果企业放弃创业,集群风险的环境下,随着成本的升高和政府某些强制性措施,作为理性决策者,β 会选择创业或者直接退出市场。这样这个博弈就显得非常简单,无论 α 对 β 的进入采取任何措施,β 必然会进行创业行为,若创业成功获得利润函数 $f(c_\beta)$(创业不成功则直接退出市场,不予考虑),此时的 α 会因为 β 的进入而丧失一部分利润,得到利润函数 $f'(c_\alpha)$。这样,β 作为战略跟随者被迫选择创业。

因此,在 T3 时期,市场结构由原来的完全竞争市场型转换成垄断竞争市场。集群内企业会因为创业的程度不同而形成等级梯度分布(如图 7-1),创业成功的焦点企业大幅度地降低了成本,分布在长期平均成本曲线的底端;部分跟随者也成功创业而降低了成本,但由于丧失了先发优势而集中在曲线的四周。

由此,提出命题:在外部风险的作用下,率先进行创业的企业会成为集群内焦点企业,并迫使其他企业选择跟随战略,实现企业层面的升级,促进集群层面的结构转型,完成集群跨层面升级。

7.4 研究讨论

上述理论模型反映了集群升级中具有企业层面和集群层面的升级，并概述了从企业到集群的跨层面升级过程，但对于两者内部是如何进行升级的未涉及。本书遵循 Yin 所提出的跨案例聚类分析方法，在对 3 个案例全部证据进行全面分析的基础上按照跨案例研究逐步复制的法则，把这 3 个案例作为一个整体来解析该升级逻辑（见表 7-1）。

表 7-1　集群企业升级的跨案例聚类分析

产业集群	风险事件	焦点企业的创业行为	理论情景	升级路径
乐清工业电器	1. 1990 年电器质量风波	1. 德力西兼并了 9 家电器企业	战略更新、组织更新	集群风险—企业升级—集群升级
		2. 德力西与 80 多家企业形成联盟		
		3. 正泰集团联合重组了 48 家企业		
		4. 长城与 7 家企业组建天正集团		
	2. 2008 年金融危机	1. 正泰向高压产品延伸	持续更新、领域更新	
		2. 正泰帮助困难企业进行产品变革	战略更新、组织更新	
		3. 德力西向品牌连锁经销拓展		
		4. 德力西和施耐德合作		
长兴蓄电池	1. 2004 年血铅事件	1. 天能扩大规模，改进生产工艺	持续更新	集群风险—企业升级—集群升级
		2. 超能添置环保设备		
		3. 众成职工岗位培训		
		4. 天能在沭阳、芜湖征地 1300 亩，总投资近 10 亿	战略更新、组织更新	
		5. 超威在江苏、山东、云南、河南、安徽增设 9 家企业		
		6. 蓄电池组装企业在外投资数量和规模不断增加		
	2. 2008 年金融危机	1. 天能、兴海能源研发镍氢电池、锂电池，生产锂电动车	持续更新、领域更新	
		2. 天能、超威与奇瑞、吉利、东风等 30 多家电动生产企业合作	领域更新、战略更新	

续表

产业集群	风险事件	焦点企业的创业行为	理论情景	升级路径
海宁皮革	1. 1997 年亚洲金融危机	1. 海宁中国皮革城商业化运作的成功	领域更新、战略更新	集群风险—企业升级—集群升级
		2. 皮革城出口加工区建设	持续更新、组织更新	
		3. 皮革城国际贸易部成立		
	2. 2008 年金融危机	1. 卡森由生产皮革服装向汽车制革领域转型	领域更新	
		2. 白领氏、圣顿由代加工向自主品牌转型	战略更新、组织更新	
		3. 皮革城申报国家 4A 级旅游景区		
		4. 皮革城多次举办博览会和时装发布会	持续更新	
		5. 皮革城二期扩建		

7.4.1 企业层面升级逻辑

根据组织变革理论对案例进行深入分析发现,由于集群面临的环境不同,早期企业升级会选择不同的创业行为(见图 7-2)。(1)选择持续更新和组织更新的创业行为往往是与当前实际基础紧密相连的,是以一种较为"温和"的升级模式来打破企业平衡点。当企业积累到一定规模或处于一个特定的历史时期,就会通过领域更新或战略更新的创业行为使企业发生从"量变到质变"的过程,从而实现第二阶段的企业升级。如案例中的 2008 年乐清工业电器集群和 2004 年长兴蓄电池集群的两次危机,就促使企业沿着持续更新、组织更新和领域更新、战略更新两个阶段逐层升级,是典型的"渐进式"升级模式。(2)直接选择领域更新或战略更新,这是一种风险较大、涉及面广的创业行为。企业往往会跳过第一阶段的升级模式,而通过"直接蜕变"来打破企业平衡点。如案例中乐清工业电器的质量风波直接导致企业采取大量兼并重组和产业联盟的升级模式,在亚洲金融风暴中成长起来的海宁皮革城改革了原有的市场组织模式,这些创业行为都直接促使企业向第二阶段升级,就是典型的"突变式"升级模式。由此,可以提出命题 1a:重大危机往往会使集群内企业选择"渐进式"和"突变式"两种不同的升级模式,从而阶段性地打破企业发展的平衡点实现企业层面的升级。

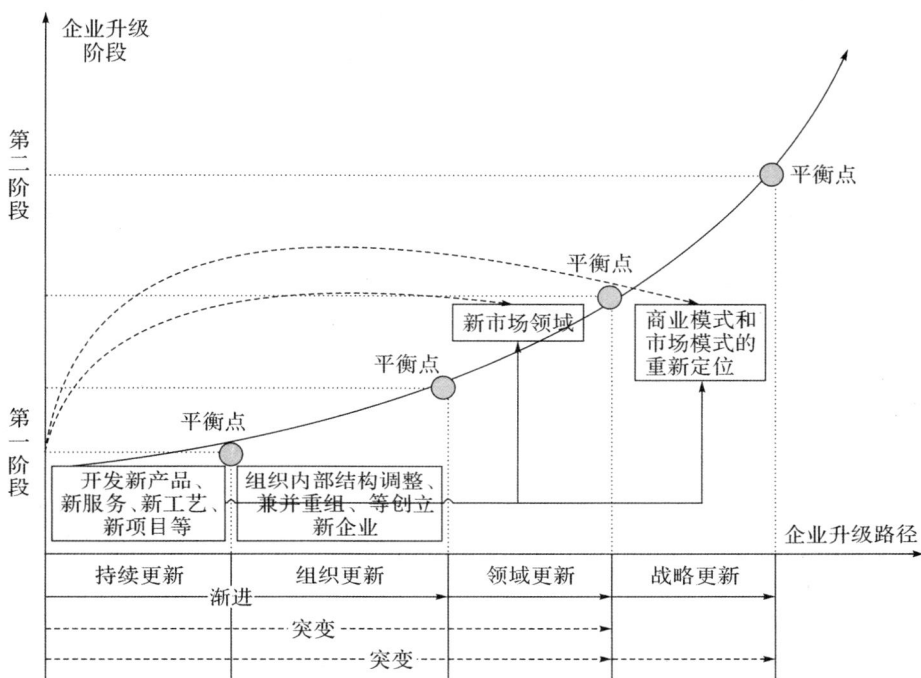

图 7-2　集群企业层面升级逻辑分析

7.4.2　集群层面升级逻辑

三个案例的解析中也清晰地反映了集群升级的内在原理。为了简化讨论的过程,本书将讨论的起点还原成集群初始阶段,如案例中 20 世纪 90 年代之前的乐清工业电器集群。(1)状态 1:从集群整体来看,集群发展都存在一个相对稳定的时期(S1),该时期集群结构由生产同一种产品、具有较高同质性的大量中小企业构成,企业之间以水平联系来完成产品生产。(2)状态 2:由于遭受外部风险,这种稳定发展的平衡态就会被一些重大行为所打断,案例分析表明就是企业的创业行为改变了原有企业间关系,带动了集群整体升级。此时的集群结构(S2)开始转型成为以创业成功的焦点企业为核心,其他中小企业处于外围或下属角色。(3)状态 3:集群再次遭受外部风险,根据前文的分析原理,率先创业成功的企业会打破集群的原生态并成为焦点企业,而在状态 2 中的焦点企业若没有创业或创业不成功则退出市场或成为中小企业,此时的集群结构转型成 S3。集群就是在这个基础上不断升级演化的。

由此,可以提出命题 1b:在外部风险的作用下,企业的创业行为会打破集群的原生态,形成焦点企业,并改变集群内企业间关系,调整集群结构,促进集群层面的升级(见图 7-3)。

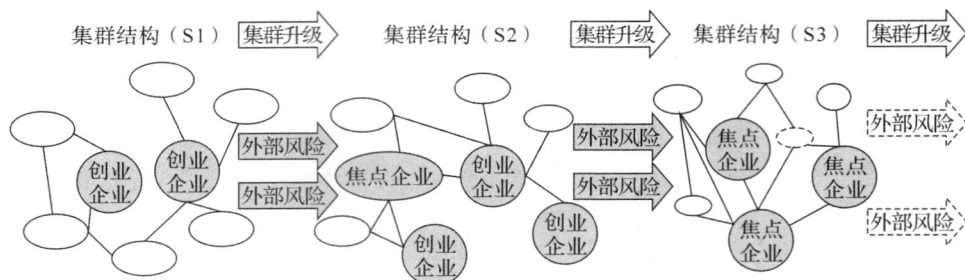

图 7-3　集群层面升级逻辑分析

7.5　小　结

　　本章基于乐清工业电器、长兴蓄电池、海宁皮革集群的探索式多案例研究,解释了战略更新、持续更新、组织更新层面上的集群企业升级逻辑;用经济学模型解释了集群跨层面升级理论,并对其特征进行了详细分析。本章认为通过焦点企业的创业能够带动集群企业的发展,调整提升集群的网络结构,从而实现集群风险治理与升级。

8 集群风险治理及升级:政府政策视角

2008 年金融危机爆发以来,浙江省委、省政府先后出台了一系列政策措施,促进中小型企业的经营状况的转变,取得了很大的成效。然而,随着后金融危机的持续,浙江集群产业层次较低,低成本竞争、低水平增长的问题开始日益显现,依靠政府单方面的政策推动、政策扶持而取得竞争优势的集群发展模式已经不适应全球产业发展的趋势。因此,在今后的工业经济发展过程中,需要以政府为主导,采取科学的集群政策,处理好产业集群中政策制定者、政策执行者、政策参与者之间的互动关系,从而加强集群治理,实现产业集群的转型升级,推动区域经济的可持续发展。

集群政策是由政府或其他公共主体针对集群而制定和实施的政策措施的组合,其包括促进集群环境改善、刺激集群企业创新等手段(Raines,2001,2002)。现有对集群政策的研究主要从:(1)政策制定过程研究,包括政府制定的"由上而下"的"明晰"的政策和企业进行的"由下而上"的"非明晰"的政策(Martina,Günter,2005)。根据政策制定的过程和政策作用方式两个维度,作者将集群政策分为四类(图 8-1):位于第 1 象限的政策,其目的是希望集群内部的企业主动集聚成为集群;位于第 2 象限的政策,侧重政府从国家和区域的层面采取主动的政策发展集群;位于第 3 象限的政策,其重点是发展区域经济而非刻意发展集群(通过发展区域经济进而促进集群发展);位于第 4 象限的政策,其重点是发展集群内的企业而非刻意发展集群(通过发展集群内企业进而促进集群发展)。(2)政策作用研究:集群政策在于优化集群的动力机制(Thomas et al.,2004)。具体来说,集群政策种类包括企业导向类(为企业提供融资、发展咨询服务、培训人才等)、增强集群吸引力类(鼓励集群内部投资,吸引区外的技术、资本和劳动力等经济资源)、服务设施建设类(加强物理设施、知识设施、特殊服务和技术中心的建设)、信息类(加强技术、市场、出口和业务等信息的收集、存储、流通和交易)、培训和研发类(支持教育、培训和研发项目)及鼓励协作类(支持企业网络及协同作用,培育开放性竞争和文化氛围等)(刘恒江,陈继祥,2004;Mitra,2001)。(3)集群政策效果研究,现有集群政策研究中基于解决市场失灵、系统失灵和传统政策失灵的问题已日益被理论和政策研究者所关注,多数学者就集群政策的定义(Raines,2001;刘恒江,2004)、产生的背景(陈剑锋,2005)、作用(Porter,1998;Pim,2003)、分类(Martina,Günter,2005)和政策实施等方面进行了一定的研究(见图8-1)。

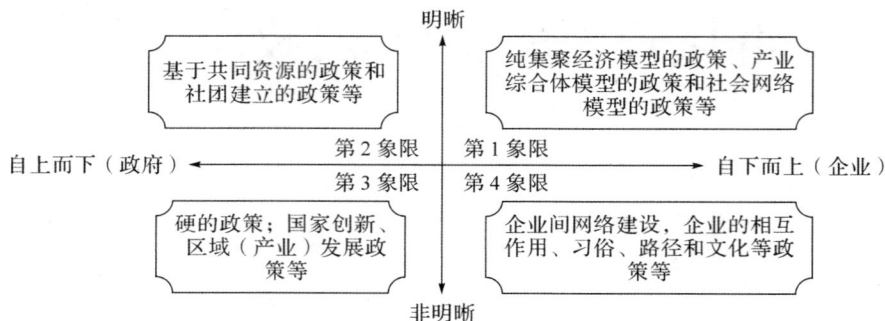

图 8-1 集群政策的组合

说明:根据 Martina Fromhold-Eisebith,Günter Eisebith(2005)资料整理。

8.1 研究设计

8.1.1 研究方法

产业集群政策的制定和执行中政策制定者、政策执行者、政策参与者(利益相关者)三者相互作用、相互影响,如何刻画这种关系机制? 政策网络分析就是一种有效分析方法(Katzenstein,1977;Borzel Tanja,1998;胡伟,石凯,2006),其通过对政策主体、政策客体的研究解释了来自不同功能领域的政府、企业及社会行动者(Jordan et al. ,1992),在参与政策过程中基于共同利益所形成的互动关系模式,通过网络中多元化与异质化的组织,通过信息、资源、目标的交换互动来实现政策利益的双赢或多赢(李瑞昌,2004)。本书借鉴政策网络的基本理论,将集群政策还原于现实环境中,梳理了政策内容和政策利益相关者之间的互动关系。同时,鉴于政策分析过程的复杂性和政策结果的多元性,很难从定量的视角精准地刻画出集群政策效果,多案例研究就是一种研究途径。本书运用多案例研究,验证了中小企业产业集群的政策结构、利益相关者与产业集群政策结果的逻辑辩证关系的问题。

8.1.2 研究样本

本书样本选取于浙江省委、省政府在国际金融危机后(2008 年前后至 2011 年间)出台的针对中小企业发展的政策措施。在具体样本的选取过程中,作者对浙江省发展和改革委员会、浙江省经济和信息化委员会等相关工作人员进行了调研,走访了大量的集群内企业,并发现以下现象:2008 年以来,浙江省委、省政府先后出台了一系列政策措施,使中小企业生产经营出现了好转,但形势仍不容乐观。造成这种情况的除了一些外部原因外,是不是政策本身有缺陷? 还是政策执行效果问题? 还是政策执行一致性问题? 这是值得我们思考的因素。因此,基于理论和现实需要,本书选取了两种类型集群作为典型案例,并邀请来自政府、高校等五位专家对案例选取过程进行反复认证。

8.2　浙江省产业集群发展公共政策网络分析

浙江省产业集群发展中的中小企业量大面广,数量占全省企业 99% 以上,提供了主要的就业岗位,创造了大部分地区生产总值,是经济社会发展的关键支撑、优势所在和活力之源。由于国内外发展环境变化以及长期积累的结构性、素质性矛盾制约,特别是受国际金融危机持续蔓延影响,浙江省经济面临严峻的挑战,中小企业更是首当其冲。本书收集全球金融危机前后的浙江省政府对中小企业产业集群的公共政策,并根据政策发布主体、客体(政策主体是指发布政策的各单位,政策客体是指接受政策的各单位)进行以下梳理(见表 8-1)。

表 8-1　浙江省公共政策分析

政策文件	政策主体	政策客体
1. 浙政发〔2010〕4 号	浙江省人民政府	各市、县(市、区)人民政府,省政府直属各单位
2. 浙政发〔2009〕24 号	浙江省人民政府	各市、县(市、区)人民政府,省政府直属各单位
3. 浙政办发〔2009〕24 号	浙江省人民政府	各市、县(市、区)人民政府,省政府直属各单位
4. 绍政发〔2009〕18 号	绍兴市人民政府	绍兴各县(市、区)人民政府,市政府各部门
5. 温政发〔2009〕5 号	温州市人民政府	各县(市、区)人民政府,市政府直属各单位
6. 杭政〔2009〕3 号	杭州市人民政府	各区、县(市)人民政府,市政府各部门、各直属单位
7. 浙政发〔2008〕80 号	浙江省人民政府	各市、县(市、区)人民政府,省政府直属各单位

107

续表

政策文件	政策主体	政策客体
8.浙政发〔2008〕59号	浙江省人民政府	各市、县(市、区)人民政府,省政府直属各单位
9.杭政〔2008〕7号	杭州市人民政府	各区、县(市)人民政府,市政府各部门、各直属单位
10.浙科发成〔2008〕67号	浙江省科学技术厅、浙江省发展和改革委员会、浙江省人事厅、浙江省教育厅、浙江省民政厅、浙江省财政厅、浙江省工商行政管理局、浙江省国家税务局、浙江省地方税务局	各市和义乌市各部门、省级有关部门,有关高校、科研院所
11.浙工商标〔2008〕23号	浙江省工商行政管理局	各市、县(市、区)工商行政管理局
12.浙政办发〔2008〕58号	省经贸委、浙江银监局	企业
13.浙政办发〔2008〕29号	浙江省人民政府	各市、县(市、区)人民政府,省政府直属各单位
14.浙政发〔2008〕35号	浙江省人民政府	各市、县(市、区)人民政府,省政府直属各单位
15.浙工商企〔2008〕14号	浙江省工商行政管理局、中国人民银行杭州中心支行、中国银监会浙江监管局	企业
16.浙江省公司股权出质登记暂行办法	浙江省工商局	企业
17.浙政发〔2008〕34号	浙江省人民政府	各市、县(市、区)人民政府,省政府直属各单位
18.浙金融办〔2008〕21号	浙江省金融办、浙江省工商局、浙江银监局、人民银行杭州中心支行	各市、县(市、区)人民政府,省政府直属各单位;各市、县(市、区)人民政府
19.关于加快宁波市服务外包产业发展的若干意见	宁波市政府	各县(市)、区人民政府,市政府各部门、各直属单位
20.绍兴市创业投资引导基金管理暂行办法	绍兴市财政局	企业
21.杭州名牌产品认定和管理办法	杭州市名牌战略推进委员会办公室	企业
22.浙江省招标投标条例	浙江省人大常委会	企业
23.浙江省安全生产条例	浙江省人大常委会	企业
24.浙江省广告管理条例	浙江省人大常委会	企业

续表

政策文件	政策主体	政策客体
25.浙政办发〔2008〕45 号	浙江省人民政府办公厅	企业
26.浙政办发〔2008〕46 号	浙江省人民政府办公厅	企业
27.杭州市高校毕业生和留学回国人员创业三年行动计划	杭州市政府	各区、县（市）人民政府,市政府各部门、各直属单位
28.关于加快发展新型块状经济的若干意见	杭州市政府	各区、县（市）人民政府,市政府各部门、各直属单位
29.市委〔2007〕18 号	杭州市委、市政府	各区、县（市）人民政府,市政府各部门、各直属单位
30.2007 年杭州市现代服务业发展意见	杭州市委、市政府	各区、县（市）人民政府,市政府各部门、各直属单位
31.浙江省促进中小企业发展条例	浙江省人大常委会	浙江省经济贸易委员会,浙江省中小企业局
32.浙江省中小企业科技创新资金扶持政策发展趋势	浙江省中小企业局政策法规处	企业
33.浙江省中小企业技术创新资金主要办法	浙江省中小企业局政策法规处	企业
34.浙江省人民政府关于鼓励与促进中小企业发展的若干政策意见	浙江省人民政府	各市、县（市、区）人民政府,省政府直属各单位、企业

　　政策主体与政策客体是通过各项政策关系结合的,通过 Ucinet 得到政策网络分析图（见图 8-2）。通过政策网络分析,我们发现有两个奇异点,一个是企业,一个是省人大。省人大是最高权力机构,其通过法律直接公布政策实施。企业是政策客体,政府通过颁布政策直接作用于企业。其余政策主体具有明显的集聚效应,证明这些政策主体的交互性、政策的集中性。

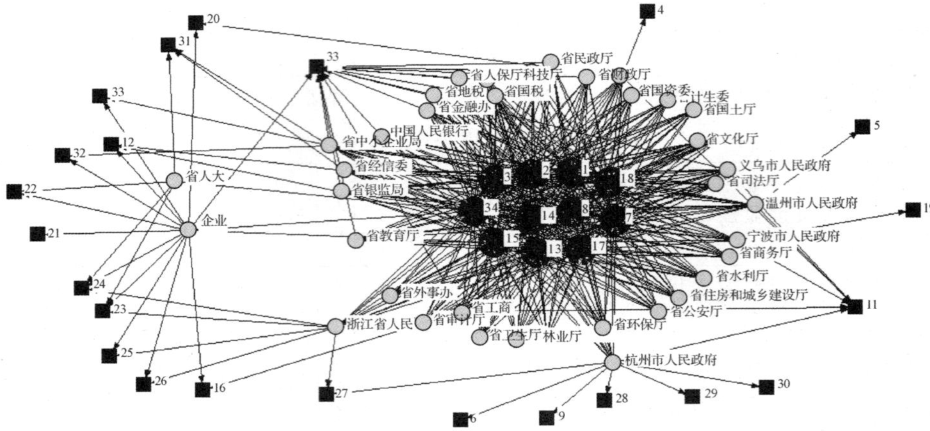

图 8-2　政府政策网络分析图

结果分析：

（1）政策 1、政策 2、政策 3、政策 7、政策 8、政策 11、政策 13、政策 14、政策 15、政策 17、政策 18、政策 34，这 12 条政策具有高度集聚性，见表 8-2。证明该类政策牵涉范围广、影响力大，是政府亟须解决的问题。通过政策梳理，我们得出金融、科技和人才是当前政府解决力度最大、政策实施最有力的三大方面。

表 8-2　政策分析

政策	出现词频	政策领域
1	创新	科技
2	就业	人才
3	风险投资、基金	金融
7	工业转型	产业
8	就业	人才
11	品牌	科技
13	创新	科技
14	上市	金融
15	抵押贷款	金融
17	金融业	金融
18	小额贷款	金融
34	发展	产业

(2)政策12、政策15、政策16、政策20、政策22、政策23、政策24、政策25、政策26、政策32、政策33、政策34,这12条政策在企业这个政策客体上具有高集聚性,见表8-3,证明该类政策主要针对企业。通过政策梳理,我们得出金融政策是当前政府使用力度最大的政策。

表8-3 企业政策分析

政策	出现词频	政策领域
12	资金链	金融
15	抵押贷款	金融
16	股权出质	金融
20	引导基金	金融
22	招投标	金融
23	安全生产	产业
24	广告	产业
25	外贸	外贸
26	小额贷款	金融
32	资金扶持	金融
33	创新资金	金融
34	发展	产业

从以上政策分析来看,政府政策执行过程中小企业的公共政策主要针对金融政策,通过完善风险补偿机制、实施“绿色信贷”政策、创新担保方式等举措,应对中小企业融资难的问题。从现有政策评估的视角来看,其一致性和效果都非常好,并且已经起到了一定的实际作用,中小企业在融资方面得到明显的好转。而实际上,经济的浅表增长掩盖了诸多结构性问题,经济结构中的要素投入结构、需求结构、产业结构等方面的失衡问题凸显。随着国际环境的变化,靠高投入、高消耗、人口红利、低成本的增长模式已经难以为继,特别是近几年浙江省的中小企业正因此而面临着严峻的考验。

究其原因,是由于产品结构简单、产品层次较低、产品利润率很薄,致使企业长期处于微笑曲线的中间环节。若长此以往,浙江制造业定会面临产业外迁、产业空心化的“棘手”问题。因此,就浙江产业的现状来看,结构性的政策调整和引导应当是政府层面首要考虑的集中点。在作者参与的浙江省42个产业集群转型升级示范区建设的工作中发现,嘉兴海宁市和湖州长兴县两地,先后通过产业政策的调整,有效推动了当地产业结构的升级,为此,本书选取这两地作为案例样本。

8.3 案例分析

8.3.1 海宁皮革产业集群

皮革产业是海宁市的传统产业,其经济总量占全市工业经济总量的1/4。海宁市主要以制革、皮革沙发、皮装为主导产品,皮革工业的产业规模、工艺技术、主要经济指标和知名品牌数量均居国内前列。海宁皮革产业在空间上由东向西,形成一条从制革——皮革服装——皮革沙发到皮革箱包的狭长产业带,并拥有具有国际影响力的专业市场。从2008年开始,海宁皮革产业出现市场萎缩、利润同比下滑和亏损的现象。

为推动海宁皮革产业转型升级,政府部门在2009年推出了一系列政策方案,主要包括以下六个方面:(1)构建区域龙头系统;(2)构建区域生产系统;(3)构建区域品牌系统;(4)构建区域创新系统;(5)构建区域服务系统;(6)做好"皮革之都"大文章。本书对政府政策进行系统梳理,然后根据政策发布主体、客体进行梳理如下(见表8-4)。

表 8-4 海宁市公共政策分析

政策文件	政策主体	政策领域
1.发挥骨干企业的龙头作用	财政局	企业
2.提升企业经营管理者素质	财政局、经贸局	人才
3.鼓励企业管理创新	财政局、经贸局	企业
4.放大上市公司功能	发改局	企业
5.创建和提升海宁皮革区域品牌	质检局、经贸局	品牌
6.鼓励企业实施各种形式的联合	发改局	产业
7.扩大自主品牌国际影响力	外经贸局	品牌
8.鼓励建立健全营销网络	经贸局	产业
9.鼓励企业购买品牌	质检局、工商局	质量
10.鼓励加大广告投入	宣传部	品牌
11.鼓励组团参展	经贸局、外经贸局	产业
12.建立海宁皮革产业研究与培训中心	科技局	科技
13.鼓励企业自主创新	科技局	科技
14.强化尖端人才引进	人事局	人才

政策文件	政策主体	政策领域
15.加强制革企业环保治理	环保局	环保
16.加大检测中心建设力度	质检局	质量
17.发挥协会作用	皮革协会	产业
20.鼓励开展电子商务	皮革协会	产业
21.与旅游产业互动	旅游局	产业

从以上政策分析可以看出,2009年后海宁市政府的产业政策重点在于产业、科技、品牌建设等领域,这些政策有效促进了集群内相关企业的转型升级。譬如:卡森集团在美国等地设立了连锁销售机构,蒙努集团成功并购了其产业链下游的杰妮芙美国品牌商,兄弟集团在韩国等地设立研发机构,中国海宁皮革城先后在东北、江苏、河南以及成都等地投资建设区域级皮革市场,进一步实现海宁皮革品牌的输出。同时,政府通过品牌设计平台、质量检验平台、产品研发平台、品牌孵化平台等公共服务平台,有效促进了海宁皮革产业转型升级。

8.3.2 长兴蓄电池产业集群

长兴县是环杭州湾新兴能源产业的重要集聚区域之一,蓄电池产业主体包括镍氢电池、锂电池产业,储能电池、车载动力电池产业,光伏产业,特种石墨产业等。经过多年的发展,长兴已具有一定的资金、技术和人才积累,少数大企业已经具有较强的研发能力。但在发展过程中也存在着诸如技术相对落后、产业链相对低端、发展空间有限、环境污染分散和控制与监管较松等问题,迫切需要加快新能源产业集群内部的结构调整。

为推动长兴蓄电池产业转型升级,政府部门在2009年推出了一系列政策方案,主要包括以下六个方面:(1)实施招商选资工程;(2)实施培大育强工程;(3)建设公共服务平台;(4)健全生产服务体系;(5)发展职业技术教育;(6)积极发展循环经济。本书对政府政策进行系统梳理,然后根据政策发布主体、客体进行梳理如下(见表8-5)。

表8-5 长兴县公共政策分析

政策文件	政策主体	政策领域
1.成立"长兴县新能源产业转型升级领导小组"	县政府	产业
2.出台《关于加快推进新能源产业转型升级的若干意见》	县发改委	企业
3.建设新能源产业公共检测中心	县质监局	质量

续表

政策文件	政策主体	政策领域
4.推进新能源产业技术研发中心建设	县科技局	科技
5.建设新能源产业数据库	县科技局	科技
6.城南开发区和长兴开发区招商引资工作	县外经贸局	产业
7.企业兼并重组	县发改委	企业
8.引导企业设备更新	县发改委	企业
9.科技型企业培育	县科技局	科技
10.新能源企业信息化	县发改委	企业
11.继续举办新能源产业展会及论坛	县政府	产业
12.自主品牌建设	县工商局	品牌
13.优秀人才引进	县人事局	人才
14.加快推进"南太湖精英计划"	县科技局	人才
15.改善融资环境	人行长兴支行	金融

从以上政策分析可以看出,2009年后长兴县政府的产业政策重点在产业、龙头企业等领域。譬如在龙头企业方面:天能集团、超威集团在电动汽车用动力电池、储能用电池研发领域得到了突破,以长广集团有限公司生物质发电的新能源项目等。政府通过加强产业结构调整,提高要素组合效率,推动产业自主创新,着力提升产业集聚力的作用,进而提升经济核心竞争力。

8.4 小 结

本书基于政策网络理论,以浙江省委、省政府(2008年前后至2011年间出台的政策)为样本,通过政策主体、政策客体及利益相关者进行分析,并以海宁皮革产业集群、长兴蓄电池产业集群为案例,分析中小企业产业集群政策制定效果和影响。研究发现:(1)在样本分析过程中,我们发现金融危机爆发后,浙江省政府推出了大量的金融政策,有效改进了企业的金融环境。但是,随着全球产业结构的调整,浙江中小企业窘境频现,事实证明,单方面的政策容易在政策引导上产生一定的负面影响(譬如:现状是有大量企业重虚拟经济,轻实体经济)。在海宁皮革产业集群和长兴蓄电池产业集群的案例分析基础上,作者发现在政府政策制定过程中,结构性政策(即偏重产业结构的调整)的推行有利于产业集群转型升级,进而推动区域经济的可持续发展。(2)集群政策的制定更需要关注政策制定者、执行者、参与者之间的互动关系,政府的政策对企业具有重要的引导作用,因此,在政策制定过程中需要考虑政策多元性的影响,政策角度应尽量丰富化和多元化,若单一政策引导容易导致集群抗风险能力的下降(譬如,政府引导下的光伏产业产能过剩就是一个例子)。(3)本书立足于公共政策与利益相关者的互动视角来研究产业集群政策,突破了以往"就集群论集群"的研究局限,更契合于社会与政府的现实。

　　本研究对集群政策制定具有一定现实指导意义。浙江原生型产业集群的发展在充分发挥企业家精神和市场配置资源优势的同时,政府和公共政策的积极互补性作用一直未能有效开发,通过对产业集群公共政策网络的研究将为后全球金融危机下,浙江地方政府有效发挥公共政策工具、科学引导地方经济发展提供理论和实证基础。同时,对政策网络的研究为解决政策制定者行为主体之间的利益协调带来新的思考与实证素材,为解决目前地方政府干预经济"政出多门"、相互冲突的问题带来新的对策、方案和建议。因此,面对复杂的政策执行过程与政策关系,政策网络具有很大的应用空间,政府对集群转型升级的引导可以充分应用政策网络分析方法,健全网络,使公共资源得到合理有效的配置,真正实现政策目标。

9 集群风险治理及升级:现代服务业视角

实现集群转型升级有多种可选路径,促进集群内现代服务业与先进制造业互动发展也是集群转型升级路径之一。现代服务业与先进制造业的互动发展是加快经济增长方式的战略选择,是提高自主创新能力的基础保证,是推动产业集群转型升级的迫切要求。浙江省政府在《浙江省服务业发展规划(2008—2012年)》中,将现代服务业与先进制造业之间的共生互动关系提升到总战略高度,凸显以协同发展、"两轮驱动"的经济发展布局的重要性。

以杭州市为例,随着集群经济的持续快速发展,杭州单纯依靠以制造业单条腿走路的模式已难以为继,而服务业已成为推进经济持续增长和结构优化的主要着力点。数据显示,2012年发达国家服务业产值占GDP比重为60%~80%,其中美国为75%,中国香港地区为85%,澳大利亚、加拿大、法国、德国和英国已经达到或超过70%,而我国服务业占GDP比重为44.6%,如果政府只重视先进制造业推动产业经济的发展壮大,而忽视与之相配套的、直接为制造业生产活动提供服务的现代服务业的发展,产业集群的转型升级将面临严峻的制约,先进制造业与现代服务业的两轮发展也会严重失衡。因此,推动现代服务业与先进制造业的互动发展对加速集群升级、克服资源要素制约、实现工业新增长方式的转变,有着极其重要的意义。

9.1 西方发达国家产业结构演进及发展趋势

产业结构演进是伴随着经济发展方式转变过程中三大产业在国民经济所占比例的调整以及产业内部结构的调整,是当今各国和地区需要重点关注的课题。从历史上看,对于几个发达国家经济发展方式转变时期产业结构数据的分析比较之中(见表9-1),可以发现这些国家在相应时期的第一产业一直处于较低水平,而制造业等行业在社会经济发展进程中成为最为主要的推动因素和发展点,第三产业在总产值中的比重也在不断攀升。从发达国家经济发展方式转变后几十年的变动过程来看,第三产业最高比重可达到70%甚至更高,逐渐替代第二产业成为带动GDP增长的主要动力。

表9-1　发达国家发展方式转变时期三大产业产值比重

国家	年份	第一产业/%	第二产业/%	第三产业/%
美国	1950	7.0	40.0	53.0
德国	1960	6.0	53.0	41.0
法国	1960	9.0	48.0	43.0
英国	1970	3.0	48.0	49.0
日本	1970	6.0	45.0	49.0

资料来源:世界银行数据库。

　　伴随着全球市场的形成,市场竞争变得越来越激烈,第二产业中的先进制造业应运而生。为了满足人们日益多元化的需求,西方发达国家纷纷采用先进的制造技术,发展凝聚现代科技的先进制造产业。以美国为例,为了推动先进制造业发展,分别在1990年、1993年、1997年和1998年实施了"先进技术计划""先进制造技术计划"'下一代制造'行动框架"以及"集成制造技术路线图计划";进入21世纪后,于2004年国会通过了《2004年制造技术竞争能力法》。同样,日本、德国等发达国家也极为重视各自的先进制造产业,在不同时期均出台了多项优惠政策加以扶持,加快本国产业结构调整步伐。

　　现代服务业产生在工业化比较发达的阶段,是伴随着信息技术的应用和信息产业的发展,依托现代管理理念而发展起来的。自20世纪80年代以来,全球产业结构呈现出由"工业经济"向"服务经济"转型的趋势。如今,现代服务业已经成为发达国家的主导产业,在经济结构中的比重不断提升。据统计,2012年,美、英、法、德等发达国家服务业增加值占GDP的比重几乎都达到了70%或以上。这其中表现为现代服务业不断向制造业领域渗透,其产值在整个国家经济活动中逐渐取得了主导地位(见表9-2)。

表9-2　不同国家服务业增加值占GDP的比重　　　　　　　　单位:%

国家	1980年	1998年	2008年	2012年
全世界	56	61	63	67
低收入国家	30	38	43	48
中等收入国家	46	56	61	68
高收入国家	60	68	71	75

资料来源:OECD,Historical Statistics,2012。

从西方发达国家的产业结构调整过程看出,制造业的扩张引致对服务业需求的发展到现代服务业的发展促进了制造业的升级换代,再到当前现代服务业与先进制造业的相互作用、相互依赖、共同发展的融合,现代服务业与先进制造业的互动发展已成为产业转型升级的必然趋势。

9.2 集群演化与现代服务业、先进制造业 互动机制分析:以杭州市为例

9.2.1 现状分析

1.杭州现代服务业发展现状

现代服务业是服务业中最具活力、增长较快的部分,杭州工业经济发展进程中对现代服务业的需求直接促进了其发展。

(1)从服务业投资规模看,近年来,杭州市服务业投资随着杭州市经济的发展逐年增加。2010年,杭州市完成服务业投资1960.10亿元,比2005年增长135.8%,年均增长16.9%。五年累计完成服务业投资6808.56亿元,较"十五"时期增长1.4倍。从服务业投资增长轨迹看,由低向高,较快增长,其中2006年增长9.1%,至2010年增幅达24.0%,提高14.9个百分点(见图9-1)。

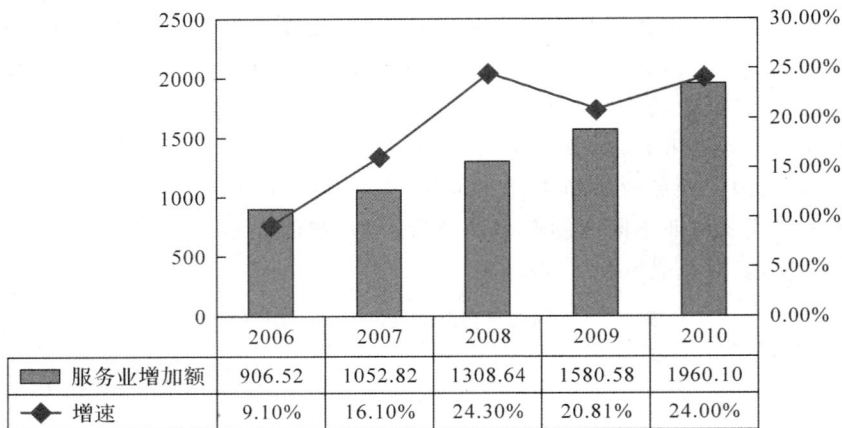

	2006	2007	2008	2009	2010
服务业增加额	906.52	1052.82	1308.64	1580.58	1960.10
增速	9.10%	16.10%	24.30%	20.81%	24.00%

图 9-1 2006—2010 年杭州市服务业投资及增速情况(亿元)

资料来源:根据浙江统计信息网整理。

(2)从服务业内部各行业的结构来看,现代服务业加快发展。近几年,杭州市服务业中发展较快的行业是金融业、房地产业、科技服务、教育、卫生、文化和公共

管理等现代服务业,尤其是房地产业、公共管理及卫生事业的发展更为迅速。2010年全市实现文化创意产业增加值 702 亿元,增长 16.2％,增速高于全市 GDP4.2个百分点,动漫产业位居全国首位;旅游总收入 1025.7 亿元,增长 27.7％。2010年年末,杭州市金融机构本外币存款余额 17084.35 亿元,比上年年末增长19.6％;贷款余额 15078.73 亿元,比上年年末增长 15％,实现金融业增加值605.11 亿元,增长 13.5％。2009 年交通运输、仓储业及邮政业增幅为 0,占全市生产总值的比例由 3.1％降为 2.9％。批发零售和住宿餐饮业分别增长了 7.7％和6.7％,占全市生产总值的比例不变。传统服务业增长速度放缓,说明杭州调整产业结构取得初步成效。与此同时,现代物流、电子商务、科技服务和中介服务等知识、技术密集型的现代服务行业发展迅速。

(3)从就业吸纳能力看,吸纳从业人员最多的行业,依然是批发和零售业、物流业和商务服务业,还有餐饮等传统服务业(见图 9-2)。

各类服务业从业人数(万人)

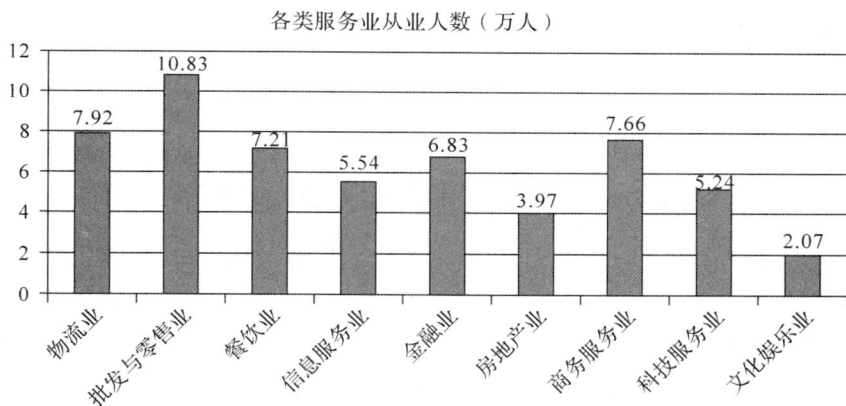

图 9-2 2013 年服务业从业人员分布

资料来源:根据浙江统计信息网整理。

2013 年,杭州市服务业从业人员 239.28 万人,占全部从业人员的 40.05％。可以看出,杭州市服务业从业人员的比重偏低,传统服务业因劳动强度大、待遇低等问题对人才的吸引力不强;新型服务业面临从业人员素质不高、专业人才缺乏的局面。

2. 杭州集群内先进制造业发展现状

工业是杭州市 GDP 的主要创造者、财政收入的主要来源、安置就业的重要渠道。2003 年至 2013 年的十年间,杭州工业经济在"工业兴市"战略指引下保持快速发展,实现了大跨越:全市规模以上工业总产值增长了 6.4 倍,工业增加值增长了 5.2 倍,利税总额翻了 6.3 倍,高新技术产业销售产值增长了 6.8 倍。其中,在

2012 年全市 2130 家规模以上装备制造业完成工业总产值 4815.22 亿元,同比增长 7.45%,完成工业销售产值 4754.44 亿元,同比增长 7.68%,产销率为 98.74%,而计算机、通信和其他电子设备制造业 3 个行业工业总产值、工业销售产值略有下降。目前杭州已建成五大产业集群先进制造业基地:电子信息产业集群、医药化工产业集群、装备制造产业集群、纺织服装产业集群、食品饮料产业集群。其主要行业分布如表 9-3 所示。

表 9-3　产业集群及其行业分布介绍

产业集群	主要分布行业
电子信息产业集群	通信设备、通信传输器材、数字音视频产品、集成电路设计与制造以及软件等五个行业
医药化工产业集群	生物医药、现代中药、新型化学合成药、医疗器械以及精细化工等行业
装备制造产业集群	汽车和关键零部件、电工电器、仪表仪器等三大强势行业
纺织服装产业集群	棉纺织、化纤、丝绸、服装(女装)和家纺布艺等行业
食品饮料产业集群	方便食品、传统优势食品和特色休闲食品

资料来源:根据调研资料整理。

9.2.2　集群演化与现代服务业、先进制造业互动发展分析

纵观杭州集群经济发展历程,其两大产业的发展总体上遵循了发达国家产业结构的演进路径(见图 9-3)。在第一阶段,制造业是生产性服务业的提前和基础,而生产性服务业则是集群制造业的补充,即制造业处于主导地位。因为制造业是生产性服务业产出的重要需求部门,服务业部门的发展必须依靠制造业的发展,若没有制造业,社会就几乎没有对这些服务的需求。如随着社会化分工深入和专业化水平不断提高,生产性服务业逐渐从制造业中剥离,发展为现代服务业,两大产业发展进入到第二阶段。在这个时期,现代服务业的兴起降低了投入到制造业部门的中间服务成本,成为先进制造业生产率得以提高的前提和基础。目前,杭州两大产业正处于第三阶段,即表现为相互作用、共同发展的互补性关系。随着制造业部门的扩大,对服务业的需求,如商务服务、住宿餐饮、金融、现代物流、社会服务、信息与科技服务,以及教育、医疗服务等行业迅速增加,从而推动现代服务业的发展;反之,现代服务业发展进一步支撑制造业的发展、升级与竞争力提高。而在不久的将来,伴随科技进步与全球一体化深入发展,现代服务业与先进制造业出现"耦合"现象,相互支撑,日益交织,呈现一定的融合趋势。

然而,杭州现代服务业与集群内先进制造业之间融合不够,依然是全市产业转型升级的"短腿"。一方面,先进制造业对现代服务业的拉力不够,由于现阶段杭州

市产业集群结构不合理,对知识中间需求不高,制约了现代服务业的快速成长。另一方面,现代服务业由于还没有真正成为知识的产业载体,从而不能发挥产业黏合器的作用,对先进制造业并没有产生较大的乘数推动作用。

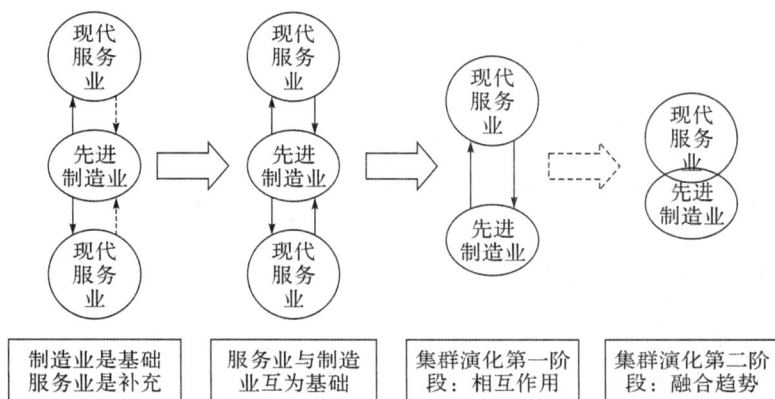

图 9-3　集群演化与现代服务业、先进制造业演化路径

9.3　集群升级与现代服务业、先进制造业互动机制:基于社会网络理论视角

9.3.1　现代服务业与先进制造业关联体系分析

结合产业结构演进理论,通过以上对产业集群内现代服务业与先进制造业现状分析可知,不同类型的现代服务业和不同类型的先进制造业之间关联度存在高低之分。根据近几年杭州产业投入产出表,具体说来,金融保险业的融资租赁、金融商品转让、贷款以及保险等业务正在形成稳定、安全、高效的工作流程平台,进而随时随地充分掌握企业内外信息的流通,提高工作效率,并提升决策品质,其发展几乎对各先进制造业都表现出较强的推动作用。科技服务业,包括科技交流和推广、专业技术服务、科学研究事业,对现代制造业表现出了较高的专业服务支持。装备制造业对科技服务业的需求愈来愈强烈,但由于我国信息服务业、商务服务业发展滞后,其对这些中介服务需求并不强烈。各产业关联体系详见表9-4。

表 9-4 现代服务业与先进制造业关联体系

关联度	金融保险业	商务服务业	现代物流业	科技服务业	信息服务业	行业协会
电子信息产业	高	中	低	高	高	高
医药化工产业	高	低	中	高	中	低
装备制造产业	高	低	中	高	低	中
纺织服装产业	高	中	高	高	中	高
食品饮料产业	高	中	高	高	中	中

资料来源：根据 2012 年杭州市投入产出表整理。

9.3.2 集群升级与现代服务业、先进制造业互动机制构建

社会网络理论认为，任何经济组织都具有与外界一定的社会关系（Relationship）和"联结"（Tie），都镶嵌或悬浮于一个由多种关系联结交织成的多重、复杂、交叉重叠的社会网络之中。在这其中，关系是因，联结是果，即有关系就有联结，各种各样的关系与联结搭建了社会网络的基本构架。对产业集群结构而言，现代服务业与先进制造业中的企业在形成并增加社会资本过程中构建特定的互动网络，设置网络中的资源获取模式，并靠对网络的不断复制而成长演进。

在形成的社会网络中，网络主体的强弱关系对两产业间互动发展机制的有效性起着决定性作用。其中弱关系由于较低的成本和信息冗余度，吸纳了新观念、新视角和新方法，能够提供丰富的异质信息，一般适合探索式互动机制；强关系则通过信任在企业之间传递复杂知识，提升企业之间相互交流信息的意愿，一般适合利用式互动机制。社会网络强弱关系及互动机制主要体现在内部网络主体层次、横向社会资本网络主体层次、纵向社会资本网络主体层次以及企业界外的社会资本网络主体层次。

第一层次，内部网络主体层次。该层次主要代表制造业企业内部的网络主体，包括：企业的研究与发展部、生产制造部和营销部、物流部、售后服务部，网络关系为强关系，互动发展机制以利用式互动为主。在企业内部网络主体层次中，研发部门和生产部门相配合，在互动发展过程中担负着创造新技术、获取新技术、解决技术难题、开发新产品和新工艺及提供新构思等任务；营销部门在互动发展中的任务是不断发展新的产品概念并将其成功付诸实践，并使这一新技术在市场中有效扩散。因为互动发展的网络主体在企业内部，规模和范围都比较小，技术上多为原有技术的提升和改造，所以网络主体间相互关系紧密，多为利用式互动。

第二层次，横向社会资本网络主体层次。该层次主要代表"动态网络"理论下

的企业横向合作关系，主要包括：同行业先进制造业企业间集群发展和现代服务业企业间的集聚，网络关系为强关系，互动发展机制为利用式互动。在横向社会资本网络主体层次中，充分发挥杭州特色制造产业优势，培育发展移动通信、计算机及网络、微电子、电子专用材料和新型电子元器件等具有一定优势的产品，打造高技术制造业基地。同时一方面全力推进现代物流业发展，建成为制造业配套的东部物流基地；另一方面创新金融服务，为先进制造业发展提供融资平台，建设东部地区金融机构聚集区。产业间的横向合作加深了彼此的信任关系，有效实现资源与信息共享，所以网络主体间多为利用式互动。

第三层次，纵向社会资本网络主体层次。该层次主要代表以先进制造业为核心的产业链的向上与向下延伸的企业纵向互动联系，主要包括现代服务业与先进制造业之间的互动合作，网络关系为弱关系，互动发展机制为探索式互动。在纵向社会资本网络主体层次中，先进制造业专注于自身核心业务，必须牢牢掌控价值链上游——研发与设计，而在下游不断拓展外包业务范围，加快内部非核心业务的分离，簇生了现代物流、广告营销、劳务服务等现代服务业，分离出来的现代服务业以更加专业的竞争优势又重新融入产业链中，与现代制造业携手合作，共同完成价值创造，推动经济高效快速发展。产业间的纵向合作是在企业战略制定和市场调节中动态进行，所以网络主体间为探索式互动。

第四层次，企业界外的社会资本网络主体层次。该层次主要代表"与行业协会有关"的企业界外互动联系，主要包括行业协会对现代服务业和先进制造业互动发展的影响。网络强弱关系依不同行业而变化。由于行业协会在信息服务、教育与培训服务、咨询服务、举办展览、组织会议等方面能够充分发挥其能动性，是两大产业发展的纽带与桥梁，甚至在电子信息产业和纺织产业等特色先进制造业发展中担任黏合剂角色，能有效促进其互动。更为重要的是，行业协会充当了沟通协调的平台，既向政府传达行业中企业的共同要求，又能协调本行业中企业间的经营行为。

9.4　小　结

为促进集群演化升级与现代服务业、先进制造业互动机构构建，本书认为应该从以下几个方面来推进：

1. 制定发展规划，构建互动平台

政府部门应有推动先进制造业与现代服务业互动发展的意识，重视两者间的紧密关系，做好两者长期互动发展的规划。同时积极解决信息沟通与交流渠道的问题,为两者搭建信用和信息平台,在平台上完善信用机制,以实现专业分工、信息和知识共享、提升互动优势。鉴于平台的建设牵涉的方面多、风险大,政府要在政策上、资金上和信息平台基础建设上给予扶持。

2.完善产业融合机制,优化互动发展环境

在新型工业化发展进程中,无论是要实现先进制造业的大发展,还是现代服务业的大发展,都需要不断完善有利于两者紧密接触和良性互动的机制,实现两者之间的"无缝链接"。为此,在原有行政性管制逐步放松的同时,加强以政府间接调控为主的市场经济管理体制,即必须转变观念、突破体制障碍、打破垄断、合理市场准入,从而优化有利于现代服务业与先进制造业互动发展的体制性环境。

3.根据制造业发展需求,完善服务业支撑体系

当前,现代服务业在发达国家得到充分的发展,已成为发达国家市场经济非常必要的发展软环境,其完整的产业链为制造企业提供从产品立项到产品营销与售后服务的全方位支持。因此,应在借鉴发达国家的经验基础上,从发展产业链的角度来推动服务产业发展。具体到杭州发展现状,应当着力在金融保险、商用房地产、教育培训、研究开发、现代物流、信息服务、工程和程序设计、会展、行业协会等服务业培育上下功夫,提高区域科技互动能力和信息化水平,构建功能完善的服务支撑体系,提高制造业与服务业的融合度。

4.加大科技研发力度,加强信息技术应用

先进制造业与现代服务业的融合,建立在信息化平台之上。信息技术的发展使生产性服务业的虚拟化、网络化成为一种可能。同时,无论对传统制造业的信息化改造,还是以信息化带动和发展先进制造业,信息技术都将强化产业体系的整合。国外经验表明,信息技术在提供产业整合的技术平台的同时,也将有助于解决产业整合中的制度障碍。而以信息化带动生产性服务业现代化,一方面可以提高产业国际竞争力;另一方面又为其他产业发展提供优质服务。

5.紧跟时代步伐,推进国际合作

当前,世界服务贸易增长速度和服务业对外投资增长速度不断加快,出现了服务业结构调整和产业转移的新趋势。杭州要充分利用服务业扩大开放的契机,主动承接国际服务业特别是现代服务业的转移。特别是实施CEPA(《内地与香港关于建立更紧密经贸关系的安排》)以后,内地对香港实行了更大范围的开放。其中,生产性服务业主要有:管理咨询、会展服务、广告、会计服务、建筑及房地产、分销服务、物流、货代服务、仓储服务、运输服务、法律服务、银行业、证券业、保险业等,涵盖了香港大部分服务业。这些行业基本上都属于现代服务业范畴,都是杭州发展现代服务业所亟待加强的。

6.完善互动模式，促进互动深化

目前，杭州市现代服务业发展还不成熟，现代服务业和先进制造业之间基本上是点对点或点对群模式，没有形成两者互动的最佳模式——群—群模式。现代服务业企业对制造业企业提供的服务更多的是单一功能或是生产经营的某个环节，这在很大程度上制约了资源最大化利用。伴随着现代服务业从散小发展到地理集群、功能性集群和一体化集群，现代服务业和制造业的互动模式也应由单单式发展到群群式。因此，政府与企业应抓住产业结构调整和制造业升级的时机，从现有的产业集群中完善群群互动模式。

10　研究结论与展望

　　经过前九章的论述,本书构建了集群风险传导与扩散的理论框架;并对焦点企业网络能力、网络结构和集群风险鲁棒性之间的作用机制进行了较为全面和深入的阐述分析;同时应用计算机仿真模型,对遭受风险后的集群演化进行研究;从企业创业理论、政府政策视角、现代服务业视角,提出了集群风险治理及升级的途径。本章在对研究结论进行总结的基础上,阐明本书对理论贡献与企业管理实践的意义,并对研究存在的局限和不足进行反思,同时也对未来的研究方向提出建议。

10.1　研究结论

　　随着近几年来世界经济的持续滞涨,特别是 2008 年金融危机、2010 年欧洲债务危机等相继出现一系列问题后,使得我国区域经济的外部环境逐渐开始恶化。然而,由于历史原因,我国集群长期存在高投入、低产出等矛盾,目前乃至未来会面临越来越严重的风险挑战;同时,能源和原材料的涨价、建设用地紧缺、人民币升值和劳动用工成本上升等风险要素的显现,使我国企业面临严峻的市场经营环境。无论是平湖光机电集群、绍兴纺织集群、建德化工集群危机频现,还是屡见报端的温州中小企业危机事件,无不体现了这个现实因素。

　　在这一背景下,本研究聚焦于集群内焦点企业及其构成的网络中观层面,关注焦点企业网络能力、网络结构与集群风险之间的作用机理,并尝试厘清三者之间的内在结构及其动态演化关系。为了使研究更为深入,本研究对企业创业行为与集群治理和升级关系进行了探索性的研究。在借鉴集群理论、自组织理论、复杂网络理论、公司创业理论的基础上,围绕"基于焦点企业的集群风险传导与扩散"这一基本研究命题,本研究综合运用文献研究、探索性案例研究、大样本统计研究等一系列研究方法及 SPSS 和 AMOS 等数理统计工具,把定性分析与定量分析有机结合,通过全文的论证分析,形成了以下主要研究结论。

1. 集群风险自组织的间断非平衡性

集群风险自组织是一个内在结构演化的过程，由焦点企业、网络能力、网络结构三者相互作用并阶段性表征；这个表征过程是通过层次性、非线性和协同性三者来共同演化的，并阶段性地打破了集群平衡态，形成风险自组织间断非平衡性的特征，主要包含集群涨落、集群失衡、集群相变、集群混沌四个阶段特征。

2. 焦点企业网络能力与网络结构存在正向相关关系

焦点企业网络规划能力、网络配置能力、网络关系管理能力与网络结构中的网络中心度、关系适应性密切相关，并且呈现显著的正向相关关系。本书 8 个原假设中 H_4、H_5（结构与风险的假设）与原假设相悖，其余假设（能力与结构的假设）均通过了检验，具体检验结果见表 10-1。

表 10-1 焦点企业网络能力、网络结构与集群风险的假设检验结果

假设	假设内容	检验结果
H_{1a}	焦点企业的网络规划能力与网络中心度密切相关，网络规划能力越强网络中心度越高。	成立
H_{1b}	企业的网络规划能力与关系适应性密切相关，网络规划能力越强集群企业间关系适应性就越好。	成立
H_{2a}	焦点企业的网络配置能力越强，管理合作伙伴联结范围和密度的能力就越强，这样整个网络的中心度就越高。	成立
H_{2b}	焦点企业的网络配置能力越强，越容易调配集群内企业关系，集群企业间关系适应性就越好。	成立
H_{3a}	焦点企业的关系管理能力与网络中心度密切相关，关系管理能力越强网络中心度越高。	成立
H_{3b}	焦点企业的关系管理能力与网络关系适应性密切相关，关系管理能力越强网络关系适应性越好。	成立
H_4	焦点企业的网络中心度越高使得集群内企业间转移成本、依存度越高，反映了较低的集群风险鲁棒性。	不成立
H_5	焦点企业与集群内其他企业间网络关系适应性设置得越合理，集群风险鲁棒性越强。	不成立

3. 网络结构与集群风险鲁棒性之间存在辩证的逻辑关系

蓄意攻击可视为内生性风险的一种表现形式，随机攻击可视为外生性风险的一种表现形式。这两种风险影响了集群内企业个体及企业之间关系，从而导致集群网络结构的演化，然而演化过程和结果的不同，使得集群风险鲁棒性存在强弱分布。当集群网络受到外生性风险（随机攻击针对集群内所有企业）时，三种集群的鲁棒性分布为：中卫型＞混合网络型＞市场型。当集群网络受到内生性风险（蓄意攻击针对集群内焦点企业）时，三种集群的鲁棒性分布为：市场型＞混合网络型＞中卫型。因此，不同类型集群的网络结构，在不同的风险攻击类型下，反映出集群

风险鲁棒性之间的差异。

4.集群跨层面升级的实现是集群风险治理的有效形式

在外部风险的作用下,集群内企业会选择"渐进式"和"突变式"两种不同的升级模式,从而阶段性地打破企业发展的平衡点实现企业层面的升级。而这种企业的创业行为会打破集群的原生态,形成焦点企业,并改变集群内企业间关系,调整集群结构,促进集群层面的升级,进而实现集群风险治理。

5.政府有效的政策治理能够推动集群升级

实践证明,在政府政策制定过程中,结构性政策(即偏重产业结构的调整)的推行有利于产业集群转型升级,进而推动区域经济的可持续发展。集群政策的制定更需要关注政策制定者、执行者、参与者之间的互动关系,政府的政策对企业具有重要的引导作用,在政策制定过程中多元性政策制定更有利于推动集群升级。

6.建立现代服务业与先进制造业互动机制是推动集群升级的有效方式

从杭州市产业集群转型升级的案例中可以发现,现代服务业与先进制造业的互动发展机制是加快经济增长方式的战略选择,是提高自主创新能力的基础保证,是推动产业集群转型升级的迫切要求。这种机制的建立最重要的是需要关注网络主体间的强弱关系对两产业的影响。

10.2 理论意义和现实意义

1.理论意义

本研究从中观层面出发,阐述了基于焦点企业的集群风险传导与扩散的机理,并建立了相应的分析理论性框架,本研究的理论意义主要表现在以下四个方面。

(1)集群风险自组织理论的构建。本书借鉴了协同学中层次性、非线性、协同性的理论研究框架,对三个集群案例进行了系统分析,克服了以往研究中因对象的复杂性而难以有效解决的问题。通过跨案例聚类分析,本书提出了焦点企业、网络能力、网络结构三个构念维度,并将它们划归到统一的研究范式中,建立了集群风险自组织的理论模型。同时,运用动态的观点,揭示了集群风险自组织中间断非均衡性的特征,进而得出集群涨落、集群失衡、集群相变、集群混沌四个阶段特征,具有一定的理论探索意义。

(2)集群风险传导与扩散的实证模型构建。本书借鉴了网络能力理论,并从网络规划管理能力、网络配置管理能力、网络关系管理能力三个维度进行了细分,定量研究了焦点企业网络能力与网络结构之间的关系,为将网络能力理论运用到集群网络结构的分析提供了一个参照。在此基础上,构建了集群风险研究的实证分析模型:能力——结构——风险鲁棒性,对于将复杂网络理论和能力理论融合与产业集群理论研究进行了初步的探索,解决了长期以来因集群风险关系构念维度的复杂性,而难以进行有效定量刻画的问题。

(3)集群风险传导与扩散的动态演化模型构建。将复杂网络理论运用在集群网络结构的刻画中,在 ER 模型和 BA 模型的基础上加入局域世界演化模型,从而清晰地定义三种类型集群的内部网络构成关系,以此区分不同类型产业集群的网络结构,从而为复杂网络理论在集群研究中的应用提供了全新的视角。在区分内生性风险和外生性风险两种类型不同的风险情况下,进而将复杂网络理论中产生的网络故障的两种攻击策略(随机攻击和蓄意攻击)与集群风险有机结合,以此辨别两种集群风险的攻击实质。运用动态的观点将集群风险的整个过程视为一个时间函数,得出网络结点企业与其他企业网络关系的断裂,是集群风险产生的根源,从而为定量描述集群风险奠定了基础。此外,本书依据不同类型风险对集群内网络结构的影响,运用复杂网络模型,比较不同类型集群的风险鲁棒性和脆弱性,为集群风险研究提供了理论借鉴。

(4)集群风险治理及升级途径的理论探索。研究框架的构建,第一,本书以企业创业为理论基础,并将持续更新、组织更新、领域更新和战略更新作为研究集群升级的理论框架,对三个集群进行了系统分析,从而延伸了产业集群理论。通过跨案例聚类分析,揭示了企业层面的"渐进式"和"突变式"的升级逻辑和集群层面的结构性升级的内在机理。运用简单的经济学模型,将企业层面和集群层面的升级有机结合,提出了集群跨层面升级原理,具有一定的理论探索意义。第二,本书以政府政策网络分析为导向,初步构建了政府政策网络分析框架,分别对浙江省、海宁、长兴的产业政策进行了深入分析,从而解释了结构性的政策调整和引导应当是政府层面首要考虑的集中点,进一步将制度经济学理论延伸到了产业集群分析中。

2.现实意义

本研究从宏观层面来讲,具体关注的是区域经济可持续发展问题;从中观层面来讲,具体关注的是区域内集群企业间关系结构的问题。因此,本书的现实意义更偏重于集群内企业管理和政府政策制定等方面。

本研究对集群内企业管理具有一定现实指导意义。从本书的理论推演的结果来看,焦点企业是集群风险传导与扩散的重要风险源之一。因此,在区域经济发展中,政府必须足够重视区域内龙头企业的发展,根据集群不同形态、特征,龙头企业不同发展状况,出台相应的扶持、鼓励政策,必要时需拟定"一企一策"的差别化管理体制。作者也曾将此观点与浙江省经济与信息化委员会的相关负责人、工作人员做过交流,并得到一致认可。2008 年、2009 年、2010 年连续三年浙江省经信委连续出台了一系列政策意见,以支持行业龙头骨干企业发展,且为此建立了 146 家工业行业龙头骨干企业发展情况监控数据库和产业集群及龙头骨干企业发展专题,这也从一个侧面证实了本书的观点。

本研究对集群风险治理的政策制定具有一定现实指导意义。本书认为对集群风险治理环节来说,因集群所遭受的风险类型不同,集群本身内部特征不同,所以,一项有效的政策在现实中是不能简单重复复制到每个集群中去的。集群风险治理首先要明确的是集群的类型、所处的风险环境,并根据不同情况调控集群整体结构,以应对风险。具体展开来说,当集群遭受外生性风险时,政府需集中力量扶持"龙头企业",提高集群的网络中心性。案例中,绍兴纺织集群在 2008 年遭受风险时,当地政府就采取了这项措施并取得了显著效果。当集群遭受内生性风险时,政府需积极扶持集群内具有潜力的"中小企业",以提高集群的关系适应性。如浙江永康五金产业集群中,曾几何时,永康保温杯"昙花一现"被国内学者引用为集群风险治理失败的典型案例之一。然而,作者进一步调研发现,永康五金产业并没有因此而消亡,相反,在当地培育了一批中小企业之后,集群得到了快速发展,并且强势带动了周边地区(浙江武义、缙云)相关产业的发展,形成了跨区域的产业集群。这个案例就充分证实了本书的观点。

本研究对集群转型升级政策制定具有一定现实指导意义。集群的转型升级中所涉及的"价值链向两端延伸""产业链向高端转移"等一系列的问题,并不是一个简单的过程,而是存在一定内在逻辑关系的。本书认为在这一过程中,焦点企业的兴衰起着关键性的作用,集群升级的起源首先应该是企业升级,企业升级的起源应该是焦点企业升级,这是一个跨层面升级的原理。依循着这一脉络,作者不仅在第七章考察了浙江省内成功集群的典范,也检索了世界产业集群中的成功案例作为佐证,如美国硅谷的成功就离不开集群内无数企业(后来这些企业都成长为集群内焦点企业,像 Google 等著名公司)的不断创业,我国台湾地区的新竹高新工业园的成功也是因为像"联电""台积电"等焦点企业的连续创业带动的。这些案例无不说明了本书所提出的观点。其次,在集群风险治理中,政府应当更关注生产性服务业与先进制造业互动机制的形成,构建产业集群的生态系统,而这一观点与当前浙江省政府的"特色小镇"建设重点息息相关,也进一步论证了本书的观点。

10.3　研究局限及未来研究展望

任何理论研究都会因研究者本人所关注的问题、视角、样本选取、研究方法等原因,导致研究结论只具有一定范围和程度的适用性。因此,尽管本研究的大多数假设都得到了支持,也基本达到了预期研究目标,并获得了一些有价值和创新性的研究结论,但由于研究问题的复杂性和时间的制约,本研究尚存在许多不足之处。总的来说,本研究的研究局限及未来的研究展望集中体现在以下三个方面。

(1)从集群风险自组织理论研究来看,政府部门是集群风险管理者,其所面临的首要问题是如何对有限的资源进行有效调控,焦点企业是集群的风险源,理应成为政府的重点调控对象,因此如何建立有效的焦点企业风险监控机制是一个值得研究的选题。此外,在集群演化的不同阶段,个体对环境做出适应性反应的自主构建(Galaskiewicz,2007;Rowle et al.,2008)是企业网络能力的表现,因此政府如何针对不同阶段的特点引导企业构建相应的网络能力应该是未来一个重要的研究方向。最后,集群风险在四个阶段中的自组织行为实质上就是网络结构的改变,而三个集群案例中所体现出来的供应链、资金链、技术链上的网络性风险,是造成这种现象的痼疾所在。因此从集群风险治理的角度来看,如何建立一个多元化的网络结构对网络性风险进行防范和治理必然是重要的政策导向,对推动我国集群的转型升级具有非常重要的实践意义。

(2)从焦点企业网络能力、网络结构与集群风险及其自组织行为演化研究来看,在理论模型构建方面,影响集群风险鲁棒性的因素有很多,本书仅从焦点企业网络能力和网络结构两个方面去分析集群风险的传导与扩散,显然与理想模型构建仍有一定差距。在实证研究中,因调研环境的局限性,本研究的调研对象以浙江省的企业案例为主,从大样本取样的视角来说,如果能增添全国性的企业作为调研对象应该更具有针对性和说服力。

在仿真演化模型的选择中,本研究建立在理论推演下的模型与现实中的集群结构仍有较大差距,未来的研究主要可以从以下三方面进行深入的探讨。首先是理论模型的拓展和完善,不仅不同类型的风险对集群影响不同,即使相同风险对集群的影响也有差异,对于复杂网络而言,这种差异性可以表现为攻击强度。本研究仅仅考虑了不同类型的风险,如何改进模型反映不同攻击强度对三种集群类型的影响,这是一个需要进一步研究的问题。其次是研究对象问题,集群风险不仅影响企业本身,同时也影响企业之间的关系,在复杂网络理论中既可以反映在结点的变化上,也可以反映在边的连接上。一方面不同结点本身的负荷和容量不同,对风险的鲁棒性也不同;另一方面,连接强度、连接方式和连接方向的不同对风险的表现也不一样。这种两者之间的变化对模型的影响也是一个需要进一步研究的问题。最后是实证研究问题,本研究仅仅是对理论模型进行了仿真实验,未来研究可以选择与三类集群相对应的实证案例作为研究对象,分析其网络结构,在此基础上做演化实验,并长期跟踪实际案例,以此进行对比分析的动态研究。

(3)从集群风险治理及升级研究来看,研究表明创业企业是集群转型升级的关键,是政策制定者首要重点关注的对象,因此,如何针对创业企业制定相应"一企一策"来促进企业创业成功是一个值得研究的现实选题。其次,集群企业选择"渐进式"和"突变式"两种不同的升级模式是与其内在网络属性密切相关的,因此,政府如何改善现有的集群结构关系,引导企业选择有利于集群发展的升级模式应该是未来一个重要的研究方向。从三个集群创业的典型案例中可以看出集群跨层面升级的根本是企业创业,而创业行为又与企业创新是密切相关的,因此从集群升级的角度来看,如何建立一个全面创新系统引导集群内企业创业成功必然是未来一个重要的政策导向。最后,从政策网络分析的视角来看,政府政策能够有效推动集群升级,然而,政府这些制度工作是如何有效实施,又是如何作用到集群升级的路径中的,也是未来一个重要的研究方向。

附录 1　部分仿真程序

```
to setup
  ca
  set-default-shape turtles "circle"
  ;;setup first shape
  create-new-node
  ask newcomer
  [
    set initialized true
    ;;set newcomer nobody
  ]

  set center-node newcomer
  set newcomer nobody

  ask center-node
  [
    set degree CenterNodeDegree
  ]
  do-plot
end

to go
  if ticks > nodeNumber-1
  [
    stop
  ]
  create-new-node
```

```
     connect
     layout
     tick
     do-plot
   end


to create-new-node
   create-turtles 1
   [
       set color blue + 1
       set size 1. 8
       set initialized false
       setxy random-xcor random-ycor
       set newcomer self
       set degree 0
   ]
end




;;perform spring layout on all turtles and links
to layout
   repeat 12 [
       layout-spring turtles links 0. 2 5 1. 2
       display
   ]
end




to connect
   ask newcomer
   [
       ask other turtles
       [
```

```
    let other-turtle self
    ifelse random-float 100 < (100 * ([degree] of other-turtle) /( sum
    [degree] of turtles ) )
    [
        create-link-with newcomer
        [
            set thickness 0. 3
            ask newcomer
        [
            set initialized true
            set degree degree + 1 ;;add new-comer's degree
        ]
        ask other-turtle
        [ set degree degree + 1 ];;add other turtle's degree
        ]
    ]
    [
        ;;else we do nothing
    ]
    ]

    ifelse initialized = false
    [   connect ]
    [   set newcomer   nobody ]
    ]

end

to setup-plot
    set-current-plot "度分布"

    set-plot-y-range 0 100
    let max-degree-turtle max-one-of turtles [ degree ]
    ifelse max-degree-turtle = nobody
    []
```

```
  [
    ask max-degree-turtle
    [
      set-plot-x-range 0 degree + 1
      set-histogram-num-bars degree + 1
    ]
  ]
end


to do-plot
  setup-plot
  histogram [ degree * 100 /( count turtles )] of turtles
  plot-G
end


to attack
  ask turtles with [( degree * ( 1 + alpha ) ) = attack_degree ]
  [
    ask link-neighbors
    [
      ;;decrease their degree
      set degree degree-1 ;
    ]
    ;;die
    die
  ]

  layout
  do-plot
end


to attack_by_degree
```

```
ask turtles with [ degree = attack_degree ]
[
  ask link-neighbors
  [
    ;;decrease their degree
    set degree degree-1;
  ]
  ;;die
  die
]

layout
do-plot
end


to plot-G
  ;;find all connected components,and plot N/N
  find-all-components
  set-current-plot "最大连通子图相对值"
  plotxy ticks (giant-component-size / (count turtles))
  ifelse ticks = 0
  []
  [
    plot-PE
    plot-L
  ]
end


to plot-PE


  set-current-plot "EP"
  plotxy (1.0-((count turtles) * 1.0 / ticks)) (giant-component-size /
  (count turtles))
  if log-to-file?
```

```
    [
      file-open "EP.txt"
      file-write (1.0-((count turtles) * 1.0 / ticks))
      file-write (giant-component-size / (count turtles))

      file-close
    ]

end


;;;Network Exploration

;;to find all the connected components in the network, their sizes and
starting turtles
to find-all-components
  set components []
  set giant-component-size 0

  ask turtles [ set explored? false]
  ;;keep exploring till all turtles get explored
  loop
  [
    ;;pick a turtle that has not yet been explored
    let start one-of turtles with [ not explored? ]
    if start = nobody [ stop ]
    ;;reset the number of turtles found to 0
    ;;this variable is updated each time we explore an
    ;;unexplored turtle.
    set component-size 0
    ask start [ explore ]
    ;;the explore procedure updates the component-size variable.
    ;;so check,have we found a new giant component?
    if component-size > giant-component-size
    [   set giant-component-size component-size ]
```

```
    set components lput component-size components
  ]
end


;;finds all turtles reachable from this turtle
to explore ;;turtle procedure
  if explored? [stop]
  set explored? true
  set component-size component-size + 1
  ask link-neighbors [ explore ]
end

to attack_random

  let victim one-of turtles with [ degree > 0 ]
ask victim
[
  while[ victim = center-node ]
  [
    set victim one-of other turtles with [ degree > 0 ]
  ]

  ask victim
  [
      ask link-neighbors
      [
        ;;decrease their degree
        set degree degree-1;
      ]
      ;;die
      die
  ]
]
```

```
    layout
    do-plot
end
to do-plot-L
    set-current-plot "LP"
    plotxy (1. 0-((count turtles) * 1. 0 / ticks))( total-matrix-weight /( 1. 0
    * ( count turtles ) * ( count turtles-1 ) ) )
    if log-to-file?
    [
        file-open "LP. txt"
        file-write (1. 0-((count turtles) * 1. 0 / ticks))
        file-write( total-matrix-weight /( 1. 0 * ( count turtles ) * ( count
        turtles-1 ) ) )
        file-close
    ]
end

to mark-all-nodes
    set marker 0
    ask turtles
    [
        set mark marker
        set marker marker + 1
    ]
end
```

附录2　调查问卷

基于焦点企业的集群风险传导与扩散研究
调查问卷

您好！

　　非常感谢您在百忙之中抽出时间填写这份问卷！本问卷旨在全面了解浙江省产业发展现状，深入剖析制约产业发展的瓶颈和问题，探求增强产业核心竞争力、培育产业竞争新优势的方法和路径，为浙江省产业集群转型升级建设提供咨询、研究服务。为全面、充分掌握信息，做出科学合理的产业集群诊断，并制定转型升级方案，我们设计了下面的调查问卷。本调查所得数据不会用于任何商业用途。

【填写说明】请在合适的选项上打"√"。

【企业基本情况】

企业全称：＿＿＿＿＿＿＿＿＿＿＿＿＿　成立时间＿＿＿＿＿　主营产品＿＿＿＿＿

1. 企业性质

　　A. 国有（　　）　　　B. 集体（　　）　　　C. 民营（　　）　　　D. 外资（　　）

2. 企业年销售总额为（2010年末数据，人民币：元）

　　A. 3亿元及以上（　　　　）　　　　　　B. 3000万元～3亿元（　　　　）

　　C. 500万元～3000万元（　　　　）　　　D. 500万元以下（　　　　）

3. 2008年金融危机后，贵企业增长速度相比以前（2009年与2008年数据比较）

总销售额	…	□大幅减少	□稍有减少	□变化不大	□稍有增加	□大幅增加
员工总数	…	□大幅减少	□稍有减少	□变化不大	□稍有增加	□大幅增加
市场份额	…	□大幅减少	□稍有减少	□变化不大	□稍有增加	□大幅增加

　　请根据贵企业的实际情况对下述各项描述进行7级打分，对下列表述做出1～7级的判断。1～7依次表示从非常不同意向非常同意过渡，在相应的框内做标记。

【网络结构】

网络中心性	非常不同意→非常同意						
我们常常在本地率先推出新产品/服务	1	2	3	4	5	6	7
我们常常在本地领先开辟新的产品市场	1	2	3	4	5	6	7
我们常常在本地领先进行组织变革或应用新技术	1	2	3	4	5	6	7
我们资产增速在本地企业中是最快的	1	2	3	4	5	6	7
我们产出增速在本地企业中是最快的	1	2	3	4	5	6	7
我们能够同时保持与众多本地合作伙伴密切联系的能力	1	2	3	4	5	6	7
关系适应性	非常不同意→非常同意						
本地企业基本上对我们企业的产品和技术都有了解	1	2	3	4	5	6	7
本地其他企业容易与我们建立合作伙伴关系	1	2	3	4	5	6	7
本地其他企业经常通过我们企业进行各种交流	1	2	3	4	5	6	7
我们经常与本地合作伙伴交换一些商业信息	1	2	3	4	5	6	7

【焦点企业网络能力】

网络配置管理能力	非常不同意→非常同意						
与本地其他企业相比,我们拥有更多的合作伙伴	1	2	3	4	5	6	7
与本地其他企业相比,我们的合作伙伴类型更多,如高校、研究院、供应链中的上下游企业等	1	2	3	4	5	6	7
我们具有发现及发展潜在的合作伙伴的能力,目前已经成为我们合作伙伴的情况(1=目前只有很少的潜在合作伙伴已经成为我们的正式合作伙伴;4=目前有一半的潜在合作伙伴已经成为我们的正式合作伙伴;7=所有)	1	2	3	4	5	6	7
网络关系管理能力	非常不同意→ 非常同意						
我们在发现、评估和选择本地合作伙伴方面具有很强的能力	1	2	3	4	5	6	7
我们拥有能够维护与合作伙伴间长时间合作的能力	1	2	3	4	5	6	7
当与合作伙伴发生冲突时,我们提出的解决方案往往非常有效	1	2	3	4	5	6	7
网络规划管理能力	非常不同意→ 非常同意						
我们与主要合作伙伴已经形成共同的准则,并形成长期合作关系	1	2	3	4	5	6	7
我们具有很强的建立与合作伙伴间的共有规范并分享价值观的能力	1	2	3	4	5	6	7
我们与合作伙伴间已经建立默契的交流形式	1	2	3	4	5	6	7
我们在与合作伙伴交流过程中,能够主导建立相互信任、互惠互利的市场规范	1	2	3	4	5	6	7
在与合作伙伴进行交流过程中,我们有能力建立信任机制,即使有机会,双方都不会利用对方	1	2	3	4	5	6	7

【集群风险】

集群风险鲁棒性	非常不同意→ 非常同意						
我们发现有的合作伙伴已经不和我们有业务来往	1	2	3	4	5	6	7
我们发现有的本地企业开始停产	1	2	3	4	5	6	7
我们与本地企业间的交流时间间隔变长了,次数减少了	1	2	3	4	5	6	7
我们与各种类型的合作伙伴,包括大学、研究所、行业内重要的供应商和客户的交流时间间隔变长,次数减少	1	2	3	4	5	6	7
我们开始主动/被动减少了与本地企业的合作	1	2	3	4	5	6	7

再次感谢您的支持与合作!

附录3 本书案例集群介绍

1 浙江平湖光机电产业集群

平湖市光机电产业起始于 20 世纪 80 年代,自 1999 年平湖市政府通过招商引资从日本引进第一家光机电企业——日本电产芝浦(浙江)有限公司以来,平湖市光机电产业发展迅猛,目前已成为平湖市第一大支柱产业。其发展历经了四个阶段,工业总产值从 2000 年的 9 亿元上升到了 2008 年的 142 亿元(见附录表 3-1 和附录图 3-1)。平湖市光机电产业主要由平湖市经济开发区、乍浦经济开发区、独山港区三大区域组成,产品涉及微电机、光电子、光传送及光传感器件、光学零部件、精密机械及其装置、智能仪器仪表、自动化装置、数控加工设备等。

附录表 3-1　1997—2008 年平湖市生产总值和光机电产业规上情况变化

年份	生产总值（亿元）	光机电规上工业总产值（亿元）	光机电规上企业就业人数（人）	规上利润总额（亿元）
1997	55.09	5.7	-	-
1998	56.29	4.95	-	-
1999	62.43	6.71	2899	0.2
2000	73.66	9.13	2731	0.27
2001	85.91	12.85	3149	0.32
2002	98.5	21.10	7395	0.53
2003	117.03	40.2	10272	1.21
2004	140.6	70.19	18326	2.57
2005	170.46	78.66	20629	2.76
2006	204.58	103.06	28382	4.27
2007	240.59	127.55	32839	7.08
2008	276.31	142.47	35530	6.07

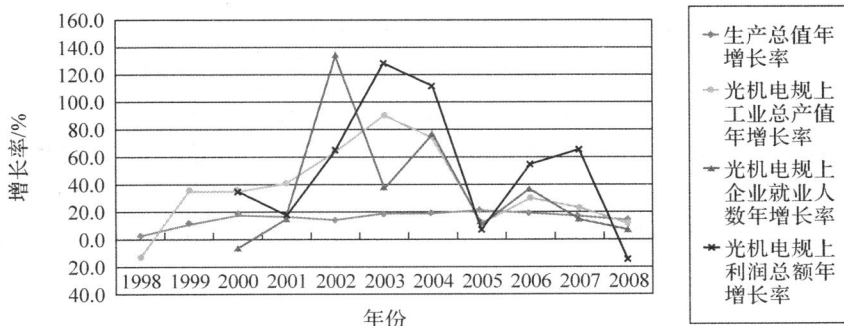

附录图 3-1　平湖市生产总值及光机电规上相关指标增长情况

总体来讲,平湖光机电产业可以分为四个阶段。

———第一阶段(1984—1997 年):起步阶段(萌芽期)

平湖市光机电产业起步于民营企业,主要以生产电线电缆、小五金机械、仪器仪表为主,是平湖市的传统产业,代表企业有:浙江晨光电缆有限公司和嘉兴市恒业电子有限公司。这一时期,由于改革开放,市场需求旺盛,这些企业初步奠定了其在光机电市场的地位,同时,也带动了平湖市相关产业的形成和发展。但是该时期的企业,规模小,工艺相对简单,缺乏足够的市场竞争力,没有整体优势。

———第二阶段(1998—2004 年):成长阶段(初步集聚期)

阶段判断:1998—2004 年光机电规上工业总产值、就业人数和利润总额的增速明显高于 GDP 的增速,由此判断该阶段为平湖市光机电产业成长期。

阶段特征:平湖市光机电产业基本形成了微电机(马达)、大型机械、微型摄像头等产品系列,产品市场份额明显提高,市场竞争能力逐渐增强,企业生产能力和市场开拓能力不断提升,大量光机电企业开始向平湖市集聚。2000 年,平湖市光机电产业规上工业产值达 9.13 亿元,占全市的 8.2%,成为平湖市第二大支柱产业。2004 年,光机电规上工业总产值达 70.19 亿元,规上利润总额为 2.57 亿元,光机电规上企业就业人数从 2000 年的 2731 人增至 18326 人。2004 年 7 月,平湖市光机电特色产业被浙江省科技厅批准为全省唯一高新技术特色产业基地。

———第三阶段(2005—2007 年):成熟阶段(集群形成期)

阶段判断:2005—2007 年光机电规上工业总产值、就业人数和利润总额的增速减缓但略高于 GDP 的增速,由此判断该阶段为平湖市光机电产业成熟期。

阶段特征:平湖市光机电产业结构趋于合理,原有产品已经比较成熟,市场份额相对稳定。这一时期,外向度高已成为平湖市经济的鲜明特点,形成了以日资企业为主的光机电工业区,培育了一批光机电龙头企业。2007 年光机电规上企业工业总产值达 124.55 亿元,规上企业就业人数增至 32839 人,利润总额为 7.08 亿元,光机电产业已成为平湖市地方经济发展的主要引擎。

——第四阶段(2008年至今):转型阶段(集群转型期)

阶段判断:2008年至今光机电规上工业总产值、就业人数和利润总额的增速开始明显低于GDP的增速,由此判断该阶段为平湖市光机电产业转型期。

阶段特征:平湖市光机电市场份额开始下降,企业销售量锐减,企业生产能力与日益减少的销售量之间的矛盾十分突出,加之金融危机的影响,规上利润总额从2007年的7.08亿元下降到2008年的6.07亿元。这说明光机电产业面临新的发展困境,迫切需要进行转型升级。

(1)发展规模分析

近年来,平湖市光机电产业迅速发展,其规上企业的总产值在平湖市规上工业企业中的总产值中的比重较为平稳,保持在20%以上(见附录图3-2)。2008年年底,全市已有光机电企业826家,其中规上企业142家,规上企业实现产值142.47亿元,从业人员已达35000人以上,光机电产业已成为平湖市第一大支柱产业。

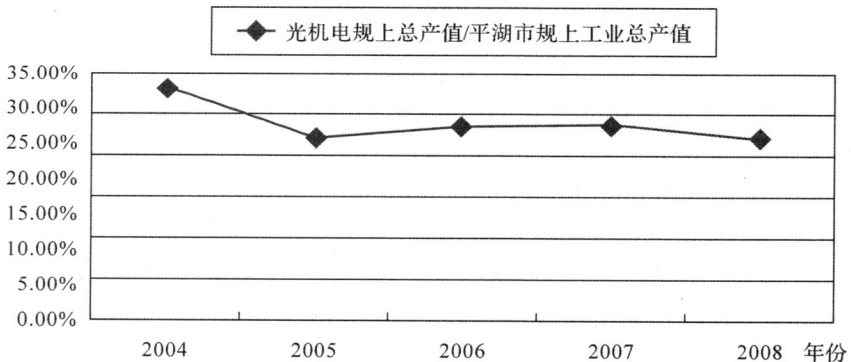

附录图3-2 平湖市光机电规上企业总产值占规上工业总产值的比重变化

(2)集群效益分析

从效益方面看,平湖市光机电规上企业的利润总额和利税总额分别占比当地规上工业利润总额和利税总额的比重除了2004年出现一定波动外,后续的年份这两者的比重都呈现迅速上升态势,其中2008年,利税比重和产值的比重基本相同,都约为22%左右,而利润比重则远远高于产值的比重,占到了38%以上(见附录图3-3)。这说明相比其他工业产业,平湖市光机电产业的效益明显。

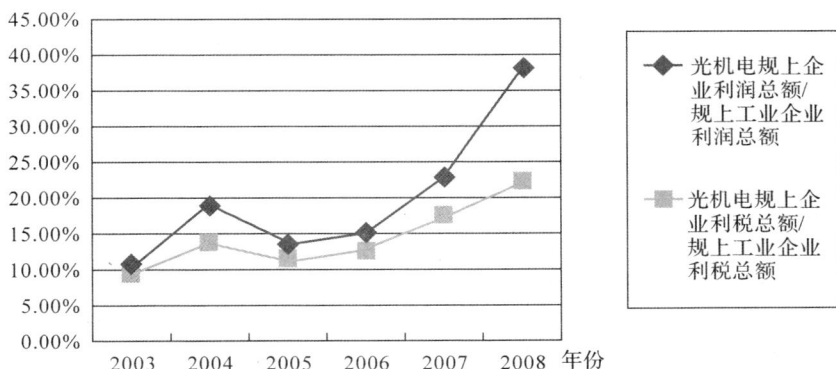

附录图 3-3　光机电产业规上利润、利税分别占规上工业利润、利税的比重变化

（3）集群结构分析

2008 年的数据显示，142.47 亿元的光机电规上总产值中，其中日本电产集团的工业总产值 62 亿元以上，占比 43% 以上，全部日资企业的工业总产值 80 亿元以上，占比 56% 以上，全部外资加上台资的工业总产值为 90 多亿元，占比 60% 以上。因此，就体制结构方面看，平湖市光机电产业具有明显的外源型经济特征，其中尤以日资为主，企业规模也相对明显，相比而言，内资主导的产业优势不明显，而且企业规模也较小。

（4）龙头企业分析

平湖光机电产业集群的龙头企业主要包括：日资企业为代表的企业群和本土配套企业为代表的企业群（见附录表 3-2）。

附录表 3-2　平湖光机电主要企业、主导产品及相关产业链

企业	主导产品	相关产业链
日本电产芝浦（浙江）有限公司	电动机 电动器具	模具、冲压件、注塑件、电磁钢板、轴承、精密芯轴、家电电机组件、机械加工、电路焊装、精密传动器件、电脑磁盘驱动器、小型马达、电动工具等
日本电产科宝（浙江）有限公司	数码相机快门 手机用振动马达	
日本电产（浙江）有限公司	电脑磁盘驱动微型马达及有关零部件	
浙江川电钢板加工有限公司	压缩机马达的零部件	
日本电产科宝电子（浙江）有限公司	步进马达、多边形反光镜、多边形激光扫描器、彩轮马达	光传输系统组件、光控器件、光敏产品、模具、注塑件等
嘉兴恒业电子有限公司	电工仪器仪表	智能电子电能表、多功能电子电能表、网络计费和控制系统

续表

企业	主导产品	相关产业链
关东辰美电子(平湖)有限公司	可视手机微型摄像镜头	微型摄像镜头组件、医用内窥镜镜头、工业和民用镜头等
日本电产机器装置(浙江)有限公司	精密测定仪器、电子零件及半导体实验装置	精密机械零件加工、电子电路、实验分析软件、半导体其他电子精密电子测量仪等
浙江晨光电缆有限公司	电力电缆	电解铜、铜棒、铜丝、绝缘材料、包覆材料等
德国福格汽车零部件集团	汽车配件	螺丝、螺帽、螺栓、轴承及汽摩五金配件
浙江平湖英厚机械有限公司	印后机械	纸品、包装装潢、塑料、仓储运输等
津上精密机床(浙江)有限公司	机床	模具、铸造、机械加工、热处理、刀具、自动量具等
浙江中亚神力重型机械有限公司	泵阀门压缩机及类似机械的制造	机械零件加工、金属制品制造、修理设备、建筑工程机械
嘉兴市一建机械制造有限公司	建筑机械和建材机械	

总的来看,平湖市光机电产业是典型的外源型经济。在产业初期,民营企业的兴起奠定了平湖市光机电产业的基础,同时政府为光机电产业的形成提供了良好的政策环境和产业环境,而外资企业的大量引进提升了平湖市光机电产业的竞争优势和市场占有率,大大推动了平湖市光机电产业的快速发展。但在本书撰写期间正值 2008 年世界金融危机,以外源型经济为特征的平湖市光机电产业承受了巨大的冲击,产业发展受到了前所未有的压力。同时,金融危机也暴露出了平湖市光机电产业发展多年来积累的素质性、结构性矛盾,产业增长方式粗放、产业链不完整、主导产业不突出、价值链的低端化等问题比较严重。

(1)市场销售分析

在金融危机中,平湖市光机电企业受到了一定的冲击,初步问卷调研显示企业在市场增长率和总销售额上有部分企业已经大幅减少,情况不容乐观(见附录图 3-4)。

同时,问卷调查出来的影响主导企业发展瓶颈的数据显示,因素重要性依次排列如下(从大到小):订货不足——能源及原材料价格上涨——资金短缺——税负过重,缺乏熟练工——厂房太小——缺乏有竞争力的产品——没有自己的品牌——其他因素,其中前两项也是危险显露的重要原因。具体调查结果如附录表 3-3 所示。

近两年的增长速度：总销售额　　　　　　　　　市场份额

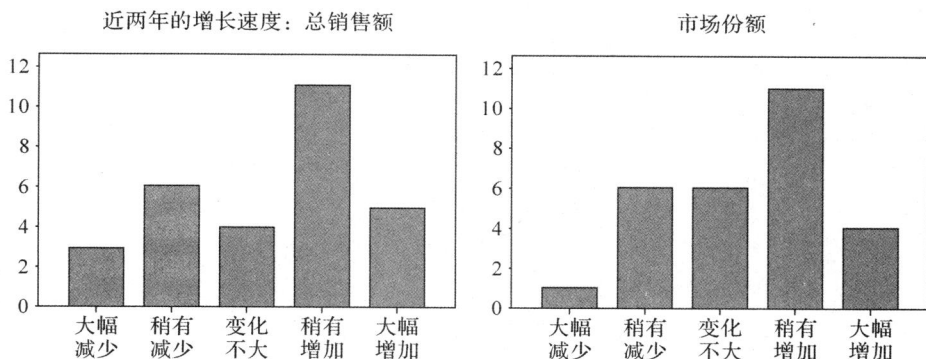

附录图 3-4　平湖市光机电产业的企业销售额和市场份额的变化情况

附录表 3-3　影响平湖市光机电产业主导企业发展的瓶颈因素排序

排序	因素								
	订货不足	能源及原材料	资金短缺	税负过重	缺乏熟练工	厂房太小	缺乏有竞争力的产品	品牌	其他
第一	16	9	8	4	4	4	2	2	2
第二	8	12	3	2	3	2	3	2	1
第三	3	6	1	8	5	1	3		2
没选	15	15	30	28	30	35	34	38	37

（2）技术研发能力分析

平湖市光机电产业的技术研发能力情况见附录表 3-4、表 3-5、表 3-6。

附录表 3-4　平湖市外资主导的光机电产业的技术研发能力分析

产品类别	研发投入水平	科研机构和人员情况	专利及标准化情况	新产品开发	企业研发机构设立及水平
1. 马达	1.5%～4%①	中国境内无研发机构	2008 年年底,已授权专利 2 项	—	日本
2. 微型摄像头	销售收入的 2%～5%	有企业自办的技术中心,研发人员占员工的 1%	—	高像素的镜头开发	企业自己的研发机构
3. 汽车零部件	销售收入的 0.5%～2%	中国境内无研发机构	—	—	德国
4. 精密机床	销售收入的 0.5%以下	中国境内无研发机构	到 2008 年年底,无专利申请	—	日本
5. 相机快门	销售收入的 2%～5%	中国境内无研发机构	2008 年年底,已授权发明专利 1 项	—	日本

---

①　根据调查问卷,利用日本电产芝浦和日本电产科宝电子合并后的数据计算而得。

149

附录表 3-5　平湖市内资主导的光机电产业的技术研发能力分析

产品类别	研发投入水平	科研机构和人员情况	专利及标准化情况	新产品开发	企业研发机构设立及水平
1.电力电缆	销售收入的 2%～5%	主导企业有研发机构,研发人员占员工总数的 3%	到 2008 年年底,企业已拥有授权实用新型专利 7 项	超高压电缆	省级的企业技术研究中心
2.仪器仪表	销售收入的 4%	主导企业在杭州设有研发机构	—	智能化,网络化	研发中心位于杭州东部软件园
3.重型机械	产值的 2%～3%	合作研发	—	—	—
4.印后机械	销售收入的 5%～10%	主导企业设有研究机构,研发人员占员工的 8%	到 2008 年年底,已获授权专利 2 项	—	地市级的企业技术中心

附录表 3-6　平湖市台资主导的光机电产业的技术研发能力分析

产品类别	研发投入水平	科研机构和人员情况	专利及标准化情况	新产品开发	企业研发机构设立及水平
1.磁性材料	几百万元人民币/年	研发人员占 5%	—	软磁铁芯和汽车零部件	—
2.半导体材料	—	有企业资本技术中心,研发人员占 2%	到 2008 年年底,授权专利 6 项,其中发明专利 1 项,新型专利 5 项	—	企业自己的技术中心

①企业研发费用占销售值比重:在 5% 以下的企业占到 76.9%,仅有 23.1% 的企业占 5% 以上。对于高新技术行业的企业来说,这样的比值相对较低(台湾新竹研发费用占营业额的 7% 左右)。

②企业实施技术创新的主要方法:企业自主创新能力非常强,数据显示 95.1% 的企业具有自主创新能力。其中独立创新的企业达到 29.3%。

③企业研发机构:在调研的 41 家企业中,有 20 家(占 48.8%)的企业设立自己的研发机构,21 家(占 51.2%)的企业没有设立研发机构。20 家中,企业自办技术中心有 12 家(占 63.2%),5 家(占 26.3%)拥有地市级企业技术中心或工程研究开发中心,2 家(占 10.5%)拥有省级企业技术中心或工程研究开发中心。

④企业开展自主创新活动的需求:在调研的 40 家企业中,重要因素排序:政府政策环境、资金支持、税收优惠(72.5%)——引进技术项目或产品、工艺、核心人才引进支持(45%)——技术培训(35%)——贷款支持(32.5%)——信息(30%)——

对企业开展创新活动的咨询(15％)。

问题一:数据分析,平湖市企业研发费用占销售值比重之所以比较低的原因在于一半的企业在本土没有研发机构,我们进一步考察调研问卷发现这其中有 12 家外资企业,访谈的结果显示绝大多数的外资企业研发中心设立在母国,平湖仅仅是加工制造基地。

问题二:数据显示,具有研发机构的企业为本土企业,且大多数都是自办技术中心,表现出这样的原因是企业技术开发水平还偏低,同时也表明政府支持自主创新的力度还不够(政府政策环境、资金支持、税收优惠 72.5％的比重)。

问题三:数据显示,核心人才的引进和技术交流平台的搭建是企业目前亟须解决的问题。

(3)加工制造能力分析

平湖市光机电企业拥有生产各类微型精密电机、智能化仪器仪表、微型电脑、微型摄像镜头、数控加工设备、汽车转换装置、精密模具等专业生产设备 300 多台套,每家光机电企业均有完备的产品检测仪器和设备。经过多年的发展,平湖市光机电产业的加工制造能力已经有了很大提升(见附录表 3-7、表 3-8、表 3-9)。

问题一:产业装备水平,外资企业的整体装备水平以进口设备为主,部分内资企业的加工装备水平已经开始向外资看齐,但就整个产业而言,内资的加工装备水平仍落后于外资。

问题二:加工制造能力方面,外资主导产业的加工制造能力要比内资强,产业规模也较大。

问题三:就产品性能方面看,日资和台资主导的产业或产业环节的技术含量要高,其产品以高端产品为主,而内资主导产业的产品整体水平参差不齐。

附录表 3-7　平湖市光机电产业的细分产业加工制造能力情况表(外资主导)

产业或产品类别	产业装备水平	制造能力	产品性能	产值(万元)	主导企业
马达	全套技术和设备从日本引进,处于行业内领先水平	—	民用尖端小型马达,其中直流无刷马达技术处于世界领先水平,硬盘驱动主轴马达占 70%的世界市场份额	340000 以上	日本电产集团
微型摄像镜头(电子元件)	技术和设备从日本总部引进	13445 万只	高端	27128.3	关东辰美电子(平湖)有限公司

续表

产业或产品类别	产业装备水平	制造能力	产品性能	产值(万元)	主导企业
汽车零部件	设备从德国进口,处于行业内领先水平	—	中高端小排量汽车零部件	3400（2008年销售额）	德国福格汽车配件（平湖)有限公司
精密机床	设备从日本引进	550台	产品性能突出高精度、高速、高刚性	18295.7	津上精密机床（浙江)有限公司
相机快门	设备从日本引进	200万~300万台	超高速	62000以上	日本电产科宝（浙江)有限公司

附录表3-8　平湖市光机电产业的细分产业加工制造能力情况表(内资主导)

产业或产品类别	产业装备水平	制造能力	产品性能	产值(万元)	主导企业
电力电缆	设备从美国、德国、英国和芬兰进口,行业内处于先进水平	产能50亿元	高压与超高压电缆	300000	浙江晨光电缆有限公司
智能化仪器仪表	拥有国内领先的现代化生产流水线	约600万台	目前产品仍以普通仪器仪表为主,发展趋势以高端为主	20000以上	嘉兴恒业电子有限公司
重型机械、大型锻件产品	主要设备从国外和我国台湾引进	—	民营产品中处于先进水平 锻件类产品具备与跨国公司配套的能力	20000以上	嘉兴市一建机械制造有限公司 浙江中亚神力重型机械有限公司
印刷后道机械	部分设备从欧洲进口,处于行业内领先水平	—	中高档产品	6000左右	浙江平湖英厚机械有限公司
数控机床	设备从国外进口,生产与检测设备处于行业领先水平	480台	日本的芯片技术,产品品质处于行业内领先地位	14000以上	华特数控机床有限公司

附录表 3-9　平湖市光机电产业的细分产业加工制造能力情况表(台资主导)

产业或 产品类别	产业装备水平	制造能力	产品性能	产值(万元)	主导企业
精密电子 产品	进口设备,部分设备处于行业内领先水平	—	中高端的精密电子产品	9000	嘉兴金利精密电子有限公司
磁性材料	设备从日本引进,设备水平先进	—	高性能的磁性材料	6765	平湖乔智电子有限公司

(4)品牌分析

产业区域品牌:随着平湖光机电产业规模的提升,产业的区域品牌效应已逐步形成。2002 年 7 月平湖光机电特色产业被浙江省科技厅批准列入省高新技术特色产业基地(浙科发高〔2002〕129 号),2004 年 9 月被国家科技部批准列入国家火炬计划"平湖光机电产业基地"(国科火字〔2004〕123 号),由此成为浙江省唯一的"国家火炬计划光机电产业基地"。

外资企业品牌:平湖市外资光机电企业的很多产品填补了国内或省内的空白,产品质量也达到了国际一流水平,不少产品在世界市场上有较高的知名度和市场占有率。如:恩梯恩日本电产(浙江)有限公司生产的 HDD 用流体动压轴承单元等产品分别占世界市场的 100%;日本电产芝浦(浙江)有限公司生产的用于空调的高新技术产品直流无刷马达市场占有率名列世界前茅,新开发的车载用特殊直流无刷马达也朝着世界第一的目标迈进。

民营企业品牌:"九五"时期晨光牌电力电缆等省级名牌涌现,现在晨光电缆已为中国驰名商标。另外,一建机械制造的"丁字"、德英机械的"DEYING 德英"等企业商标已经成为或者在争创驰(著)名商标。2007 年评定的 23 件平湖市著名商标中光机电产业占了 3 件,分别是平湖市正业电子产业有限公司、嘉兴市华东建设机械有限公司和平湖市陈达仓储办公设备有限公司。2008 年评审的 15 件"2008年度平湖市著名商标",其中包括平湖华能电子有限公司的能达变压器和浙江省平湖市大明电子厂的(图形)变压器。

问题一:品牌的数量与行业生产总值相比,比例不协调,主要表现在商标存有量少、使用率低,驰(著)名商标和名牌产品相对较少。

问题二:品牌产品存在科技含量低、产品研发、开发、技改投入不足,品牌企业普遍规模偏小。

问题三:相当部分企业主对创品牌、争名牌认识理解不到位,缺乏积极性和主动性,还没有真正树立起创品牌、争名牌是企业发展的基础的思想认识。

问题四:产业的区域品牌效应已经逐步形成,但品牌效应还不明显。

(5)营销渠道

平湖市光机电产业以外资投资为主体,加工贸易占很大比重,2008年,加工贸易额在光机电全市出口额中的比例达到了65.41%;外资光机电企业出口额中加工贸易的比重达到了82.8%。这样的产业特征也构成了平湖市企业营销渠道特有的特征。

特征一,自产自销和配套生产构成了50%以上的企业生产方式,原因在于光机电产业是以外资为主体的,外资企业在平湖以加工基地为主,贸易往往在内部形成一个内循环,如日本电产集团内部的子公司之间就是这种配套生产关系。

特征二,厂商的营销渠道单一。调查显示厂商的营销渠道以厂家直销为主(占72%),以分销商代理销售为辅(占16%),其他主要是依托专业市场销售(13%)。

特征三,内资企业目前以委托加工的形式为主,这种形式也构成了营销渠道建设不完善的主要原因。

问题一:外资企业的营销渠道单一化、内循环化,使得平湖市光机电产业根植性明显不高,产业效能降低。

问题二:内资企业以委托加工为主的形式,使得很多企业的营销渠道建设缺失,没有一个完整的营销渠道的企业,受外部牵制比较大。

(6)人力资源

根据作者的前期调研发现,核心人才的缺乏是制约企业发展的一个重要因素。同时根据问卷调查的数据,作者进一步对企业人力资源问题进行挖掘。

特征一,在企业紧需人才构成中,重要性排序:专业技术人员——营销人员——研发人员——人力资源管理员——一般生产员工——财务人员(见附录表3-10)。从中可以发现核心人才构成主要有:技术研发、营销、人力资源。

附录表3-10 平湖市光机电产业中紧缺人才排序

岗位	专业技术人员	营销人员	研发人员	人力资源管理员	一般生产员工	财务人员
比例	67.9%	42.9%	32.1%	21.4%	14.3%	3.6%

特征二,调研数据显示,人才来源渠道不畅通,符合企业需求的人才难找,是目前困扰企业发展最大的问题。其次是人才流失问题严重,企业留不住人。

问题一:技术研发人员、营销人员和人力资源管理员是企业亟须的人才。

问题二:人才流失、需要的人才难找,是构成企业人力资源困境的关键因素。

问题三:熟练技工的缺乏也是企业人力资源瓶颈之一。

（7）集群内焦点企业介绍

①日本电产集团。日本电产集团公司由日本电产株式会社投资成立，日本电产集团自 1999 年 4 月在平湖市开发区投资设立第一家企业日本电产芝浦（浙江）有限公司以来，已投资设立了日本电产（浙江）有限公司、日本电产科宝（浙江）有限公司、日本电产科宝电子（浙江）有限公司、日本电产新宝（浙江）有限公司、日本电产汽车马达（浙江）有限公司、日本电产百王马达（浙江）有限公司、恩梯恩日本电产（浙江）有限公司、日本电产电钢加工（浙江）有限公司、日本电产机器装置（浙江）有限公司、日本电产三协（浙江）有限公司等 13 家外资公司。

集团公司以生产小型精密马达为先导，覆盖各种中型马达，被广泛应用于以电脑为主的各种办公室自动化机器、家用电器等领域，是世界一流的电机制造企业，多种拳头产品占世界市场的较大份额。13 家公司中除日本电产综合服务（浙江）有限公司和日本电产储运（平湖市）有限公司从事餐饮服务和物流运输外，其他 11 家企业均以生产光机电产品为主。集团公司产品大部分销往海外，在国际市场上占有决定性的份额，特别是包括数码相机快门的相机快门市场占有率达到 70%，手机用的微型精密振动马达的市场占有率达到 30%。2007 年，13 家企业实现销售收入 59 亿元，自营出口 41594 万美元，占开发区 46%。

②津上精密机床（浙江）有限公司。公司系日本津上（TSUGAMI）株式会社在中国投资成立的外商独资企业，公司于 2003 年 9 月成立，总投资额为 1080 万美元。总公司于 1937 年在日本成立，是一家世界著名的生产各种精密数控机床的专业厂家。公司主要生产和销售各种精密数控机床，拥有各种大型的、自动化程度很高的加工机械，其主要产品有刀塔式和自动走心式两大类机床。

③关东辰美电子（平湖）有限公司。公司成立于 2001 年 1 月 21 日，是由日本关东辰美电子株式会全额投资设立的独资企业。公司位于平湖市的工厂生产车间为全封闭中央空调、洁净生产车间，洁净度达到 1000 级。公司的主要产品为微型镜片成型、光学精密零部件成型、精密超微镜片组装、精密数码摄像机机芯装配、液晶投影仪光学镜片装配等光机电产品。公司产品市场占有率达 42%，位居世界行业第一位，主要为夏普公司和其他日美大型电子产品企业提供手机及数码相机用光学镜头系统和数码摄像机、液晶投影仪机芯等产品。

平湖市光机电产业集群调查问卷

您好！

非常感谢您在百忙之中抽出时间填写这份问卷！本问卷旨在全面了解平湖市光机电产业集群发展现状，深入剖析制约产业发展的瓶颈和问题，探求增强产业核心竞争力、培育产业竞争新优势的方法和路径，为平湖市光机电产业集群转型升级建设提供咨询、研究服务。为全面、充分掌握信息，做出科学合理的产业集群诊断，并制定转型升级方案，我们设计了下面的调查问卷。本调查所得数据不会用于任何商业用途。

一、企业的基本情况

1. 企业全称：_____ 占地_____ 注册资本_____ 成立时间_____
2. 企业性质 （　　）
   A. 国有 　　　　　B. 集体 　　　　　C. 民营 　　　　　D. 外资
   E. 其他（请注明）_____
   若为外商独资、境外合资、合作或港澳台与内地合资、合作企业
   ①内地（企业名及出资额、股比）：_____
   ②境外（国家、地区、企业名及出资额、股比）：_____
3. 本企业属于何种类型 （　　）
   A. 终端产品生产商 　　　　　　　B. 中间产品生产商
   C. 整机生产商 　　　　　　　　　D. 配套产品生产商 　　　E. 其他
4. 产品定位 （　　）
   A. 高档 　　　　B. 中高档 　　　　C. 中档
   D. 中低档 　　　　E. 低档
5. 企业在近三年内的产品获奖情况 （　　）
   A. 国际级 　　　　B. 国家级 　　　　C. 省级 　　　　D. 市级
   具体产品名称_____
6. 企业的产业特征 （　　）
   A. 劳动密集型 　　　B. 资本密集型 　　　C. 技术密集型
7. 企业规模（2008年年末数据）
   职工人数：A. 500人及以上　B. 300～500人　C. 100～300人　D. 100人以下 （　　）
   产值：A. 1亿元及以上 　　　　　　　B. 5000万元～1亿元； （　　）
   　　　C. 1000万元～5000万元 　　　D. 1000万元以下
   毛利润：A. 5%以下　B. 5%～10%　　C. 10%～20%　　D. 20%以上 （　　）

二、企业战略与管理

8. 与企业以前相比，贵企业近两年来的增长速度
   总销售额　…　□大幅减少　□稍有减少　□变化不大　□稍有增加　□大幅增加

员工总数　…　□大幅减少　□稍有减少　□变化不大　□稍有增加　□大幅增加

市场份额　…　□大幅减少　□稍有减少　□变化不大　□稍有增加　□大幅增加

9.目前影响和制约企业发展的主要因素有哪些？请根据贵企业面临的实际情况,从以下选项中
　选出您认为最重要的三项并排序(直接填编号)

　　A.资金短缺　　　　　B.厂房太小　　　　　　C.缺乏有竞争力的产品

　　D.水、电紧张　　　　E.能源及原材料价格上涨

　　F.订货不足　　　　　G.缺乏熟练工　　　　　H.税费负担过重

　　I.没有自己的品牌　　J.其他因素

　　请选出并排序:(1)_____;(2)_____;(3)_____

10.2008 年,企业用于研发(研究与发展)费用占企业销售值比重　　　　　　　　　　　(　　)

　　A.0.5% 以下　　　　B.0.5%～2%　　　　　C.2%～5%

　　D.5%～10%　　　　E.10% 以上

11.企业实施技术创新的主要方法　　　　　　　　　　　　　　　　　　　　　　　(　　)

　　A.独立创新(即基本由企业独立完成全部创新活动)

　　B.联合创新(即联合其他企业或科研院所共同完成创新活动)

　　C.全部引进

　　D.部分自主创新,部分引进,以自主创新为主

　　E.部分自主创新,部分引进,以引进为主

　　F.其他_____(请说明)

12.到 2008 年年底,企业拥有已经授权的专利共(　　)项,其中已经授权的发明专利(　　)项;
　　实用新型专利(　　)项;外观设计专利(　　)项。

13.企业是否设有专门技术研发机构?　　　　　　　　　　　　　　　　　　　　　(　　)

　　A.有　　　　　　　　　　　B.没有

　　如果有,从事技术研发工作的员工占员工总人数比例(　　),该研发机构是:　　　(　　)

　　A.国家级企业技术中心或工程研究开发中心

　　B.省级企业技术中心或工程研究开发中心

　　C.地市级企业技术中心或工程研究开发中心

　　D.企业自办技术中心

　　E.企业与高校或科研单位合办技术中心

　　F.其他(名称是_____)

14.企业是否在外地设立研发机构?　　　　　　　　　　　　　　　　　　　　　　(　　)

　　A.有　　　　　　　　　　　B.没有

　　如果有,则设立的地点是:_____

15.今后企业进行技术创新活动希望合作的对象(可多选)　　　　　　　　　　　　(　　)

　　A.科研、设计单位　　　　B.高等学校　　　　　C.政府部门

　　D.企业间合作　　　　　　E.中小企业服务机构　　F.技术人员个人

　　G.企业独立(不找合作对象)　　H.其他(请注明)

16. 企业开展自主创新活动的需求(可多选)　　　　　　　　　　　　　　　(　　)

    A. 政府政策环境、资金支持、税收优惠　　　　B. 贷款支持

    C. 引进技术项目或产品、工艺　　　　　　　　D. 核心人才引进支持

    E. 技术培训　　　　　　　　　　　　　　　　F. 对企业开展创新活动的咨询

    G. 信息

17. 企业核心设备水平

序号	核心设备名称	数量	鼓励进口重要设备	行业内设备先进程度			设备来源	
1			□ 是　□ 否	□ 领先	□ 中等	□ 落后	□ 进口	□ 国产
2			□ 是　□ 否	□ 领先	□ 中等	□ 落后	□ 进口	□ 国产
3			□ 是　□ 否	□ 领先	□ 中等	□ 落后	□ 进口	□ 国产
4			□ 是　□ 否	□ 领先	□ 中等	□ 落后	□ 进口	□ 国产
5			□ 是　□ 否	□ 领先	□ 中等	□ 落后	□ 进口	□ 国产

18. 企业员工学历分布情况(截至填表日各类人员数量)

学历	研究生及以上	大学(含本、专科)	高中(含职高、中专、技校)及其他
管理人员			
技术人员			
生产人员			
合　计			

19. 你认为本企业最需要哪些人才　　　　　　　　　　　　　　　　　　　(　　)

    A. 财务人员　　　B. 人力资源管理人员　　　　C. 营销人员

    D. 专业技术人员　　E. 研发人员

    F. 一般生产员工　　G. 其他(请注明)

20. 本企业在人才开发方面遇到的最大问题是　　　　　　　　　　　　　　(　　)

    A. 人才来源渠道不畅通,符合企业需求的人才难找　　B. 人才流失问题严重

    C. 人才信息沟通不够及时　　　　　　　　　　　　D. 进行员工培训的成本高

21. 本企业主要管理人员来自本家族的占企业管理层(包括董事长、总经理、副总经理、董事、监事、财会负责人等)的比例是

    □1/5 以及以下　　　　　□2/5 左右　　　　　□3/5 左右

    □4/5 左右　　　　　　　□全部来自本家族

22. 贵企业哪些环节已实现信息化管理(可多选,无限制)

    □科研管理　　　　　　□生产管理　　　　　□客户管理

    □企业内部日常管理　　□市场与营销(销售)　□尚未实现信息化管理

23. 企业主导产品的销售/服务市场主要在 　　　　　　　　　　　　　（　　）

　　A. 本地　　　　　B. 全省　　　　C. 全国　　　　D. 国外(出口比重____%)

24. 请问贵企业的销售渠道主要有(可以多选) 　　　　　　　　　　　（　　）

　　A. 自产自销　　　　B. 依托于专业市场　　　C. 代理销售

　　D. 委托加工　　　　E. 网络销售　　　　　　F. 配套生产

25. 企业迁址相关问题

　　(1)贵企业自成立以来迁址(包括整体或部分)过 _____ 次

　　(2)贵企业未来 3 年迁址的可能性

　　　　□不可能　　□不太可能　　□有可能　　□极有可能　　□一定会

　　(3)若贵企业未来 3 年可能进行迁址,则迁址的主体会是

　　　　□企业整体　　　　　□总部　　　　　□工厂/生产基地

　　　　□研发设计部门　　　□营销/客服部门　□其他

　　(4)若贵企业未来 3 年可能进行迁址,则选择的区域会在

　　　　□本地　　　　　　　□本省　　　　　□东部地区

　　　　□中西部地区　　　　□国内其他地区　□海外

26. 与贵企业有直接业务联系的

　　供应商共 _____ 家,本地占 _____ %;

　　客户共 _____ 家,本地占 _____ %;

　　同行企业共 _____ 家,本地占 _____ %。

27. 贵企业与本地下列组织/机构联系的情况

　　行业协会/商会　……　□没有联系　□松散联系　□一般联系　□紧密联系

　　政府/主管部门　………□没有联系　□松散联系　□一般联系　□紧密联系

　　大学/科研机构　………□没有联系　□松散联系　□一般联系　□紧密联系

　　银行/金融组织　………□没有联系　□松散联系　□一般联系　□紧密联系

　　管理/技术等咨询公司　□没有联系　□松散联系　□一般联系　□紧密联系

28. 贵企业与本地企业联系的情况

　　了解贵企业名称和老板的本地企业　……　□没有　□很少　□一般　□很多

　　贵企业介绍本地企业相互认识的情况　……　□没有　□很少　□一般　□很多

　　贵企业与本地企业建立社会联系的情况　…　□没有　□很少　□一般　□很多

　　贵企业与本地企业建立技术交流的情况　…　□没有　□很少　□一般　□很多

　　贵企业与本地企业建立商业合作的情况　…　□没有　□很少　□一般　□很多

　　贵企业为本地企业提供业务帮助的情况　…　□没有　□很少　□一般　□很多

29. 企业在品牌建设过程中,最需要政府哪一方面的支持 　　　　　　（　　）

　　A. 政策　　　　　　B. 技术　　　　　　C. 资金

　　D. 人才　　　　　　E. 社会环境　　　　F. 市场环境

　　G. 交流合作机会　　H. 咨询服务　　　　I. 其他(请注明)

30.企业品牌建设情况

企业品牌：	子品牌：	
产品主品牌(1)：	子品牌：	
产品主品牌(2)：	子品牌：	
获奖情况(个)	中国名牌（ ） 驰名商标（ ） 出口名牌（ ） 省级名牌（ ） 省级著名商标（ ） 其他（ ）	
企业是否设立专门品牌管理机构	是□ ┌ □专职 └ □兼职	设立品牌管理机构时间：
	否□	

31.贵企业对本地环境的评价(请在对应序号上打"√")

	完全不满意	较不满意	一般	比较满意
(1)本地公平竞争环境 …	1	2	3	4
(2)本地同行集聚程度 …	1	2	3	4
(3)本地企业合作氛围 …	1	2	3	4
(4)本地招揽客户的难易程度	1	2	3	4
(5)本地产业配套情况 ……	1	2	3	4
(6)本地专业技术人才 ……	1	2	3	4
(7)本地信贷支持力度 ……	1	2	3	4
(8)本地土地价格及可得性	1	2	3	4
(9)本地交通设施情况 …	1	2	3	4
(10)本地水电价格 ………	1	2	3	4
(11)本地政府办事效率 …	1	2	3	4

32.贵企业目前的分销渠道主要构成如何　　　　　　　　　　　　　　（　　）

A.厂商——分销商——零售商——客户　B.厂商——零售商——客户

C.厂商——客户　　　　　　　　　　D.其他

分销模式	占业务比例	合作商家	发展趋势评价
分销商			
零售商			
自有渠道			

33.贵企业未来 5 年内的重大工程和项目(包括投资预算、选址、占地面积、生产能力等):_____

_____

三、您对平湖市光机电产业集群发展的建议

2　浙江绍兴纺织产业集群

在全球纺织行业不断发展与变化中,绍兴县顺时应势,抓住全球纺织产业发展的市场契机,发挥自身特点与优势,历经五次发展阶段的演变,实现了纺织产业大发展。

(一)萌芽阶段(第一次工业革命之前,1760 年前):手工纺织为全球纺织产业基本形态。这一时期,绍兴县兴起家庭作坊式纺织工业形态。

(二)震荡阶段(第一次工业革命—我国改革开放前期,1760—1978 年):全球机械纺织高速发展。这一时期,受各种因素影响,绍兴县纺织产业发展相对缓慢。

(三)崛起阶段(改革开放后—20 世纪 80 年代末):全球纺织产业转移加快。这一时期,由于我国取消化纤原料的计划限制,化纤面料市场空间广阔,绍兴县抓住这一历史机遇,以化纤面料为先导,率先实现纺织产业"大跨步"发展。纺织品产量从 1978 年的 784 万米迅猛扩张到 1986 年的 27229 万米,短短 9 年间产量增加 34 倍,绍兴县"纺织名县"这一区域品牌迅速崛起于国内。

(四)扩张阶段(20 世纪 90 年代—2003 年):全球纺织产业分工深化。全球纺织产业生产重心逐步由发达国家和地区向发展中国家和地区转移,世界纺织产业技术、资本和劳动力格局不断调整,全球纺织产业链逐步形成了四个国际分工层级。一是拥有纺织技术领先优势和高端品牌影响力的欧、美、日等发达国家;二是拥有中高端技术和较强品牌影响力的韩国及中国香港、中国台湾等新兴工业国家和地区;三是兼具一定技术能力和产业后发优势的中国及部分发展中国家;四是拥有劳动力比较优势、技术水平较低的印度、巴基斯坦、越南等东南亚国家。

这一时期,绍兴县纺织产业进入高速扩张期。通过推进乡镇企业改制,实施纺织装备的技术改造,依托中国轻纺城发展,逐步形成市场销售优势,尤其是成立于 1988 年 10 月 1 日的柯桥轻纺城,通过短短几年发展,成为辐射全国、亚洲最大规模的化纤面料专业市场,以市场促产业,大力发展纺织产业外向型经济。到 2003 年,纺织产业生产加工能力超过 120 亿米/年,纺织品出口到 157 个国家和地区,外贸交易额达 60.6 亿元,外销比重达到 35% 以上。

(五)转型阶段(2004 年至今):全球纺织产业呈现集群化、高端化发展趋势。从市场需求来看,随着居民生活水平提高,中高档品牌服装和纺织产品的市场占有率不断提高;从发展方向看,国际纺织业的竞争也由"价格和质量"竞争转向"以高新技术为主导,以品牌竞争为焦点,绿色制造为基础"的综合能力比拼;从行业来看,纺织产业内部各行业呈现出技术高新化、品牌高端化的发展态势。

这一时期,绍兴县纺织产业发展瓶颈凸显。从纺织产业体系、技术研发能力、纺织产品结构、纺织设备和纺织市场等方面对绍兴县与全球发达国家的纺织产业发展水平进行比较,绍兴县在纺织设备、纺织市场和产业体系等方面具有一定发展优势,但在体现纺织产业核心竞争力和获取高附加值、高利润率的纺织产品结构、技术研发能力等方面差距较大。尤其是在以反倾销、反补贴为代表的国际贸易保护主义不断出现的背景下,传统纺织产业外部市场空间受到挤压。仅 2007 年,全球共 19 个国家(地区)对我国纺织品发起反倾销、反补贴、保障措施等贸易救济调查就接近 80 起,其中,仅美国"337"知识产权调查就达 17 起。同时,国内资源环境、人民币升值、要素价格高企等硬约束加剧。如因 2005 年汇率形成制度改革后人民币缓慢升值,导致纺织业出口利润空间一再被挤压,整个纺织业平均利润率不到 2%。

总结起来,这一时期绍兴纺织产业集群基本情况如下:

(1)集群产业规模情况

绍兴县纺织产业集群规模庞大,2008 年完成产值 1276.06 亿元,销售收入 1248.24 亿元,占全县工业销售收入的 65.6%;纺织品出口 59.3 亿美元,实现利润 37.05 亿元,上缴税金 33.5 亿元。集群产业规模在全省乃至全国占据重要地位,2008 年,化纤聚酯产能达 200 万吨左右,占全国化纤聚酯产能的 10%;印染布产量 145.75 亿米,占浙江省总产量 52.68%,占全国总产量 29.54%,是江苏省的 2.72 倍、山东省的 3.20 倍、广东省的 3.33 倍、福建省的 5.17 倍。

(2)集群空间结构情况

绍兴县纺织产业在空间上已形成集聚发展态势,滨海工业区被中国印染行业协会命名为"中国绿色印染研发生产基地",齐贤镇重点发展纺机业,杨汛桥镇重点发展经编家纺,兰亭镇和漓渚镇重点发展针织,马鞍镇重点发展化纤原料,夏履镇重点发展非针织布,钱清镇重点发展轻纺原料市场,柯桥街道重点发展专业市场和研发设计等服务机构,全县纺织产业"一个主体园区,七个特色名镇"空间格局基本形成(如附录图 3-5)。

(3)集群龙头企业情况

经过改革开放以来 30 多年的快速发展,在化纤、织造、印染、服装、经编、纺机等行业涌现出一批带动能力较强的大企业大集团。尤其是自 2007 年实施"131"行业龙头企业培育工程以来,纺织行业龙头企业培育成效显著。2008 年,浙江天圣控股集团有限公司进入中国纺织行业销售收入前 10 强,浙江远东化纤集团、浙江赐富化纤集团有限公司进入中国化纤行业前 20 强,印染业拥有永通、天马等一批国内知名企业。

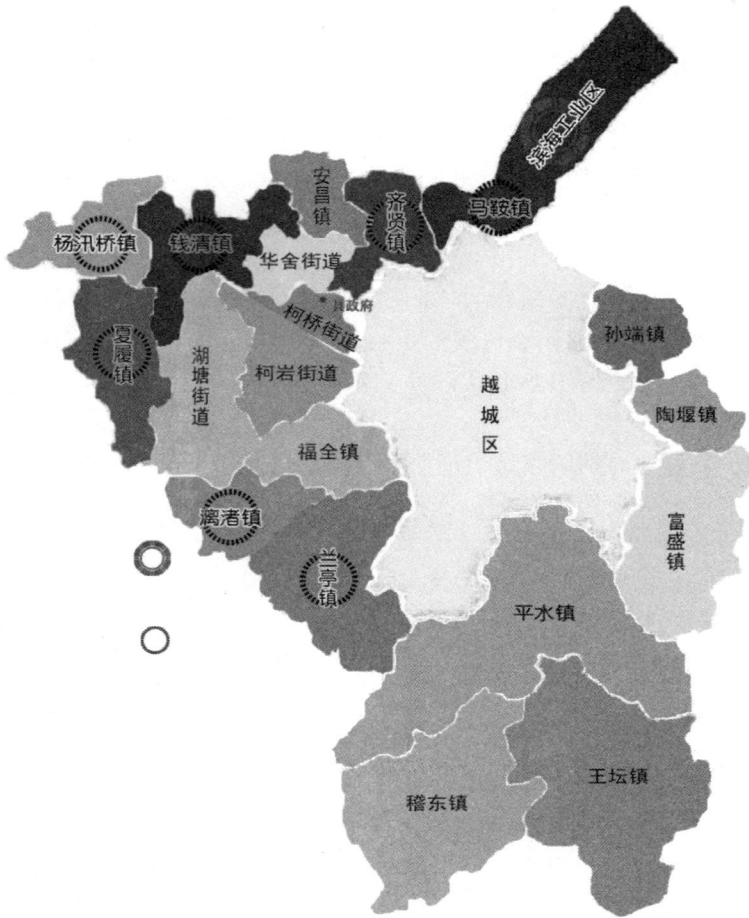

附录图 3-5　绍兴县纺织产业集群空间布局图(摘自:绍兴县纺织产业集群转型升级规划)

附录表 3-11　绍兴县"131"行业龙头企业情况(纺织业)

行业门类	企业个数	纳税销售收入(亿元)	占行业总销售收入比重	企业名称
化纤行业	4	145.97	54.8%	浙江远东化纤集团有限公司、浙江赐富化纤集团有限公司、浙江古纤道股份有限公司、绍兴亿丰化纤有限公司
织造行业	4	35.86	6.3%	浙江天圣控股集团有限公司、浙江新中天控股集团有限公司、绍兴县和中合纤有限公司、浙江庆盛控股集团有限公司

行业门类	企业个数	纳税销售收入（亿元）	占行业总销售收入比重	企业名称
印染行业	3	52.32	14.4%	浙江永通染织集团有限公司、浙江天龙数码印染有限公司、浙江天马实业股份有限公司
服装行业	4	5.59	12.4%	恒柏集团有限公司、浙江朗莎尔·维迪制衣有限公司、浙江迷帅服饰有限公司、浙江华联集团有限公司
经编家纺	6	11.87	39%	裕隆控股集团有限公司、浙江永利实业集团有限公司、浙江梅盛实业股份有限公司、浙江众华家纺集团有限公司、绍兴华欣布艺有限公司、绍兴小轩窗居室用品有限公司
纺机产业	2	4.1	10.3%	浙江越剑机械制造有限公司、绍兴纺织机械集团有限公司

（4）集群创新能力情况

绍兴县纺织产业集群的产品创新能力较强。截至 2008 年，全县纺织业拥有省级企业技术（研发）中心 19 家，占全县省级企业技术（研发）中心总数的 40%；拥有市级技术（研发）中心 62 家，占全县市级企业技术（研发）中心总数的 47%；拥有纺织发明专利 24 件，占全县发明专利总数的近 30%。国家纺织工业 CAD 咨询推广中心、国家级纺织生产力促进中心、国家级纺织高新技术研究中心均在绍兴县落户（见附录表 3-12）。

附录表 3-12　集群创新能力指标表

类　　别	数量（家、件）	典型代表
省级企业技术（研发）中心	19	浙江远东化纤集团有限公司企业技术中心 金昌纺织印染 CAD 省级高新技术研究开发中心等
市级企业技术（研发）中心	62	浙江庆盛纺织集团有限公司企业技术中心 亚太印染工程技术研究开发中心等
发明专利数量	24	多孔型高增白环保型柔巾布的生产工艺 节能型染色机等

（5）集群市场网络情况

绍兴县纺织产业集群市场网络发达，拥有亚洲最大的中国轻纺城市场和钱清轻纺原料市场，通过两大市场的规模带动，以与国内众多纺织品批发市场（站）密切合作为配套、设立境外公司或营销窗口等为手段，一张立足绍兴县、遍布全球的国际营销网络初步形成（见附录图 3-6）。

（单位：亿元）

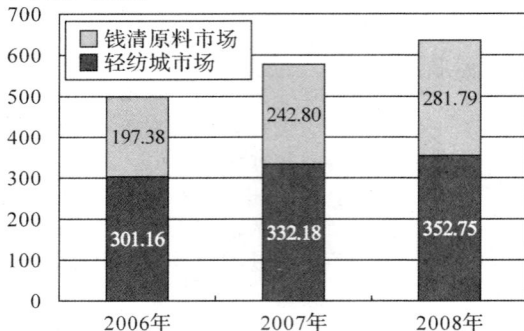

两大市场运营情况

　　市场总面积 326 万平方米，经营户 1.9 万余家，日客流量 10 余万人次，国（境）外常驻代表机构 682 家，国（境）外采购商 1 万余人，常驻 3500 余人；2008 年两大市场成交额分别达到 352.75 亿元和 281.79 亿元，已连续 17 年蝉联全国纺织品专业市场首位，此外"轻纺城网上交易市场"成交额达到 28.66 亿元。

附录图 3-6　两大市场运营情况

（6）集群品牌建设情况

　　绍兴县纺织产业集群区域品牌较为突出，在全球和国内市场具有较强影响力，产品、企业品牌具有一定的知名度。但创牌水平仍需提高，表现在全县 1500 余家出口企业中，仅有 76 家企业注册国际商标 576 件。此外，全县纺织业商标使用率不到 50%（见附录表 3-13）。

附录表 3-13　绍兴县纺织产业集群品牌情况表

分　类	代　表
区域品牌	中国纺织产业基地、中国绿色印染研发生产基地、7 个"纺织特色名镇"、中国·柯桥纺织指数、中国轻纺城、"全国 CAD 应用示范县"、"全国纺织 CAD 应用示范县"、"国家县域经济信息化试点县"、国家火炬计划绍兴纺织装备特色产业基地等
产品品牌	各级名牌产品 247 只（中国名牌产品 4 只、浙江名牌产品 23 只）；"恒柏"服饰、"众华"家纺、"越剑"纺机等中国驰名商标；恒柏 HEMBOUG 牌西裤、恒柏 HEMBOUG 牌男西服套装、金蝉牌窗帘、裕隆牌装饰面料等中国名牌
企业品牌	国内注册商标 1832 件，国外注册商标 576 件，各级著名商标 229 只（中国驰名商标 20 件，浙江省著名商标 46 件）
国家标准	参与制定并发布国家标准 12 只

（7）集群要素利用情况

　　从人才资源来看，集群发展人才支撑较强。2008 年年底，全县纺织行业从业人员 20.06 万人，其中各类纺织专业技术人员 4.57 万人，中、高级技术人员达 1.9 万人，每百人专业技术人员拥有量达 23 人。中国工程院 7 位纺织专业院士中有 6 位担任了绍兴县纺织技术顾问。从土地利用来看，绍兴县土地资源总量保障空间相对有限，在新一轮土地利用规划调整批复前，全县潜在可用土地供给量不足 1 万亩,且主要集中在北部滨海工业区,其他 7 个纺织特色镇成片可用土地较少。从环境保护来看,纺织产业集群中印染行业及与其配套的热电行业的节能减排形势相对严峻。

（8）集群服务平台情况

近年公共服务平台建设步伐加快,建有国家级纺织生产力促进中心、中纺院染整研究中心和省级纺织中小企业技术创新公共平台（浙江现代纺织工业研究院）、纺织品检测与技术公共平台,正在推进国际性纺织创意中心建设。但总体而言,平台功能发挥尚不充分,服务领域还有待拓展（见附录表 3-14）。

附录表 3-14　纺织产业集群部分公共服务平台情况

公共服务平台名称	建设单位	服务内容或方向
纺织生产力促进中心（国家级）	绍兴县轻纺科技中心	纺织技术研发、推广、服务
中纺院染整研究中心（国家级）	绍兴中纺院江南分院	染整技术、新材料研发、实验、检测、实用技术开放
纺织中小企业技术创新公共平台（省级）	浙江现代纺织工业研究院	纺织技术全程服务平台、技术培训服务平台
纺织品检测与技术公共平台（省级）	浙江省纺织与染化料产品质量检测中心	纺织品检测、技术网站服务、国际贸易壁垒检测
中国轻纺人才市场	绍兴县政府	人才信息招聘等
行业协会（印染协会、家纺协会、服装协会、经编协会等）	民间自发型	政企间、企业间沟通协调、行业信息交流和对外交流合作等

（9）集群发展环境情况

就配套基础设施建设来看,全县"三横三纵"的交通网络框架日臻完善,104 国道、福漓公路、柯海快速干线、杭金衢连接线等重点工程相继完成,杭甬客运专线、城际高速铁路、浙东大运河等工程进展顺利;供电、供热和管网设施齐全,拥有热电联产企业 14 家,年供热能力 1600 万吨,单体污水处理厂为国内最大,年污水处理能力 90 万吨。同时,绍兴县政府在规划引导、政策扶持、要素支撑、计划编制等方面的服务环境建设力度较大（见附录表 3-15）。

附录表 3-15　政府服务环境营造情况

政策服务环境建设	主要内容
规划引导	制定《绍兴县"十一五"工业发展规划（2006—2010 年）》、《绍兴县纺织产业提升发展规划（2008—2012 年）》等。
政策扶持	出台《绍兴县工业经济政策实施意见》,每年安排大量财政资金扶持纺织产业发展等。

续表

政策服务 环境建设	主要内容
要素支撑	推进滨海工业区扩容； 建立纺织产业发展专项基金，加强银企合作，大力发展担保机构，强化资金保障； 重视培养和引进各类人才，落实人才待遇，发挥人才作用，强化人才支撑； 出台《2008年绍兴县节约集约用地示范企业考评办法》、《关于加强工业用地节约集约利用的若干意见》等政策文件。
计划编制	实施《培育创新型企业行动计划》、《加快纺织产业集群升级行动计划》、《优化经济结构行动计划》、《推进节约集约发展行动计划》等"四大行动计划"。

3　浙江建德化工产业集群

建德精细化工产业经过 50 多年的发展,已形成具有一定产业特色的集群。同时,作为地处钱塘江上游的环境敏感区域,建德市高度重视生态环境保护,不断调整化工产品结构,优化空间布局,加强环保整治,探索了一条经济高效、环境友好的绿色化工发展道路。

(1)产业规模分析。2006—2010 年建德精细化工产业总量不断提升(见附录表 3-16),2010 年,建德精细化工产业共有生产企业及相关配套企业 69 家,实现产值 92 亿元,占全市规上工业产值的 25%,税收的 40%;利润总额达 7.55 亿元,利税总额达 9.72 亿元,已成为建德市第一支柱产业,逐渐形成新安化工、建业化工、新化化工、IFF、大洋化工、友邦香料、格林生物、福斯特等一批细分行业龙头企业(集团),产品覆盖有机硅、有机胺和香精香料等精细化工重要领域。

附录表 3-16　2006—2010 年建德市 GDP 和精细化工规上工业情况变化　单位:亿元

年份	GDP	化工产业规上工业总产值	利税总额
2006	112.1	51.2	9.26
2007	137.7	67.8	8.44
2008	162.3	81.9	16.39
2009	162.2	71	7.87
2010	189.8	92	9.72

目前,建德有一大批活跃在国内外的知名企业和主导产品,如国家级高新技术企业——以精细化工为主导产品的新安化工集团于 2001 年 9 月成功在上交所 A 股上市,其草甘膦、有机硅两大主导产品的产量和技术水平位居世界前列,该公司的产业链循环技术获得国家科技进步二等奖、浙江省科技进步一等奖。再如,大洋化工具有年生产碳酸钾 5.5 万吨的生产能力,产能与市场占有率均居国内首位;新化化工的异丙胺生产规模位居世界第一;建业化工的低碳脂肪胺系列产品国内市场占有量在 80% 左右,有机胺系列产品的研发和产业化成果获浙江省科技进步一等奖;IFF 的香料中间产品在亚太地区名列第一;格林生物的格林酮系列和合成檀香系列产品为国内独家生产;友邦香精香料的壬二酸产品生产规模为亚太地区第一、全球第二,质量达到全球最高水平,并具有自主知识产权。

建德精细化工产业打造了诸多产品、企业品牌和区域品牌。目前,在产品品牌方面,有中国名牌产品 1 个,浙江省名牌产品 5 个;在企业品牌方面,有中国驰名商标 2 个,浙江省著名商标 4 个;获得有机硅省级特色产业基地和有机胺省级特色产业基地称号。同时,建德精细化工企业积极推进行业标准化建设并取得显著成效。从 2005 年开始,化工企业以第一起草人的身份起草的国家标准有 16 项,完成国家标准 20 项,行业标准 4 项。目前,正在制定国标的企业有 3 个,行标 15 个。

(2)产业技术创新能力分析。在建德市政府的积极推动下,科研院所与企业之间的新信息、新知识、新技术的流动已逐步形成,促进了产业共性技术的发展和共享,提升了产业技术水平。新安化工与国内著名高校开展了多领域、多渠道的合作,发挥企业在资金、应用方面和科研院所在技术保障、新产品研发等方面的优势,合作取得显著效果,2009 年新安化工收购杭州化工研究院有限公司部分股权,在杭州建立了高层次研发平台。新化化工与中科院大连化学物理研究所共建博士后流动站,并拟成立中科院大连化学物理科技成果转化中心以推进新材料新技术的产业化。建业化工、IFF、大洋化工、格林生物等精细化工龙头骨干企业都与相关高校院所、科研院所建立长期合作关系,使企业能紧跟市场脉搏,在新产品、市场开发等方面抢占先机,取得发展的主动权。

企业自主创新能力显著提高,形成了以有机硅、有机胺以及香精香料为主的精细化工高新技术产业群。至 2010 年年底,拥有国家扶持高新技术企业 9 家,拥有国家级企业技术中心 1 家,省级企业技术(研发)中心 9 家。2010 年马目—南峰高新技术产业园初步形成了以有机硅单体为主导产品,医药中间体、硅油、硅橡胶、硅树脂和硅烷偶联剂等各类下游产品为补充的产业链。新安化工、建业化工、大洋化工等一系列项目的技术处于国内外领先水平,形成了核心技术和自主知识产权,产业发展的带动性较强。建德已经基本具备了自主研发能力,数据显示"十一五"期间,建德精细化工产业开发了省级以上新产品 124 项,其中国家重点新产品 3 项;三年内累计获得国家精细化工专利 75 件,其中发明专利 37 项。

(3)产业循环经济特征分析。2005 年建德市开展大规模的化工行业结构调整和污染整治实施方案以来,积极调整产品结构、推行清洁生产、发展循环经济,所有杭州市控以上化工企业全部完成了清洁生产审核,并安装了在线监测或监控系统。截至 2007 年,建德市外迁、关停、转产化工企业 24 家。第二轮化工企业整治工作推进有序,2013 年完成了整合提升任务,同时统一将化工企业搬迁聚集到马目—南峰高新技术产业园和大洋化工功能区。

建德精细化工产业集群的产业循环经济特色明显。新安化工集团从 20 世纪 80 年代开始,经过三次大的技术创新,在草甘膦和有机硅两大主导产品间建立起了国际首创的氯元素循环利用技术(见附录图 3-7);新化化工利用余热循环体系实现了资源再利用的生产;大洋化工具有核心自主知识产权,自行研发的《利用含氨氮废水处理技术生产氯化铵高技术产业化项目》已列入国家 2007 年循环经济高技术产业化重大专项示范工程项目。此外,建德企业间产品互补性较强,使精细化工产业在循环经济发展过程中延长了产业链,如:友邦香精香料的香料中间产品是 IFF 的生产原料,建业化工的有机胺、新化化工的三乙胺是新安化工草甘膦制剂原料,新安化工亚磷酸二甲酯的副产品是大明化工的生产原料……可以说,以细分行业龙头企业为主体参与的地区循环经济雏形已形成。

附录图 3-7　循环经济示意图

(4)产业空间分析。建德市精细化工产业以马目—南峰高新技术产业园为主,大洋化工功能区、白沙—更楼有机硅功能区为辅的"一主两辅"化工行业框架下发展。特别是马目—南峰高新技术产业园从 2007 年设立以来,累计投入 7.2 亿元,用于园区内的基础设施建设,征收土地 4.3 平方千米,完成土地平整 2 平方千米,《建德市马目—南峰杭州市级高新技术产业基地发展规划》由杭州市政府批复实施,优势骨干化工企业陆续搬迁入园,2008 年被认定为杭州市级高新技术产业园,

171

2010年被认定为首批省级新材料高新技术产业基地,为产业集聚发展奠定了良好的基础。

(5)公共服务平台分析。建德精细化工产业集群中建设有机硅孵化器、省氟硅化学品科技创新服务平台建德分平台、化工学会等。同时,在政府积极支持下,积极开展技术储备、发展经济技术信息平台,建立了中国有机硅网,开辟有机硅论坛、有机硅信息、有机硅刊物等,及时收集行业信息,为精细化工企业生产经营提供信息服务。建德精细化工产业集群是传统国有企业衍生、转型而来的以民营经济为主的内生性产业集群。集群整体发展水平较高,产品科技含量高、技术装备先进、市场竞争力较强。

但由于特殊的地理环境,建德精细化工在发展中仍存在一定的问题。

一是环境资源约束较大。

建德市地处钱塘江流域上游,是生态环境保护的重点地区,承担着为下游千万群众提供优质水源的重任,肩负着重要的生态环境保护任务,处理生态环境保护和经济发展关系难度很大。在"十二五"期间,国家从政策、法律制定等方面加紧了对高耗能、高污染企业的监管与治理,公众对节能减排的关注度日益上升。这些环境资源制约给建德市精细化工产业的发展带来了巨大压力。

二是产业综合实力偏弱。

从技术层面来看。由于化工产业的特殊性,技术研发团队往往各自为政,联合技术攻关的意识较为薄弱。目前,建德精细化工产业研发机构主要集中在龙头企业中,受技术壁垒和技术保护的影响,龙头企业和集群内其余企业之间的技术溢出现象较为薄弱,集聚企业技术研发优势能力不强,没有形成合力作战能力。同时,企业之间对技术人才的竞争过于激烈,技术人员在行业内跳槽频繁,进一步加剧了企业之间的技术壁垒。因此,如何建立一个公共技术研发平台,提升集群内共性技术研发能力是目前急需解决的重要问题。

从营销层面来看。建德化工产业的企业产品主要是内销与出口并举,原有主打产品有机硅、有机胺等都是原料生产,生产销售模式以生产商—下游生产商为主,因此企业对营销渠道建设相对欠缺。而有机硅及其下游产品、有机胺及其下游产品、香精香料日化品的转型,相对而言都是直接面向客户的消费品,因此这种销售网络的不健全,产品的市场控制力不强,受外部环境影响及其他市场因素牵制较大已经成为建德化工产业链中的短板。

从区域品牌建设看。目前还没有形成区域统一的产业品牌联盟。尽管个别产品市场占有率较高,但难以掌控议价权。另外,受产业政策的影响,化工产业的区域品牌建设相当困难。因此,如何从现有的精细化工产业出发,提高建德精细化工产业区域品牌的影响力是当前的难题之一。从企业、产品品牌建设看,由于产业链的延伸,企业、产品品牌亟须从原有的生产品牌理念向终端消费品品牌理念转型。

浙江建德化工产业集群内焦点企业主要有以下两个。

浙江新安化工集团股份有限公司:公司前身创建于1965年,2001年9月成为上市公司,属中国制造业500强,全球农化销售前20强企业。集团主导产品为农药化工、硅基新材料,开发形成了以草甘膦原药为主导,磷化工为配套,多种原药与剂型同步发展的农化产品群;围绕有机硅单体合成,形成了从基础原料到终端产品的完整有机硅产业链,确立了在行业中的优势地位。产品被广泛应用于农业生产、航空航天、医疗卫生、建筑材料、电子电气、新能源开发等各个领域,产品畅销全球几十个国家和地区。主导产品先后荣获中国名牌、中国驰名商标、最具市场竞争力品牌等荣誉称号。集团拥有国家认定企业技术中心和博士后科研工作站,是国家重点高新技术企业、国家创新型企业和全国知识产权示范创建单位;在农药化工、硅基新材料两大产业间成功实现了氯元素的循环利用并实现两大产业的互动、良性发展,形成了具有自主知识产权的核心技术。

浙江新化化工股份有限公司:公司始建于1967年,前身为国营新安江化肥厂。公司有员工700余人,中专以上文化程度职工占职工总人数的80%。公司总占地面积50万平方米,建有两个25万平方米的高新技术发展园区,拥有省级企业研发中心和省级企业技术中心各一个。公司系国家重点高新技术企业、全国石化行业先进集体、全国氮肥行业50强、首批浙江省清洁生产示范企业、浙江省诚信示范企业、浙江省创建和谐劳动关系先进企业、杭州市百强民营企业、杭州市环境保护模范企业、社会责任建设先进企业。公司主导产品有机胺系列、香精香料系列、过氧化物系列、合成氨及其他精细化学品系列,其中主导产品有机胺和以松节油为原料的合成香精香料系列,生产技术国内领先,占国内市场总量的60%以上,综合实力居国内同行首位。公司有机胺产能位居亚洲第一、全球第二,乃亚洲最大的有机胺产品以及以松节油为原料的合成香精香料产品生产供应商。

4 浙江乐清工业电气产业集群

乐清工业电气产业集群发展经历了从萌芽到集聚、调整、快速壮大和提升等阶段,目前已成为全国最大的电气产业基地,拥有正泰、德力西、人民和天正等为首的一批著名电气集团,是名扬国内外的"中国电器之都"。

萌芽和初步集聚阶段(20 世纪 60 年代—80 年代中期)。 20 世纪 60 年代,乐清人采用向国有企业低价买来"库存",简单修复转卖的模式,开始进入电气行业。1976 年乐清柳市首家电气门市部成立,此后门市部经营类型、数量和布局均快速拓展,为电气产业集聚奠定了初步的市场集聚基础。20 世纪 70 年代末—80 年代中期,在中央"开放搞活"政策方针指引下,乐清电气初步完成了从单纯倒卖为主到"前店后厂"的规模化生产和市场销售共繁荣的转变,快速形成了电气制造集聚的先发优势。

调整阶段(20 世纪 80 年代中期—90 年代初期)。 在 80 年代中期,乐清电气产品质量危机促动下,国家机械工业部等部委牵头,本着"打击、围堵、疏导、扶持"的8 字方针,对乐清电气产品生产和销售开展了持续的打假整治,到 90 年代初期完成了调整,成为全国低压电气行业持证最多的城镇,正规化的优秀企业获得了迅速成长。

快速壮大阶段(20 世纪 90 年代—21 世纪初期)。 1992 年邓小平"南方讲话"后,乐清企业摆脱了"姓资姓社"的困扰,步入了发展的快车道,以正泰、德力西、天正、人民等大企业的集团化和股份制改革为引领,借助全国农村电网改造计划,在20 世纪 90 年代至 21 世纪初期,乐清电气产业产能迅速扩张,以龙头骨干企业为主导的销售渠道开始兴盛,逐步弱化了电气专业市场的营销功能,并基本形成了以龙头企业带动型块状经济的产业组织格局。

提升发展阶段(21 世纪初至今)。 21 世纪以来,为适应国外电气巨头纷纷涌入和国有企业改制完成后激烈市场竞争的新形势,乐清工业电气产业呈现出一些新特征:电气产品由低端制造和中低压产品为主向高端制造和高压产品领域拓展;市场销售从专业市场销售为主向品牌连锁经销为主转变;龙头企业加速跨区域化和品牌化发展后,对群内中小企业的引领作用进一步彰显;行业协会职能从行业内部协调和信息服务为主拓展至标准制定、对外协调等方面。乐清先后荣获了"国家火炬计划智能电器产业基地"、"中国电气之都"、"中国断路器产业基地"、"中国防爆电器生产基地"等称号,为创建省级现代产业集群示范区奠定了良好基础。

就上述历程看,乐清电气产业集群快速形成,主要在于计划经济体制下"供不应求"向市场经济体制下"供大于求"转轨,再至向全球开放的过程中,乐清人牢牢抓住了各个阶段的电气产业发展的牛鼻子,形成了 20 世纪 80 年代"商品市场集散优势"、90 年代"制造集聚优势"和 21 世纪以来的"龙头企业主导的集群优势",快速发展壮大。因此,精明能干的民营企业家是乐清电气产业集群发展壮大的内源主动力,而政府适应各个阶段的政策推动,以及中国电力工业大发展的历史机遇是主要的外部推动力。

就集群的类型看,乐清工业电气产业属于浙江省典型的龙头企业带动型产业集群,并且在这种模式主导下,集群内部的产业组织方式、技术创新模式和市场营销模式正处于逐步升级并走向成熟的关键阶段。

(1)产业规模分析:全国最大的工业电气产业基地

乐清工业电气产业一直占据着全市工业的"半壁江山",是名副其实的"中国电器之都"。2008 年,乐清市电气行业工业产值约为 540 亿元,占全市工业总产值的49.8%,全市电气企业以柳市镇为中心,主要分布在柳市、北白象、乐成、翁垟、七里港、黄华、象阳等 7 个镇,产业集中度多年来一直处于全国领先地位。同行业比较,乐清电气产业总产值占全省电气行业总产值的 65% 以上;外贸出口值 9.6 亿美元,占全省电气行业出口总值的 75% 以上。核心产品低压电器多年来一直占全国市场份额的 60% 以上。

(2)行业地位分析:国内电气产业民营军团的代表性力量

经过 40 多年的发展,乐清成长起一批以正泰、德力西、人民电器和天正等为首的全国行业龙头企业,充分彰显了民营企业活力。乐清电气产业在全国乃至世界同行业中的地位和影响力不断增强,已成为全国电气产业中民营集团军代表性力量。至 2008 年年底,乐清市电气行业无区域集团企业达 72 家,年产值超 10 亿元企业 11 家,超亿元企业 61 家,4 家企业进入中国企业 500 强,10 家企业跻身 2008年"中国电器百强榜",13 家企业被评为全国民营企业 500 强。目前,全市电气行业共拥有 13 个中国名牌产品、25 个中国驰名商标、国家免检产品 33 个,30 多个浙江名牌产品;产品远销欧盟、美国、俄罗斯、南美洲、非洲、中东、东南亚等 100 多个国家和地区。

(3)产业组织分析:龙头企业带动型发展格局基本形成

乐清市工业电气产业是典型的龙头企业带动型产业集群。课题组问卷调查结果显示,86.7% 的样本企业拥有配套企业,且配套企业基本以本地企业为主。乐清全市电气及相关配套生产企业共有 6000 多家,其中,规模以上生产企业 1300 多家,有 24 家入选"2008 年度中国电气工业 500 强",10 家企业排在前 100 名之内。立足乐清本地,社会化分工和专业化协作机制不断优化,以龙头骨干企业关键产品和装配生产、市场营销和技术研发为主导,中小企业聚焦零部件加工生产的区域产业链垂直分工协作体系日益成熟,基本形成了由高度关联的生产企业群体、供应商群体、销售商群体和其他相关产业以及行业协会构成的工业电气产业集群。

(4)开放水平分析:开放式企业经营组织方式日渐成熟

20世纪末期以来,乐清工业电气龙头骨干企业加快构建开放式经营组织方式,成长起一批具有较强竞争力的跨区域集团企业。这种开放式企业经营组织方式主要表现为:一是充分整合国内外优势研发资源。正泰、德力西、天正、人民、长城、通领等乐清电气龙头骨干企业,以企业自主研发机构为依托,与西安交通大学、上海电器科学研究所、沈高所电气有限公司、中科院上海国家技术转移中心、河北工业大学等多所"大院名所"建立了多重合作关系,基本形成了聚集国内外多方电气科研资源为乐清电气产业服务的企业科研体系。二是加快构建辐射国内外的营销和销售网络。乐清电气产业以龙头企业为主在全国各地设立销售公司和销售点15000多家,在国外设立230多个代理。三是生产基地的外移。调查显示,62.2%的企业都在市外设立了生产基地,但其中91.1%的企业仍将总部功能设在了乐清。四是与跨国电器巨头或优势机构联姻。以德力西与施耐德、长城电器与西门子、正泰仪表公司与浙大中自集成控制股份有限公司等合资为代表,为乐清民营电气企业在管理水平改进、产品领域和市场拓展等方面实现跨越发展注入了力量,进一步丰富了乐清民营电气品牌的发展路径。

(5)产品结构分析:以中低压为主逐步覆盖全电气行业

乐清电气产业从低压电器产品起家,现在已经扩展到低压电器、高压电器、变压器、成套设备、电器开关、防爆电器、仪器仪表、工控电器、电线电缆、电机等100多个系列、6000多个品种、2万多种规格产品,囊获了"中国电器之都"、"国家火炬计划智能电器产业基地"、"中国断路器产业基地"、"中国防爆电器生产基地"等一系列区域品牌称号,形成覆盖输电、变电、配电、工业控制和各种特殊用途电气装备等较完整的产品系列。此次调查结果显示,在上述10大类产品中,近一半的被调查企业生产两类及两类以上产品;并且除51.5%的企业从事低压产品制造外,从事成套设备、高压电气等产品生产的企业占被调查企业数的比例也已达1/3以上。另外,企业目前产品研发和产业化项目已重点聚焦于高压、特高压、智能电气和新能源等领域,产品结构正在从简单低压领域加快向成套设备、智能电气等升级,以中低压为主,向高压、特高压、智能电气和新能源领域拓展的趋势十分明显。

(6)质量管理分析:生产规范化、标准化程度不断提高

目前,乐清电气产业的标准与IEC标准接轨,标准总体水平已等同于国际先进水平,并且企业生产更加规范,质量管理水平加快提升。截至2008年年底,997家企业获CCC认证证书11400多个,获美国UL、欧盟CE认证等国外证书350多个,是全国持证最多的电气产业基地;通过ISO9000国际质量体系认证企业约360

家,ISO14000 环境体系认证 25 家。同时,全市电气行业有 100 多家建立了产品试验中心,建成国家和省级产品检验、测试中心各 1 家,国家工业电气质检中心也已正式落户,建成后中心的检测能力将逐步达到分断 420V/130kA、420V/200kA 和 12kV/50kA。同时,质监部门联合相关协会积极推行细分行业质量标准制定和应用推广工作,为中小企业产品质量提供了较好的保障。

(7)技术创新分析:企业技术研发趋于自主化、高端化

近年来,乐清工业电气龙头骨干企业对于技术创新力度不断加大。课题组调查显示,新产品产值率达 30％以上约占 1/3;在有回馈的 28 家企业中,2008 年研发投入占当年销售收入比重的平均值高达 3.52％。2004—2008 年,全市共列入和实施国家 863 计划 2 项、火炬计划 63 项、重点新产品 5 项、星火计划 45 项、国家新产品 2 项、省级新产品 566 项、省级高新技术产品 25 项;建立国家级企业技术中心 2 家,4 家企业建有博士后流动站,省市级企业技术中心百余家,正泰、德力西等龙头企业纷纷在上海、德国等发达地区和国家建有研发机构,或者与国内外著名科研院校建立长期技术研发合作;培育国家级高新技术企业 8 家,省级高新技术企业 38 家,省级科技型中小企业 47 家。据不完全统计,有 28 家企业主持或参与了全国行业标准的起草工作,涉及国家标准、机械工业基础标准、行业标准等多个领域。经过多年不懈的创新,乐清电气产业积累了一大批专利技术(乐清累计获得各类授权专利 7 万多件,其中大部分出自电气行业),各子行业产品和技术均达到了国际水平,塑壳断路器、漏电保护等技术领域甚至达到国际领先水平,以企业自主创新为主导的乐清电气产业技术高端化趋势愈加显著。

(8)品牌结构分析:私营为主且品牌定位趋于差异化

经历了 20 世纪 90 年代"集团化"热潮,促成了一大批工业电气企业的快速成长,品牌化经营理念不断强化,目前乐清工业电气产业已初步形成了"区域品牌＋企业品牌＋产品品牌"的良性品牌体系。就各类品牌企业所有制结构看,本地民营企业占绝对优势。本次抽样调查中,仅有 3 家企业有外资股份,其余均为本地私营企业。就企业品牌发展趋势来看,市场定位和品牌内涵差异化趋势逐步清晰。目前主要整机企业品牌可大致分为两大类:一类是以正泰、德力西、天正和人民等大型电气企业为首的"综合电气"类品牌,另一类是以兴乐(电缆)、沪光(变压器)、永固(电力金具)、华仪(风能)、通领(漏电保护)为代表的"专特精优"的电气企业品牌。同时,随着国际化营销网络和技术研发体系的不断完善,乐清工业电气企业的国际化程度也不断加快。

(9)焦点企业分析(见附录3-17)

正泰集团股份有限公司。正泰始创于 1984 年 7 月,经过 20 多年的发展,目前旗下有浙江正泰电器股份有限公司(温州)、正泰电气股份有限公司(上海)、浙江正

泰仪器仪表有限责任公司（温州）、浙江正泰太阳能科技有限公司（杭州）等8大专业公司。正泰广泛服务于电力、建筑、冶金、石化、水利、航天、航空、电子等关系国计民生的行业领域，产品覆盖高低压电器、输配电设备、仪器仪表、工业自动化、建筑电器、光伏电池及组件系统和汽车电器等产业。在营销方面，正泰通过与代理商和经销商的合作，设立了2000多家销售中心和特约经销处。在国外，正泰设立了欧洲、中东、美洲的营销网络，并架设了40多家销售机构，让正泰产品远销70个国家，并通过正泰自有的专利产品，让其部分类型产品做到了全球销量第一。在技术方面，正泰在民营企业中率先建立了国家级的技术研发中心、理化测试中心、计量中心和低压电器检测中心等；同时，形成了以温州为基地、上海为中心、北京和美国硅谷为龙头、相关科研院所为依托的多层次开放式的信息网络和技术研发体系。为推进科技进步，正泰集团还出台了《关于加快技术进步的若干规定》，规定每年以销售收入的5%用于研发，并定期召开科技大会，重奖科技进步有功人员。目前，正泰技术研发已形成了以集团技术开发中心、专业技术处为主体的多层次开放式技术开发网络和集科研、教育、培训、开发为一体的"科技链"，使产品开发从"跟随型"向"领先型"发展，获得了发明专利、实用新型、外观专利等专利200多项。同时，正泰关注行业的发展，最近，主持和参与制定国家标准、行业标准30余项。此外，正泰产品在国外认证速度不断加快。公司的部分产品通过国际CB安全认证、美国UL认证、比利时CEBEC认证、荷兰KEMA认证、德国VDE认证、意大利IMQ认证等多项国际认证。在设备方面，正泰近年来通过从美国、德国、瑞士、日本、意大利等国家引进三坐标测量机、非接触三坐标测量机、日本松井中央集中供料系统、马克斯高速自动绕线机，激光打标机激光雕刻机、环保移印机、FDM-2000快速成型机、德国旭百世真空浇注罐、比利时索能800mm横剪线、高精度数控磨床、车床、钻床等国内外先进设备和自动化生产技术等，提高了企业技术装备和工艺水平。正泰集团主要生产工艺装备、检测设备、模具加工设备、仓储设备、试验站等均达到国内领先水平。面对经济全球化的浪潮，正泰集团实施"国际化、科技化、产业化"战略，确立了"打造国际性电气制造基地"目标，完成了由低压向高压，由元器件向成套，由传统工业电器制造向自动化、新能源领域，由电气制造业向系统集成方向发展的历史性突破，逐步形成了温州为低压、仪表和建筑电器制造基地，上海为高压输配电设备制造基地，嘉兴为输配电配套设备基地，杭州为工业自动化和太阳能生产基地的"长三角布局"。

德力西集团有限公司。德力西集团有限公司创立于1984年，总部设在浙江省乐清市德力西柳市工业园，是一家以生产高中低压电器、输变配电气和工业自动化控制电气为主的国家大型工业企业，同时进军综合物流、交通运输、矿产能源、环保工程、再生资源、PE投资等产业。集团现有员工14600余人，下属公司70多家，协作企业 1000 多家,生产产品达 300 多个系列 3 万多种规格,在全国 300 多个城市和全球 40 多个国家与地区设立了销售网点 1000 多家。集团现有总资产近 30 亿元,综合实力位居中国民营企业 500 强前列。德力西着力打造先进制造业,目前已形成三大电气制造基地:温州为低压输配电和工业自动化控制电气制造基地,杭州为自动化仪器仪表制造基地,上海为高压电器和成套设备制造基地,构筑了德力西"金三角"工业产业构架。2007 年 11 月,德力西与世界强企施耐德电气组建中法合资德力西电气有限公司,成为浙江省目前规模最大的民外合璧项目。在营销方面,德力西首开网络营销先河,建立了总部营销中心、省级销售总公司、地市级分销公司三级销售与管理体系,在全国各地组建了 10 个区域物流中心,设立 1500 多个营销网点。此外,德力西还积极开辟国际市场,先后在香港成立了贸易公司,在美国成立了投资公司,在 50 多个国家与地区设立了总代理。德力西被商务部认定为重点出口名牌、中国低压电器出口基地。在质量管理方面,德力西推行严格的全面质量管理,在国内同行业中率先通过产品质量、环境、职业安全卫生三大管理体系认证,全部产品均获得 CCC 认证,主导产品通过多项国际认证。德力西积极导入卓越绩效管理模式,坚持以质量创品牌,继获得中国驰名商标、中国名牌产品称号后,2005 年 9 月,又荣获我国质量管理领域的最高荣誉全国质量管理奖。在技术研发方面,德力西自创业以来始终坚持"科技强企"发展战略,每年投入销售额 5% 的经费作为科技创新基金,建立了统辖整个集团技术工作的研究开发中心、现代精密模具加工中心和电器产品检测中心;同时,还投资 3 亿多元建成高科技工业园,实现了关键零部件制造专机化、零部件质量检测数显化、产成品装配半自动化、产成品检测电脑化;建立了德国、上海、温州三级研发体系,创办全国电气行业首家博士后科研工作站,集团技术中心被国家五部委认定为国家企业技术中心,开发出具有知识产权的 CD 系列产品,已拥有专利 228 项。此外,德力西还与西安交通大学、河北工业大学、福州大学、上海电器科学研究所、西安高压电器研究所建立了稳定的科研与人才培养关系,促进了人才和数量结构、质量结构和年龄结构的调整。站在国际化战略发展的高度来审视世界经济市场和行业发展态势,德力西企业坚持以经济建设为中心,坚持以创新发展为主题,坚持以工业电气为主业,以品牌为旗帜,以科技进步为动力,加大战略性结构的调整,加快信息化建设,努力打造国际性的先进电气制造业基地,开创德力西事业融入经济全球化发展的新局面,把企业建设成为高品位、高水平、高层次、高质量的具有国际竞争力的现代跨国集团。

附录表 3-17　正泰、德力西公司项目

项目名称	项目单位	项目主要内容
正泰集团股份有限公司产业转型升级系列项目	正泰集团股份有限公司	一、智能化电器产品产业化项目
		◆研发生产智能化断路器、万能式断路器、智能型万能式双电源自动转换开关、选择性保护断路器、新型 CPS 组合保护电器、漏电防火终端保护器
		二、节能环保型电器产品产业化项目
		◆研发生产节能环保型真空接触器、大功率 LED 封装及照明应用、电子镇流器、高压电容器及其成套装置
		三、新领域电器产品产业化项目
		◆研发生产用于新型绿色能源系统的电涌保护器、新型光伏逆变器、汽车智能信息交换系统、家居、酒店智能灯控系统、智能场景控制系统、负荷管理系统
		四、管理、技术平台建设项目
		◆建设仿真计算机辅助设计研发平台、电力载波抄表模拟试验站、管理创新平台、温州低压电器产品国际认证测试平台
		五、其他
		1.关键件自制产业化项目 2.国家标准的制(修)订
德力西集团产业转型升级系列项目	德力西电气有限公司	一、智能型塑壳断路器、万能式断路器等新型智能化产品的研发、产业化项目
		二、低压电器对应国外技术性贸易壁垒技术攻关项目。项目主要内容有:(1)在生产过程中引入无铅焊接技术。(2)配备能检测铅、汞、镉、六价铬、PBB 和 PBDE 含量的测试设备
		三、研发一种具有过载、短路、过欠压、消防控制、火灾等监控报警、远程通信、网络化管理等多种功能于一体的智能型剩余电流式电气火灾监控探测器
		四、研发一种具有网络集中控制和管理的智能型双电源自动转换开关,该开关具有通信能力,能够实现后台管理和远程通信,满足自动化系统的要求

5　浙江长兴蓄电池产业集群

　　浙江省长兴县铅酸蓄电池产业最早起步于 20 世纪 70 年代,当时主要生产矿灯用蓄电池。近年来,随着我国电动自行车产业的兴起,长兴与之配套的蓄电池产业迅速发展壮大,成为当地的支柱产业之一,发展高峰时期共有蓄电池企业 170 余家,从业人员数万余人,电动自行车用动力蓄电池在全国的市场占有率达 65% 左右,有中国"电动自行车铅酸蓄电池之乡"的美称。全国三分之一省份拥有长兴人投资建设的蓄电池企业,"长兴蓄电池"这个称呼已突破了区域范围的限制,转化为一种新的经济发展模式,辐射全国各地。2006 年,为规范电池产业发展,长兴县政府委托北京大学编制了《浙江省长兴县绿色动力能源中心发展战略规划》,制定了《中国绿色动力能源中心实施方案》,确定了具体的发展目标,全面加快产业升级。2008 年长兴县电池产业迎来了进一步发展产业集聚和产业升级的黄金时期,掀起了新一轮发展浪潮,成为长兴县工业行业中最具活力和发展潜力的产业,并呈现以下特点:一是产业规模扩大。长兴县共有电池生产企业 55 家,其中规模以上企业 40 多家,其中具有镍氢电池、锂离子电池生产能力的有 6 家;近几年来,生产能力发展迅速,电池产量年均增长 53.67 %,2008 年超 1 亿只(套);销售收入近 150 亿元,年均增长 68.1%;税收近 3 亿元,年均增长 47.94%。二是产品升级加快。长兴县生产的蓄电池均为高容量密封型免维护产品,技术水平达到国内外领先水平,产品从电动助力车用电池,涉及电动道路车、铁路机车、电动叉车、电动汽车等领域,锂离子电池、电动汽车用电池、储能电池等新兴能源技术不断取得进步,基本完成中试阶段,逐步转入产业化阶段。三是集群优势提升。近几年,长兴县电池行业国内市场份额始终保持在 45% 以上,电池产品性能、质量国内领先,拥有天能、超威、振龙等行业龙头企业,全行业配套齐全,形成了从电池研发、生产及组装、原辅材料加工、零配件制造、销售到废旧电池回收的完整产业链,相应的配套产业链项目集聚发展迅速。目前长兴县已有天能畅通、兴海能源、佰世腾、佳丰鹿跑等电动车生产骨干企业;塑壳、硫酸、电池生产设备制造、隔板纸及包装生产等配套协作企业百余家,电池产业集群效应日益显现,区域特色显著(见附录表 3-18)。

附录表 3-18   2002—2008 年长兴县蓄电池产业情况

年份	全县全部工业 生产总值 （亿元）	新兴能源企业 工业总产值 （亿元）	新兴能源企业 就业人数（人）	规上利润 总额（万元）
2002	278	3.27	9120	3164
2003	304.1	9.0	9700	10731
2004	362.2	17.3	13100	16344
2005	423.8	21.3	11230	15316
2006	494.1	42.1	9827	33512
2007	615.4	73.1	12820	51719
2008	737.3	100.1	13032	58473

长兴新兴能源产业的发展历程，可以大致分为以下四个阶段。

第一阶段，起步期（20 世纪 80 年代）。这一时期的主要特征是：长兴新兴能源市场增长率较高，需求增长较快，技术变动较大，生产企业开始形成并致力于开辟新用户、占领市场，但此时技术上有很大的不确定性，在产品、市场、服务等策略上有很大的余地，对行业特点、行业竞争状况、用户特点等方面的信息掌握不多，企业进入壁垒较低。综合判断：该时期是长兴新兴能源产业的起步期。

第二阶段，成长期（20 世纪 90 年代）。这一时期的主要特征是：市场增长率很高，需求高速增长，技术渐趋定型，行业特点、行业竞争状况及用户特点已比较明朗，企业进入壁垒提高，产品品种及竞争者数量增多。综合判断：该时期是长兴新兴能源产业的成长期。

第三阶段，成熟期（2002—2007 年）。这一时期的特征是：行业总产值增长平稳，且高于地区 GDP 的增长。技术上已经成熟，行业特点、行业竞争状况及用户特点非常清楚和稳定，买方市场形成，行业盈利能力下降，新产品和产品的新用途开发更为困难，行业进入壁垒较高。综合判断：长兴新兴能源产业进入成熟期。

第四阶段，转型期（2008 年至今）。这一时期的规上利润总额出现下滑趋势，市场增长率下降，需求下降，行业利润率下降，单位产品利润明显下滑。综合判断：长兴新兴能源产业进入转型期。

（1）技术研发能力分析

长兴蓄电池产业在经过多年的发展后，企业的研发能力已经有了很大的提高，主导企业与外部高校和科研机构合作取得了重大的技术突破，已有近 10 家企业涉足电动汽车用动力电池、储能用电池领域。天能、超威的电池样品都已研发成功，2008 年 8 月已送样至各大型电动汽车、风能太阳能企业试用，同时，在电动汽车用动力电池的销售方面,与奇瑞、吉利、东风等 30 多家电动生产企业保持良好业务关系,产品前景不凡。天能集团、超威集团各自独立研发的电动汽车专用电池均顺利通过了国家权威检测机构北方汽车质量监督检验鉴定试验所的产品性能检测,进一步巩固了长兴县在国内动力电池领域的行业领先地位;天能集团携手雅迪电动汽车,成为上海世博会的电动汽车用动力电池的供应商,光伏、风能产业用储能电池已经与西班牙太阳能源集团建立了战略合作关系;超威集团的长寿命光伏储能电池开始在厦门太阳能照明试点工程中使用,而昌盛电气的超级电容器项目也取得了突破性进展。长兴企业与清华大学、北京大学、浙江大学、哈尔滨工业大学、航天部、沈阳蓄电池研究所等 20 多所大学、科研所合作开展电池及新能源的技术研发,建立省级研发中心 6 个、博士后工作站 4 个,储能电池技术研发已处于中国龙头地位,现有电池研发、技术、管理、营销专业人员近 4 万人。长兴龙头企业的技术研发能力现状如附录表 3-19 所示。

附录表 3-19　长兴蓄电池产业研发能力的基本情况

主导企业	产品类别	研发投入占主销售收入	科研机构	专利情况	新产品开发情况
天能集团	蓄电池、锂电池、镍氢电池	3%左右	省级研发中心研究院,国家级博士工作站	106 个	光伏风能产业用储能电池,管式动力电池(铅酸);通讯用备用电池、锂电池
超威集团	蓄电池	2%~3%	省级技术研发中心,博士工作站	发明专利 7 个	储能电池、薄膜太阳能电池
中钢	特种石墨	5%左右	国家级的研发中心	美国有 12 项	新型石墨
悦达	塑壳	5%左右	研发部门	4~5 个专利(井盖、塑盖)	模具
兴海	锂电池	10%左右	研发部门	4 个专利	汉维锂电池

(2)加工制造能力分析

天能、超威等已是行业领军企业,均为省级及以上高新技术企业、全国电池行业标准化委员会委员单位和全国电池标准的主要起草单位之一,在制定行业标准和定价方面拥有话语权,影响着产业发展未来的发展方向。2008 年 1 月,振龙电源、兴海能源参加了锂离子电池标准与安全规范的编制会议。2008 年 8 月,天能、超威、昌盛、广能参与了由中国电池工业协会、国家交通部、国家民航局等部门组织的关于修改《铅酸蓄电池安全运输标准》、《锂离子电池安全运输标准》等多项标准的制定。"长兴制造"正无形地影响着这个产业未来的发展方向,受到国际国内同行业的普遍关注。综合分析长兴新兴能源产业的生产现状,从龙头企业的基本情况可以了解该产业的加工制造能力的基本现状(见附录表3-20)。

附录表3-20　长兴新兴能源产业加工制造能力的基本情况

主导企业	产品类别	产业装备水平	制造能力	产值
天能集团	蓄电池、锂电池、镍电池	德国、美国	3100万只	41.8亿元/年
超威集团	蓄电池	江苏	5000多万只	13.8亿元/年
中钢	特种石墨	日本、美国、德国、意大利	5000吨/年	9亿元/年
悦达	塑壳	宁波、杭州	电池塑料壳:2000万套;井盖:19万套	1000万元左右/月
兴海	锂电池	深圳	1500台机器	2000多万元/年

(3)产业品牌分析

从现状而言,长兴蓄电池产业的品牌主要体现在电池产业。长兴电池产业通过提高装备水平保障产品质量,不断进行技术创新,扩大销售网络辐射全国市场,组团参加展览提高知名度,举办各种类型的行业学术研讨会等,使"长兴电池"已成为行业旗舰,得到社会各界的认可。

长兴蓄电池产业的品牌主要体现在以下两个方面。

第一,区域品牌方面。2007年6月,长兴被中国电池工业协会授予"中国绿色动力能源中心"的称号;2008年3月先后由浙江省科技厅批准为"电动助力车用蓄电池省级高新技术特色产业基地",浙江省工商局认定为"浙江省蓄电池专业商标品牌基地";2008年6月,被列入"中国产业集群品牌50强";2009年6月,被浙江省政府列为省现代产业集群转型升级20个示范区之一。

第二,企业品牌方面。长兴蓄电池产业拥有中国驰名商标4个:天能、超威、振龙和昌盛;国家免检产品5个:天能、超威、振龙、昌盛和新需能;浙江省著名商标4个:天能、超威、振龙和昌盛;浙江省名牌产品4个:天能、超威、振龙和昌盛。

(4)营销渠道分析

长兴蓄电池产业的营销渠道可以通过龙头企业的情况予以显示(见附录表3-21)。随着市场竞争的日趋激烈,迫使企业改变原有的营销渠道模式,以长兴县龙头企业天能集团和超威集团为例,天能和超威都以直销为主的经营模式转向经销商销售为主的营销渠道模式。这种营销模式的转变带动了长兴蓄电池企业销售额和规模的大幅增加。

附录表 3-21　长兴新兴能源产业营销渠道情况

企业名称	营销渠道策略
天能	1. 直销：一级市场，直面电动车生产商 2. 代理：二级市场，给销售批发商，针对终端用户
超威	2007 年及以前：直销模式 2008 年至今：开始建设二级市场
悦达	以直销为主

（5）焦点企业及相关项目介绍

浙江天能电池有限公司：始建于 1986 年，是一家专业从事铅酸、镍氢及锂离子等新型动力电池、电动车用电子电器、风能太阳能储能电池研发、制造和销售的高新技术企业。天能公司是中国动力电池行业龙头企业，销量连续 10 年位居全国同行业第一。2007 年 6 月，天能国际集团以"中国动力电池第一股"的形象在香港联交所成功上市。天能公司先后被评为中国制造业 500 强、全国民营企业 500 强、全国轻工行业先进集体、福布斯 2008 中国潜力 10 强企业、国家重点高新技术企业、浙江省百强企业等荣誉。

浙江超威电源有限公司：创立于 1998 年，是一家专业从事动力型和储能型蓄电池研发、制造、销售的高新技术企业。产品年产销量位居全国同行业第二位。超威公司还是浙江省蓄电池行业首家"循环经济试点企业"，先后获得了美国福布斯中国潜力 100 强、中国成长企业百强、中国民营企业综合竞争力 50 强等荣誉。

浙江兴海能源科技有限公司：成立于 2003 年，公司所研制开发的动力锂电池（38120 型）产品已于 2008 年通过了北方汽车质量监督检验鉴定试验所 863 动力电池测试基地的认证（国家唯一的汽车用动力电池的认证），也是国内仅 7 家、浙江省内 3 家通过的动力电池认证产品（浙江省内唯一通过北方汽车质量监督检验鉴定试验所 863 动力电池的混合动力汽车用高功率电池产品），并且该产品已经通过省级新产品鉴定，其技术达到国内领先水平，已经被国内外多家企业配套使用，受到客户的一致好评。汉维锂电池凭借着可靠的质量现已畅销英国、美国等多个国家。公司具有先进的管理理念，通过 ISO9001 质量体系，ISO14001 环境体系认证及 CE 等认证；2007 年通过清洁生产考核和被认定为省级高新技术企业，并获得自营出口许可证；2008 年又被评为省级技术中心，并在锂离子电池的研发上，已申请或获得了专利 11 项，形成了核心知识产权。

6 浙江海宁皮革产业集群

海宁地处杭嘉湖平原,陆地面积700平方公里,人口64万,素以"潮文化、灯文化、名人文化"享誉海内外,也是历史上重要的湖羊繁育基地和优质羊皮原料产地。改革开放以来,皮革产业繁荣与历史文化传承浑然一体,打造了"观潮胜地 皮革之都"的现代城市名片。作为海宁地方经济支柱,皮革产业现已形成特色鲜明的块状集聚经济,集制革、皮革服装、皮革沙发和箱包皮具等多样化产品和行业于一体,同时具有皮革机械、皮革化工、皮革辅料、五金配件等较为完整的产业链。纵观海宁皮革产业的发展史,一页页创业篇章跃然眼前。经过30多年的发展,海宁现已成为中国最著名的皮革、皮草生产基地和集散中心,有"中国皮革之都"之美誉。皮革产业价值链完善,整体规模和品牌效应在国内居于首位,是海宁地方经济和社会发展的支柱产业。2008年,海宁市拥有皮革工业企业2062家,从业人员约73348人,全年实现现价工业产值177.62亿元,产品销售收入172.8亿元,皮革工业经济总量列全国同行业首位。其中,销售收入500万元以上规模企业有134家,实现现价工业产值157.02亿元,占全市产值21.75%,实现销售收入145.97亿元,占全市销售收入的21.33%。

(1)海宁皮革产业集群发展历程分析

◆皮革产业开拓

海宁皮革产业的发展可追溯至1926年。此后,从简陋的生产工具与化学工艺,到海宁双山一定规模的皮革作坊,再到后期成立的国营海宁制革厂,海宁皮革制造业在不断开拓中传承创业精神、积淀皮革文化,也预示着后期的兴起与繁荣。

海宁制革厂猪皮绒面服装革的开发是具有划时代意义的技术创新。该项技术得到国家轻工业部的重视,并在全国性会议上得以推广,也因此使得海宁制革厂成为国家轻工业部重点扶持单位。此后,在政府和企业的共同努力下,海宁制革厂不断走上技术进步、管理创新和规模扩张的发展之路。1977年开始国家投入上千万资金进行大规模技术改造;后来皮革厂又投入300多万元建成全国第一批皮革污水处理站,并因此获得国家最高奖项。1998年年底制革厂组建为海宁上元皮革有限责任公司,2004年9月与西班牙合资建立浙江大众皮业有限公司,公司规模和实力得到进一步提升。海宁制革厂的成立与不断发展为后续海宁皮革产业的兴起树立了一面旗帜。

◆皮革产业传承

20世纪80年代后,伴随着个体私营经济政策的松动,在海宁制革厂的影响下,海宁兴起了 20 多家规模相对较小的皮革厂。由于掌握皮革产业链的核心环节——制革技术,这些企业发展迅速,其中最为突出的是雪豹集团。1984 年雪豹集团公司的前身——海宁辛江皮件服装厂开始创业。雪豹集团对市场的准确定位以及品牌的成功运作,不仅成就了一个优秀企业的发展和自己的品牌,也带动和影响了海宁皮革产业的创业高潮。一时间,海宁两三百家皮革企业应运而生,不仅成功地开拓了全国的皮革市场,也逐渐奠定了海宁皮革在全国的行业地位。产业的兴起引起了政府的高度重视。1989 年海宁政府开始将皮革作为主导产业进行重点培育。在相关政策的激励下,集体、乡镇和个体私营等多种经济成分企业共同发展,迅速造就了皮革产业在地方经济中的主导性地位。

◆皮革产业推进

专业化市场以及皮革文化的塑造进一步推动了海宁皮革产业的发展。1993 年,海宁兴建了国内第一家大规模专业市场——海宁中国皮革城。市场总建筑面积已达 5.6 万平方米,商铺 1100 多个,近千家企业进驻经营,形成了以皮革(裘皮)服装交易为主,箱包、手套、毛皮交易为辅的市场格局。年客流量达 310.3 万人次,拥有"全国 50 强市场"、"浙江省重点市场"、"五星级文明规范市场"、"国家 AAAA 级旅游景区"等多项殊荣。皮革城积极打造品牌市场、人文市场、和谐市场,以建设世界皮革生产、采购和营销中心、中国皮革流行趋势发布中心、中国皮革信息发布中心、长三角特色旅游购物中心为发展战略,通过完善产业链、推动产业集群升级来丰富皮革专业市场的内涵,为海宁皮革产业的快速、持续发展注入了新的活力。

◆皮革产业革新

近年来,海宁皮革产业在政府和企业的共同努力下,正迈向"二次创业"之路。皮革城出口加工区、箱包皮具加工区、品牌皮革服装区、中国皮革城原辅料市场、海宁中国皮革城商务楼等大型专业化生产和市场集散地渐成气候,一个具有现代化、高度创新潜力的皮革产业正呼之欲出。其中,皮革城出口加工区被嘉兴市委、市政府授予"嘉兴市先进中小企业创业中心(孵化器)"荣誉称号。其定位于品牌和创新,积极引导企业工艺流程创新、管理理念改进和人才引进。海宁中国皮革城三期工程引入一种"以市场升级带动产业升级"的全新经营理念以及"脑体分离"的生产运营模式。

(2)海宁皮革产业集群现状分析

从产业集群和产业生产周期相结合的角度来看,海宁皮革块状集聚经济的产生和演化总体上可以分为以下几个阶段。

初创与萌芽:1980—1990 年期间,产业处于市场增长和需求增长"双高阶段",且技术变动较大,代表性企业主要致力于开辟新用户、占领市场。产业内企业对于产品、市场、服务等经营策略处于"干中学"阶段,行业特征、竞争状况、市场需求等信息比较模糊。行业进入壁垒较低,利润率较高,中小企业开始兴起,集聚经济初显雏形。

成长与成熟:1990—2006 年期间,产业处于高速成长期,市场和需求仍然处于高位,技术渐趋定型,行业特征、竞争状况、市场需求等信息比较明朗。产业内企业数量相对稳定,竞争加剧。一些龙头企业向沙发行业转型,并逐渐带动整个产业的进一步发展。一些专业化市场和相关辅助产业逐渐成形,皮革产业在地方经济中处于绝对主导的地位,块状集聚经济特色显著,规模优势明显。

衰退与转型:2007 年以后,特别是 2008 年以来,受国际金融危机等因素的影响,市场增长和需求显著大幅下降,产业内竞争进一步加剧,恶性竞争现象突出,粗放型块状集聚经济的弊端日益凸显。产业内企业在产品、工艺、组织等方面的创新压力加大,一些企业开始外迁,行业亟须寻找新的增长点。产业总产值增长率显著低于同时期地方 GDP 增长率,产业集群急需转型提升。

附录表 3-23　　海宁皮革产业与海宁生产总值增长情况

指标	2004 年	2005 年	2006 年	2007 年	2008 年
皮革产值同比增长百分比	−2.6%	45.43%	17.63%	8.9%	−23.38%
生产总值同比增长百分比	19.68%	18%	17.63%	18.72%	14.96%

(3)海宁皮革产业集群空间结构分析

海宁皮革产业在空间上由东向西,形成一条从制革——皮革服装——皮革沙发到皮革箱包的狭长产业带。其中,海宁经济开发区是海宁皮革企业相对集中的地区,拥有沙发类企业 3 家、制革类企业 4 家、服装类企业 49 家。硖石镇有皮革工业园区、皮革服装城及皮毛市场,并且聚集了蒙努、卡森等龙头企业,皮衣企业 5 家。斜桥镇拥有皮衣企业 4 家。周王庙镇拥有皮衣企业 20 家,沙发类企业 4 家、制革类企业 4 家。长安镇是皮革产业的发源地,拥有雪豹等规模企业,专业从事沙发类企业 1 家、制革类企业 3 家和皮衣类企业 25 家。

①制革。制革是海宁皮革产业历史最悠久的行业。2008 年制革产业产值达到 276925 万元,利润总额达到 10629 万元。经过多年的发展与整合,制革行业现有卡森、上元、大众、富邦、兄弟、蒙努、宏洋等 9 家在国内非常具有影响力的企业。近年来,企业在研发、环保和管理上投入较大,新产品开发和工艺改进取得了非常大的进步。个别企业已经具有生产高新技术产品——汽车制革的能力,并拥有自己的核心技术。

②皮革服装。海宁皮革服装风靡全国,已经成为海宁皮革产业的一大亮点。海宁拥有雪豹、富邦、诺之、三星等数家大中型骨干集团企业。由于皮革服装的特殊性,海宁的皮装企业主要还是以中小型为主,但做工原料走高端路线,在理念和

时尚的把握方面也比较好。皮装生产主要还是以贴牌为主,但已有一部分企业开始创立自身的品牌,并出现诺之、白领式等在国内外具有相当知名度的本土品牌。

　　③皮革沙发。皮沙发以及相关新产品现已发展成海宁皮革产业最主要的行业,2008 年产值达到 436152 万元,利润总额达到 19158 万元。从 1997 年开始雪豹集团经营沙发以来,海宁沙发产业拥有雪豹、蒙努和卡森等数家大型企业集团。由于沙发生产投入规模大、周期长,使得沙发行业的进入壁垒比较高,沙发生产企业规模普遍比较大,且多以贴牌生产为主。

　　④其他制品。随着海宁皮革产业的发展,箱包皮具、皮革化工、五金、配件等相关行业逐渐兴起,不仅拓宽了海宁皮革产业的产业带,丰富了产品种类,也延伸了海宁皮革产业通往时尚领域的触角。2008 年,以兄弟科技为龙头的皮革化工产业销售收入达 77795 万元,利税总额 9502 万元。

参考文献

[1] Abrahamson E, Fombrun C J. Macrocultures: Determinants and Consequences. Academy of Management Review,1994,19(4):728-755.

[2] Albert R,Jeong H,Barabasi A L. Attack and error tolerance in complex networks Nature,2000,406:387-482.

[3] Albino V,Carbonara N,Giannoccaro I. Innovation in Industrial Districts:An Agent-Based Simulation Model. International Journal of Production Economics. 2006,104(1):30-45.

[4] Albert R,Albert I,Nakarado G L. Structural vulnerability of the North American power grid. Physical Review E,2004,69.

[5] Adler P S,Kwon Seok-Woo. Social Capital:Prospects for a new Concept. Academy of Management Review,2002,27(1):17-40.

[6] Almandoz J,Founding Teams as Carriers of Competing Logics:When Institutional Forces Predict Banks' Risk Exposure. Administrative Science Quarterly,2014.59(3):442-473.

[7] Ahrweiler P. Innovation in Complex Social Systems. Taylor & Francis:e-Library Press,2010.

[8] Auyang S Y. Foundations of Complex-System Theories in Economics. Cambridge:Cambridge University Press,1998.

[9] Asavathiratham C. The Influence Model:A Tractable Representation for the Dynamics of Networked Markov Chains. MIT,2000.

[10] Anastasios G K. Complexity,Identity and the Value of Knowledge-Intensive Exchanges. Journal of Management Studies,2003,40(7):1871-1890.

[11] Anderson R M,May R M. Infectious Diseases in Humans. Oxford:Oxford University Press,1992.

[12] Annaelle G,Nelson P. Institutional Work as Logics Shift:The Case of Intel's Transformation to Platform Leader. Organization Studies. 2013.34

(8):1-37.

[13] Bagozzi R P. Marketing as Exchange. Journal of Marketing,1975,39(4),32-39.

[14] Bak P,Tang C,Wiesenfeld K. Self-organized Criticality:An Explanation of the 1/f Noise. Physical ReviewLett,1987,59:381-384.

[15] Bailey N T J. The Mathematical Theory of Infectious Diseases and Its Applications. New York:Hafner Press,1975.

[16] Barabasi A L,Albert R. Emergence of Scaling in Random Networks. Science,1999,286(5439):509-512.

[17] Bain J. Industrial Organization. New York:John Wiley & Sen Press,1968.

[18] Baptista R,Swann P. Do Firms in Clusters Innovate More? Research Policy,1998,27(5):525-540.

[19] Baptista R. Do Innovations Diffuse Faster within Geographical Cluster? International Journal of Industrial Organization,2000,18(3):515-535.

[20] Barthelemy M,Barrat A,Pastor-Satorras R,Vespignani A. Velocity and hierarchical spread of epidemic outbreaks in complex networks. Physical Review Lett. ,2004,92.

[21] Battilana J. The Enabling Role of Social Position in Diverging from the Institutional Status Quo:Evidence from the UK National Health Service. Organization Science,2011,22(4):817-834.

[22] Belussi F Salotti. Sulle ali del Distretto Osservatorio dell. Economia Materanal,1998(2):12-26.

[23] Berger S. Discontinuity in the Politics of Industrial Society. Cambridge:Cambridge University Press,1980a:49-132.

[24] Berger S. The Traditional Sector in France and Italy. Cambridge:Cambridge University Press,1980b:88-131.

[25] Becattini G. The Marshallian Industrial District as a Socio-Economic Notion. Geneva:International Institute for Labor Studies,1978:37-51.

[26] Bergman E M. Industrial Cluster Sustainability at Austria's Accession Edge:Better or Worse than Regional Sustainability. Environment and Sustainable Development in the New Central Europe:Austria and its Neighbors,2002(9):19-21.

[27] Birkinshaw J. Upgrading of Industry Clusters and Foreign Investment. International Studies of Management & Organization,2000,2(30):93-113.

[28] Bollobas B,Riordan O. Robustness and vulnerability of scale-free random graphs. Internet Math. ,2003,1:1-35.

[29] Bonabeau E. Sandpile Dynamics on Random Graphs. Phys. 1995, 64: 327-328.

[30] Borgatti S P, Everett M G. Models of core/periphery structures. Social Networks,1999,21(4):375-395.

[31] Bourdieu P. Le Capital Social:Notes Provisaires. Actes dela Recherche en Sciences Sociales,1980,3:2-3.

[32] Bourdieu P. The Forms of Capital. New York:Green wood Press, 1985: 241-258.

[33] Broder A,Kumar R,Maghoul F. Graph structure in the web. Comput. Networks,2000(33):309-320.

[34] Branskii V P. Theoretical Foundations of Social Synergetics. Russian Studies in Philosophy,2004,43(2).

[35] Carlson J,Doyle J. Highly optimized tolerance:Robustness and power laws in complex systems. Physical Review Lett. ,2000,11:2529-2532.

[36] Carlson J,Doyle J. Complexity and Robustness. Proceedings of the National Academy of Sciences,2002,99:2539-2545.

[37] Carlsson B, Eliasson G. The Nature and Importance of Economic Competence. Stockholm, Sweden:Industrial Institute for Economic and Social Research,1991.

[38] Callway D S,Newman M E J,Strogatz S H,Watts D J. Network robustness and fragility:Percolation on random graphs. Physical Review Lett. ,2000, 85:5468-5471.

[39] Campbell L J. Why Would Corporations Behave in Socially Responsible ways? An Institutional Theory of Corporate Social Responsibility. Academy of Management Review,2007,32(3):946-967.

[40] Chiles T H,Meyer A D, Hench T J. Organizational emergence:The origin and transformation of Branson, Missour's musical theaters. Organization Science,2004,15(5):497-519.

[41] Chia-Han Yang,Joseph Z Shyu, Yimin Li. A Dynamic Analysis of Industrial Cluster Evolution Based on Lotka-Volterra Model:Studies of Southern and Central Taiwan Science Park. AIP Conf. PROC,2009,1148:514-517.

[42] Charmaz K. Constructing Grounded Theory:A Practical Guide Through

Qualitative Analysis. Sage Press,2006.

[43] Child J, Faulkner D O. Strategies of cooperation: managing alliances, networks,and joint ventures. Oxford:Oxford University Press,1998.

[44] Creswell J W. Qualitative Inquiry and Research Design: Chosing Among Five Traditions. Journal of Vocational Behaviour,1998,41(2):236-237.

[45] Cohen R,Erez K,Ben-Avraham D,Havlin S. Resilience of the Internet to Random Breakdowns. Physical Review Lett. ,2000,85:4626-4628.

[46] Cohen R,Erez K,Ben-Avraham D,Havlin S. Breakdown of the Internet under Intentional Attack. Physical Review Lett. ,2001,86:3628-3685.

[47] Coleman J S. Social Capital in the Creation of Human Capital. American Journal of Sociology,1988,94:95-120.

[48] Coleman J S. Foundations of Social Theory. Cambridge:Harvard University Press,1990.

[49] Collins J D, Hitt M. A. Leveraging Tacit Knowledge in Alliances: the Importance of Using Relational Capabilities to Build and Leverage Relational Capital. Journal of Engineering and Technology Management, 2006,23:147-167.

[50] Cristina B. Industrial Clusters, Focal Firms, and Economic Dynamism: A Perspective from Italy. Working Paper for World Bank Institute,2001,124: 1-18.

[51] Crucitti P,Latora V,Marciori M. Model for Cascading Failures in Complex Networks. Physical Review E,2004:69.

[52] Dater-OECD. World Congress on Local Clusters. London:HMSO,2001.

[53] Day G S. The Capabilities of Market-Driven Organizations. Journal Mark, 1994,58(10):37-52.

[54] De N W,Mrvar A,Batagelj V. Exploratory Social Network Analysis with Pajek. New York:Cambridge University Press,2005.

[55] Dei O G. Prato and its Evolution in a European Context. London:Regional Development in a Modern European Economy:The Case of Tuscany. Pinter, 1994.

[56] Diekmann O, Heesterbeek J P. Mathematical Epidemiology of Infectious Disease:Model Building,Analysis and Interpretation. New York:John Wiley & Son publisher,2000.

[57] DiMaggio P J, Powell W W. The Iron Cage Revisited: Institutional

Isomorphism and Collective Rationality in Organizational Fields, American Sociological Review,1983,48(2):147-160.

[58] Dodgson M. Organizational learning: a review of some literatures. Organization Studies,1993,14(4):375-394.

[59] Dobson I,Chen J,Thorp J S. Examining Criticality of Blackouts in Power System Models with Cascading Events. Proceedings of 35th Hawaii International Conference on System Sciences,2002:F-72.

[60] Dyer J H. Singh H. The Relational View:Cooperative Strategy and Sources of Interorganizational Competitive Advantage, Academy of Management Review,1998,23(4):660-79.

[61] Dwyer. An Examination of Organizational Factors Influencing New Product Success in Internal and Alliance-based Processes. Journal of Marketing, 2000,64:31-49.

[62] Dubois A. Organising Industrial Activities across Firm Boundaries. Routledge,London,1998.

[63] Engeström Y. Activity theory and individual and social transformation. Cambridge:Cambridge University Press,1999.

[64] Emirbayer M,Mische A. What is Agency? American Journal of Sociology, 1998,4(103):962-1023.

[65] Enright M. Regional Clusters and Econpmic Development: A Research Agenda. Paper Presented to the Conference on Regional Clusters and Business Networks 1993, Fredericton, New Brunswick, Canada revised version 1995.

[66] Filiatrault P, Lapierre J. Managing Business-to-Business Marketing Relationships in Consulting Engineering Firms. Industrial Marketing Management,1997,26:213-222.

[67] Friedland R,Alford R R. Bringing Society Back in:Symbols,Practices and Institutional Contradictions. Chicago:University of Chicago Press,1991.

[68] Ford D. Understanding business markets (2nd ed.). London:Dryden Press, 1997.

[69] Francesca G,Gennaro D T,Rosaria C. A Model for Simulating Reputation Dynamics in Industrial Districts. Simulation Modeling Practice and Theory, 2008,16:231-241.

[70] Feser E J, Bergman E M. National Industry Cluster Templates: A

Framework for Applied Regional Cluster Analysis. Regional Studies,2000, 34(1):1-19.

[71] Franchi M, Rieser V. Le Caregorie Sociologiche Nell'analisi del Disretto Industriale: Tra Comunitae Razionalizzazione. Statoe Mercato, 1991, 33: 451-476.

[72] Freeman L C. Centrality in Social Networks:Conceptual Clarification. Social Networks,1979,1(3):215-39.

[73] Fritz O M, Mahringer H, Valderrama M T. A Risk-oriented Analysis of Regional Clusters. London: Clusters and Regional Specialization. Press, 1998:181-191.

[74] Flaminio S, Riccardo B. Economic Performance, Inter-Firm Relations and Local Institutional Engineering in a Computational Prototype of Industrial Districts. Journal of Artificial Societies and Social Simulation,2002,5(1).

[75] Gade P M, Hu C K. Synchronous Chaos in Coupled Map Lattices with Small-World Interactions. Physical Review E,2002,62.

[76] Gebhardt C. The Making of Plasma Medicine. Strategy Driven Clusters and The Emerging Roles of Cluster Management and Government Supervision. The Journal of Technology Transfer,2013,38(4):401-414.

[77] Gert H,Peter N. Exploring the Relationship Between Network Competence, Network Capability and Firm Performance:A Resource-Based Perspective in an Emerging Economy. Management Dynamics,2009,18(1):2-14.

[78] Granovetter M, Economic Institutions as Social Constructions: A Framework for Analysis. Acta Sociologica,1992,35(35):3-11.

[79] Gilsing V, Nooteboom B. Density and Strength of Ties Innovation Networks: an Analysis of Multimedia and Biotechnology. European Management Review,2005,2:179-197.

[80] Gordon W, Bruce K, Wei J S. Social Capital, Structural Holes and the Formation of an Industry Network. Organization Science, 1997, 2(8): 109-125.

[81] Gordon I R,McCann P. Industrial Clusters:Complexes,Agglomeration and/ or Social Networks. Urban Studies,2000,3(37):513-532.

[82] Griliches Z,Hybrid. An Exploration in Economics of Technological Change. Econometric,1957,25:501-522.

[83] Granovetter M S. The Strength of Weak Ties. American Journal of

Sociology,1973,78:1360-1380.

[84] Greenwood R, Oliver C, Sahlin K, Suddaby R. The Sage Handbook of Organizational Institutionalism. Sage Press,2008.

[85] Greenwood R, Díaz A M, Li S X, Lorente J C. The Multiplicity of Institutional Logics and the Heterogeneity of Organizational Responses. Organization Science,2010,21(2):521-539.

[86] Gebhardt C. The Making of Plasma Medicine. Strategy Driven Clusters and The Emerging Roles of Cluster Management and Government Supervision. The Journal of Technology Transfer,2013,38(4):401-414.

[87] Granovetter M S. Economic Action and Social Structure: The Problem of Embeddedness. American Journal of Sociology,1985(91):481-510.

[88] Grabher G. The Weakness of Strong Ties: the Lock-in of Regional Development in the Ruhr Area. New York:Rutledge Press,1993:255-277.

[89] Gulati R. Does Familiarity Breed Trust? The Implication of Repeated Ties for Contractual Choice in Alliances. Academy of Management Journal, 1995a,38:438-446.

[90] Gulati R, Nohria N, Zaheer. Strategic networks, Strategic Management Journal,2000,21(3):203-215.

[91] Hakansson H, Ford D. How Should Companies Interact in Business Networks? Journal of Business Research,2002,55(2):133-139.

[92] Hakasson H. Industrial Technological Development:a Network Approach. London:Croom Helm,1987.

[93] Hallén L,Johanson J,Seyed-Mohamed N. Interfirm Adaptation in Business Relationships. Journal of Marketing,1991,55(4):29-37.

[94] Hansen M T. The Search-Transfer Problem: the Role of Weak Ties in Sharing Knowledge Across Organization Subunits. Administrative Science Quarterly,1999,44:82-111.

[95] Håkansson H,Snehota I. Developing Relationships in Business Networks. London:International Thomson Business Press,1995.

[96] Håkansson H, Johanson J. The Network as a Governance Structure: Interfirm Cooperation Beyond Markets and Hierarchies,in The Embedded Firm. London:Routledge,1993.

[97] Harrison B. Lean and Mean:The Changing Landscape of Corporate Power in the Age of Flexibility. New York:New York Press,1994.

[98] Hagedoorn J. Cloodt M. Measuring Innovative Performance: is There an Advantage in Using Multiple Indicators?. Research Policy, 2003, 32: 1365-1379.

[99] Harrison B. Are Industrial Clusters Losing Their Cluster?. Technology Review, 1994, 97(4): 423-435.

[100] Hayashi Y, Minoura M, Matsukubo J. Oscillatory Epidemic Prevalence in Growing Scale-Free Networks. Physical Review E, 2004: 69.

[101] Heimeriks K H, Duysters G M, Vanhaverbeke W. The Evolution of Alliance Capabilities. Eindhoven Center for Innovation Studies, The Netherlands. Working Paper, 2004: 10.

[102] Helfert G. Teams in Relationship Marketing: Design effektiver Kundenbeziehungsteams. Gabler, Wiesbaden, 1998.

[103] Hospers G J, Beugelsdijk S. Regional Cluster Policies: Learning by Comparing? Kyklos, 2002, 55(3): 381-402.

[104] Holm P. The Dynamics of Institutionalization: Transformation Processes in Norwegian Fisheries. Administrative Science Quarterly, 1995, 40 (3): 398-422.

[105] Holme P, Kim B J. Attack Vulnerability of Complex Networks. Physical Review E, 2002: 65.

[106] Holland J H, Hidden O. How Adaptation Builds Complexity. Cambridge: Massachusetts Press, 1995.

[107] Holme P, Kim B J. Vertex Overload Breakdown in Evolving Networks. Physical Review E, 2002: 65.

[108] Jason J J. Trust Worthy Knowledge Diffusion Model Based on Risk Discovery on Peer-to-Peer Networks Expert Systems with Applications. corrected Proof press, 2008: 8.

[109] Jarillo J C. On strategic networks. Strategic Management Journal, 1988, 9: 31-41.

[110] Jarzabkowski P. Strategy as Practice: Recursiveness, Adaptation, and Practices-in-Use. Organization Studies, 2004, 25(4): 529-560.

[111] Jeffrey H D, Singh H. The Relational View: Cooperative Strategy and Sources of Inter Organizational Competitive Advantage. Academy of Management Review, 1998, 23(4): 660-679.

[112] Johnston W J, Lewin J E, Spekman R E. International Industrial Marketing

Interactions: Dyadic and Network Perspectives Journal of Business Research, 1999, 46(3):259-71.

[113] Johnston R. Clusters: a Review of Their Basis and Development in Australia. Innovation Management Policy & Practice, 2004, 3:380-391.

[114] Johnsen R E, Ford D. Interaction Capability Development of Smaller Suppliers in Relationships with Larger Customers. Journal of International Business Studies, 2004, 35:508-523.

[115] Kale P, Dyer J H, Singh H. Learning and Protection of Proprietary Assets in Strategic Alliances: Building Relational Capital. Strategic Management Journal, 2000, 21:217-237.

[116] Keeble D, Wikinson F. High-technology clusters, networking and collective learning in Europe. Ashgate Press, 2000.

[117] Khan J H, Ghani J A. Clusters and Entrepreneurship: Implications for Innovation in a Developing Economy. Journal of Developmental Entrepreneurship, 2004, 3(9).

[118] Kinney R, Curcitti P, Albert R, Latora V. Modeling Cascading Failures in the North American Power Grid. Journal of Physics B, 2005, 46:101-107.

[119] Koontz H, Donnell C. Principles of Management: An Analysis of Managerial Functions. MacGraw-Hill, New York, 1984.

[120] Krackhardt D. Endogenous Preferences: A Structural Approach. In Jennifer Halpern and Robert N. Stern (Eds.) Debating Rationality: Nonrational Aspects of Organizational Decision Making, Cornell University Press, 1998.

[121] Kristian K M, Aino H. Business Relationships and Networks: Managerial Challenge of Network Era. Industrial Marketing Management, 1999, 28:413-427.

[122] Laned. Complexity and Local Interactions: Towards a Theory of Industrial Districts. Complexity and Industrial Districts conference, Montedison Foundation, Milan, Italy, 2001:6.

[123] Landis J R, Koch G G. The measurement of observer agreementfor categorical data. Biometrics, 1977, 33(1):159-174.

[124] Lawrence T, Suddaby R, Leca B. Institutional Work: Refocusing Institutional Studies of Organizatio. Journal of Management Inquiry, 2011, 20(1):52-58.

[125] Lawrence T, Suddaby R. Institutions and institutional work. Sage

Press,2006.

[126] Lawrence T,Suddaby R,Leca B. Institutional Work:An Introduction in Institutional Work. Cambridge:Cambridge University Press,2009.

[127] Li X,Chen G. A local world evolving network model. Physica A,2003:328.

[128] Liu Z H,Lai Y C,Ye N. Propagation and Immunization of Infection on General Networks with Both Homogeneous and Heterogeneous Components. Physical Review E,2003:67.

[129] Lise S,Paczuski M. Nonconservative earthquake model of self-organized criticality on a random graph. Physical Review Lett. ,2002:88.

[130] Lorenzoni G,Lipparini A. The Leveraging of Inter-Firm Relationships:as a Instinctive Organizational Capability: Longitudinal Study. Strategic Management Journal,1999,20:317-338.

[131] Lorenzoni G C,Baden-Fuller. Creating a Strategic Center to Manage a Web of Partner. California Management Review,1995,37(3):146-163.

[132] Lounsbury M. Institutional Transformation and Status Mobility:The Professionalization of the Field of Finance. Academy of Management Journal,2002,1(45):255-266.

[133] Lundvall B A. User-produner Relationships, National Systems of Innovation and Internationalisation. In National Systems of Innovation:Towards a Theory of Innovation and Interactive Learning,By Lundvall,B. A. (ed.). Pinter Publishers,London,1992:45-67.

[134] Lundgren A. Technological Innovation and Network Evolution. London:Routledge,1995.

[135] Iammarino S, McCann P. The Structure and Evolution of Industrial Clusters:Transactions, Technology and Knowledge Spillovers. Research Policy,2006,35(7):1018-1036.

[136] Mansfield E. Technical Change and the Rate of Imitation. Econometrica,1961,61:741-766.

[137] Markusen A. Sticky Places in Slippery Space:a Typology of Industrial Districts. Economic Geography,1996,72:293-313.

[138] Mair J,Marti I. Entrepreneurship in and around institutional voids:A case study from Bangladesh. Journal of Business Venturing, 2009, 24 (5):419-435.

[139] McEvily B,Zaheer A. Bridging Ties:A Source of Firm Heterogeneity in

Competitive Capabilities. Strategic Management Journal, 1999, 20: 1133-1156.

[140] Meyer, John W, Brian R. Institutionalized Organizations: Formal Structure as Myth and Ceremony. American Journal of Sociology, 1977, 83: 340-363.

[141] Meyer J W, Rowan B. Institutionalized Organizations: Formal Structure AsMyth and Ceremony. American Journal of Sociology, 1977, 83 (2): 340-363.

[142] Michael E, Porter. Clusters and the New Economics of Competition. Harvard Business Review, 1998(10).

[143] Michel P, Styles C, Patterson P. The Role of Relational Competence in Successful International Business Partner-Ships: a Southeast Asian Perspective. The Univer-5ity of New South Wales Working Paper Series, 2000(5).

[144] Mohr J, Nevin J R. Communication Strategies in Marketing Channels: A Theoretical Perspective. Journal of Marketing, 1990, 54(10): 36-51.

[145] Molina-Morales M X, Martínez-Fernández M T. Does Homogeneity Exist within Industrial Districts? A Social Capital-Based Approach. Regional Science, 2009, 88(1): 209-229.

[146] Mooney C, Roddick J F. Mining item sets-An Approach to Longitudinal and Incremental Association Rule Mining. Bologna, Italy: WIT Press, 2002: 93-102.

[147] Mooney C H, Vries D, Roddick J F. A Multi-level Framework for the Analysis of Sequential Data in Data Mining: Theory, Methodology, Techniques and Applications. Heidelberg Germany: Springer, 2006, 3755: 229-243.

[148] Moreno Y, Gomez J B, Pacheco A F. Instability of Scale-Free Networks under Node-Breaking Avalanches. Europhys Lett. , 2002, 58(4): 630-636.

[149] Moreno Y, Pastor-Satorras R, Vazquez A, Vespignani A. Critical load and congestion instabilities in scale-free networks. Europhys. Lett. , 2003, 62: 292-298.

[150] Möller K K, Halinen A. Business Relationships and Networks: Managerial Challenge of Network Era. Industrial Marketing Management, 1999: 28-49.

[151] Morrison A, Rabellotti R. Knowledge and Information Networks: Evidence

from an Italian Wine Local System. CESPRI Working Papers no. 174, Centre for Research on Innovation and Internationalisation, Universita' Bocconi, Milan, 2005.

[152] Moukarzel C F. Spreading and Shortest Paths in Systems with Sparse Long-range Connections. Physical Review E, 1999, 60(6).

[153] Motter A E, Nishikawa T, Lai Y C. Cascade-Based Attacks on Complex Networks. Physical Review E, 2002; 66.

[154] Nahapiet J, Ghoshal S. Social Capital, Intellectual Capital and the Organizational Advantage. Academy of Management Review, 1998, 4: 242-266.

[155] Newman M J, Strogatz S H, Watts D J. Random Graphs with Arbitrary Degree Distributions and Their Applications. Physical Review E, 2001; 64.

[156] Newman M J, Watts D J. Scaling and percolation in the small-world network model. Physical Review E, 1999; 60.

[157] Nooteboom B. Inter-Firm Alliances: Analysis and Design. London: Routledge Press, 1999.

[158] Nooteboom B. Governance and Competence: How Can They be Combined?. Journal of Economics, 2004, 28(4): 505-526.

[159] Olami Z, Feder H J S, Christensen K. Correlation functions in the fully frustrated 2D XY model. Physical Review Lett., 1992; 68.

[160] Oliver C. The Institutional Embeddedness of Economic Activity. Greenwich CT: JAI Press, 1996; 163-186.

[161] Oliver C. Strategic Responses to Institutional Processes. Academy of Management Review, 1991, 16(1): 145-179.

[162] Oliver C. Sustainable Competitive Advantage: Combining Institutional and Resource-Based Views. Strategic Management Journal, 1997, 18(9): 679-713.

[163] Olsen R F, Ellram L M. A Portfolio Approach to Supplier Relationships. Industrial Marketing Management, 1997, 26: 101-113.

[164] Pastor-Satorras R, Vespignani A. Epidemic dynamics and endemic states in complex network. Physical Review E, 2001; 63.

[165] Pastor-Satorras R, Vespignani A. Epidemic and immunization in scale-free networks. In Handbook of Graphs and Networks. WILE-YVCH publisher, 2003.

[166] Paul D, Walter P. Institutional Sources of Change in the Formal Structure of Organizations: The Diffusion of Civil Service Reform. American Sociological Review, 1983, 42:147-160.

[167] Perrow C. Small-firm Networks. Cambridge: Harvard Business School Press, 1994:445-470.

[168] Peng M W, Sun S L, Pinkham B, Chen H. The institution-based view as a third leg for a strategy tripod. Academy of Management Perspectives, 2009, 23(3):63-81.

[169] Phillips N, Lawrence T, Hard C. Discourse and Institutions. Academy of Management Review, 2004, 29(4):635-652.

[170] Pietrobelli C, The Socio-economic Foundations of Competitiveness: An Econometric Analysis of Italian IndustrialDistrict, Industry and Innovation, 1998(5):139-155.

[171] Poppo L, Zenger T. Do Formal Contracts and Relational Governance Function As Substitutes or Complements? Strategic Management Journal, 2002, 23(8):707-725.

[172] Piore M J. Work, Labor and Action: Work Experience in a System of Flexible Production. Italy: International Institute for Labor Studies: Geneva Press, 1990.

[173] Portes M E, Alejandro. Economic Sociology and the Sociology of Immigration: A Conceptual Overview, In Portes (ed), The Economic Sociology of Immigration: Essays on Networks, 1995.

[174] Piore M, Sabel C. The Second Industrial Divide. Basic Books: New York Press, 1984.

[175] Powell W W, Kopu K W, Smith Doerr L. Inter-Organizational Collaboration and the Local of Innovation-Networks of Learning in Biotechnology. Administrative Science Quarterly, 1996, 41:116-45.

[176] Ports A, Sensenbrenner J. Embeddedness and Immigration: A Conceptual Overview, the Economic Sociology of Immigration. New York: Russell Sage Foundation Press, 1995.

[177] Porter M E. Cluster and the New Economics of Competition. Harvard Business Review, 1998, 10(11):77-90.

[178] Prahalad C K, Hamel G. The core competence of the corporation. Harvard Business Review, 1990, 68(3):79-91.

[179] Pyke F，Sengenberge W. Industrial Districts and Local Economic Regeneration. Italy：International Institute for Labor Studies Geneva：Press，1992.

[180] Reinganum，Jennifer. On the Diffusion of New Technology：A Game Theoretic Approach. Review of Economic Studies，1981，48：395-405.

[181] Ritter T. The Networking Company：Antecedents for Coping with Relationships and Networks Effectively. Industrial Marketing Management，1999，28：467-79.

[182] Ritter T，Gemunden H G. The Impact of a Company's Business Strategy on Its Technological Competence，Network Competence and Innovation Success. Journal of Business Research，2004，57(5)：548-556.

[183] Ritter T，Wilkinson I F，Johnston W J. Measuring network competence：Some international evidence. Journal of Business and Industrial Marketing，2002，17(3)：119-138.

[184] Rowley T. Redundant Governance Structures：An Analysis of Structural and Relational Embeddedness in the Steel and Semiconductor Industries. Strategic Management Journal，2000，21：369-389.

[185] Ruekert R W，Walker O C. Marketing's Interaction with Other Functional Units：A Conceptual Framework and Empirical Evidence. Journal of Marketing，1987，58(1)：1-19.

[186] Schmitz H. Does Local Co-operation Matter? Evidence From Industrial Clusters in South Asia and Latin America. Oxford Development Studies，2000，128(3)：323-336.

[187] Silberman B S，Forging Industrial Policy：The United States，Britain，and France in the Railway Age. Cambridge：Cambridge University Press，1995.

[188] Scott W R. Institutions and Organizations，Sage Press，1995.

[189] Sinkula J M，Baker W E，Noordewier T. A. Framework for Market-Based Organizational Learning：Linking Values，Knowledge，and Behavior. Journal of the Academy of Marketing Science，1997(25)：305-318.

[190] Solinas G. Grande Impresae Formazione di Competenze：L'Idustria Meccanica di Carpi. Torino：Rosenberg and Sellier Press，1994.

[191] Steinle C，Schiele H. When Do Industries Cluster? A Proposal on How to Assess an Industry's Propensity to Concentrate at a Single Region or Nation. Research Policy，2002(31)：849-858.

[192] Storbacka K. Segmentation Based on Customer Profitability—Retrospective Analysis of Retail Bank Customer Bases. Journal of Marketing Management, 1997,13:479-492.

[193] Suddaby R, From the Editors: What grounded theory is Not, Academy of Management Journal,2006,49(4):633-642.

[194] Svenningsson S, Alvesson M. Good Visions, Bad Micro-management and Ugly Ambiguity: Contradictions of (Non-) Leadership in a Knowledge-Intensive Organization. Organization Studies,2003,24(6):961-988.

[195] Swann P, Prevezer M A. Comparison of the Dynamics of Industrial Clustering in Computing and Biotechnology. Research Policy,1996,25(7): 1139-1157.

[196] Thornton P H, Ocasio W, Lounsbury M. The Institutional Logics Perspective: A New Approach to Culture, Structure, and Process. Oxford : Oxford University Press,2012.

[197] Thornton P H. Markets from Culture. Palo Alto: Stanford University Press,2004.

[198] Tracey P, Phillips N, Jarvis O. Bridging institutional entrepreneurship and the creation of new organizational forms: A multilevel model. Organization science,2011,22(1):60-80.

[199] Thomas, Hawkins, Harvey. The geographies of the creative industries: scale, clusters and connectivity. Geography,2010,95(1):14-21.

[200] Thun J, Hoenig D. An Empirical Analysis of Supply Chain Risk Management in the German Automotive Industry. International Journal of Production Economics,2011,131(1).

[201] Tichy G. Are Today's Clusters the Problem Areas of Tomorrow ? Competence clusters. Workshop report,Graz:Leykam,1997:94-100.

[202] Tichy G. A Sketch of a Probabilistic Modification of the Product-cycle Hypotheses to Explain the Problems of Old Industrial Areas. England: Amesbury,Press,1987.

[203] Toby E Stuart. Inter-organizational Alliances and the Performance of Firms: A Study of Growth and Innovation Rates in a High-Technology Industry. Strategic Management Journal,2000:791-811.

[204] Tung A C. Taiwan Semiconductor Industry: What the State Did and Did Not. Review of Development Economics,2001(2):266-288.

[205] Uphoff Norman T. Learning from Gal Oya: Possibilities for Participatory Development and Post-Newtonian Social Science. London: Intermediate Technology Publications,1996.

[206] Uzzi B. Social Structure and Competition in Inter-Firm Networks: the Paradox of Embeddedness. Administrative Science Quarterly,1997,42(1): 35-67.

[207] Valent N,Sarkar A,Stone H A. Two-peak and three-peak optimal complex networks. Physical Review Lett. ,2004:91.

[208] Volchenkov D,Volchenkova L,Blanchard P H. Epidemic spresding in a variety of scale free networks. Physical Review E,2002:66.

[209] Victor A. Gilsing. Density and Strength of Ties in Innovation Networks an Analysis of multimedia and biotechnology. European Management Review, 2005:179-197.

[210] Vlachos M,Yu P S,Castelli V,Meek C. Structural Periodic Measures for Time-Series Data. Data Mining and Knowledge Discovery, 2006, 12 (1): 1-28.

[211] Wang X F,Xu J. Cascading Failures in Scale-Free Coupled Map Lattices. Physica A,2004:70.

[212] Walte A, Der B. Ein personaler Gestaltungsansatz für erfolgreiches Relationship Marketing. Gabler,Wiesbaden,1998.

[213] Watts D J. A simple model of global cascades on random networks. Proc. Natl. Acad. Sci,2002,99:5766-5771.

[214] Watts D J,Strogatz S H. Collective Dynamics of "Small-World" Networks. Nature,1998,393(6684):440-442.

[215] Walder A G. Local Governments as Industrial Firms: An Organizational Analysis of China's Transitional Economy. American Journal of Sociology, 1995,2(101):263-301.

[216] Williamson O E. Strategy Research: Governance and Competence Perspectives. Strategic Management Journal,1999,20:1087-1108.

[217] Williamson,O E. The Economic Institutions of Capitalism: Firms,Markets and Relational Contracting. Free Press,1985.

[218] Wilkinson I,Young L. On Cooperating Firms,Relations and Networks. Journal of Business Research,2002,55(2):123-132.

[219] Xavier Molina-Morales F, Teresa M. Martinez-Fernandez. Does Homogeneity

Exist within Industrial Districts? A Social Capital-Based Approach. Regional Science,2009,88(1):209-229.

[220] Yang X. S. Chaos in small-world networks. Physical Review E,2001:63.

[221] Yong-Sook L, Ying-Chian T. Reprising the Role of the Developmental State in Cluster Development: The Biomedical Industry in Singapore. Tropical Geography,2009(30):86-97.

[222] Zietsma C,Lawrence T B. Institutional Work in the Transformation of an Organizational Field:The Interplay of Boundary Work and Practice Work. Administrative Science Quarterly,2010,2(55):189-221.

[223] 边燕杰,丘海雄.企业的社会资本及其功效[J].中国社会科学,2000(2): 87—99.

[224] 蔡宁,吴结兵,殷鸣.产业集群复杂网络的结构与功能分析[J].经济地理, 2006,26(3):378—382.

[225] 蔡宁,吴结兵.产业集群企业网络体系:系统建构与结构分析[J].重庆大学 学报(社会科学版),2006,12(2):9—14.

[226] 蔡宁,杨闩柱,吴结兵.产业集群风险的研究:一个基于网络的视角[J].中国 工业经济,2003(4):59—64.

[227] 蔡宁,吴结兵.产业集群与区域经济发展——基于"资源—结构"观的分析 [M].北京:科学出版社,2007.

[228] 蔡宁,潘松挺.网络关系强度与企业技术创新模式的耦合性及其协同演化: 以海正药业技术创新网络为例[J].中国工业经济,2008(4):137—144.

[229] 池仁勇.区域中小企业创新网络形成、结构属性与功能提升:浙江省实证考 察[J].管理世界,2005(10):102—112.

[230] 仇保兴.小产业集群研究[M].上海:复旦大学出版社,1999.

[231] 邓明然,夏喆.企业风险传导及其载体研究[J].财会通讯,2006(1):20—33.

[232] 杜运周,尤树洋:制度逻辑与制度多元性研究前沿探析与未来研究展望[J], 外国经济与管理,2013(12).

[233] 方刚,基于资源观的企业网络能力与创新绩效关系研究[D],浙江大学博士 论文,2008.

[234] 顾新,郭耀煌,李久平.社会资本及其在知识链中的作用[J].科研管理,2003 (5):44—48.

[235] 龚丽敏,江诗松,魏江.产业集群创新平台的治理模式与战略定位:基于浙江 两个产业集群的比较案例研究[J].南开管理评论,2012(4).

[236] 何铮,谭劲松.复杂理论在集群领域的研究——基于东莞 PC 集群的初步探

讨[J].管理世界,2005(12):108—115.

[237] 贺俊.技术创新、制度创新与产业升级[J].中国工业经济,2014(9).

[238] 陆立军,郑小碧.集群式创新风险的控制机制与策略[J].经济学家,2008
(5):122—124.

[239] 托马斯·W.李.组织与管理研究的定性方法[M].吕力,译.北京:北京大学
出版社,2014.

[240] 金京,戴翔,张二震.全球要素分工背景下的中国产业转型升级[J].中国工
业经济,2013(11).

[241] 刘友金,罗发友.基于焦点企业成长的集群演进机理研究——以长沙工程机
械集群为例[J].管理世界,2005(10):159—161.

[242] 罗家德,张田,任兵.基于"布局"理论视角的企业间社会网络结构与复杂适
应[J],管理学报,2014(9).

[243] 明茨伯格.战略历程:穿越战略管理旷野的指南[M].魏江等译,北京:机械
出版社,2012.

[244] 马歇尔.经济学原理[M].北京:商务印书馆,2004.

[245] 申维.耗散结构、自组织、突变理论与地球科学[M].北京:地质出版
社,2008.

[246] 孙早,刘坤.政企联盟与地方竞争的困局[J].中国工业经济,2012(2).

[247] 孙军,高彦彦.产业结构演变的逻辑及其比较优势——基于传统产业升级与
战略性新兴产业互动的视角[J].经济学动态,2012(7).

[248] 吴结兵,徐梦周.网络密度与集群竞争优势:集聚经济与集体学习的中介作
用[J].管理世界,2008(8):69—76.

[249] 吴结兵,郭斌.企业适应性行为、网络化与产业集群的共同演化——绍兴县
纺织业集群发展的纵向案例研究[J].管理世界,2010(2):141—155.

[250] 吴晓波.区域集群的自稳性风险成因分析[J].经济地理,2003(6):
726—730.

[251] 吴义爽.企业间治理的制度与绩效研究[D].浙江大学博士论文,2008.

[252] 吴义爽,蔡宁.我国集群跨越式升级的"跳板"战略研究[J].中国工业经济,
2010(10).

[253] 温伟祥.网络视角下集群企业创业导向及其与绩效的关系研究[D].浙江大
学博士论文,2008.

[254] 魏江,陈志辉,张波.产业集群中企业家精神的外部经济性考察[J].科研管
理,2004(2).

[255] 韦伯.工业区位论[M].北京:商务印书馆,1997.

[256] 谭劲松,何铮.集群自组织的复杂网络仿真研究[J].管理科学学报,2009 (8):1—14.

[257] 王缉慈.创新的空间——产业集群与区域发展[M].北京:北京大学出版社,2001.

[258] 王缉慈,童昕.论全球化背景下的地方产业群——地方竞争优势的源泉[J].战略与管理,2001(6).

[259] 汪小帆,李翔,陈关荣.复杂网络理论及其应用[M].北京:清华大学出版社,2009.

[260] 朱荣.基于扎根理论的产业集群风险问题研究[J].会计研究,2010(3):44—50.

[261] 朱海燕,魏江.集群网络结构演化分析——基于知识密集型服务机构嵌入的视角[J].中国工业经济,2009(10):58—66.

[262] 朱嘉红,邹爱其,基于焦点企业成长的集群演进机理与模仿失败[J].外国经济与管理,2004(2).

[263] 章尺木.从学习型组织看集群风险的防范[J].软科学,2008(6):78—81.

[264] 张其仔.社会资本论——社会资本与经济增长[M].北京:社会科学文献出版社,1997.

[265] 张杰,张少军,刘志彪.多维技术溢出效应、本土企业创新动力与产业升级的路径选择——基于中国地方产业集群形态的研究[J].南开经济研究,2007 (3).

[266] 周黎安.中国地方官员的晋升锦标赛模式研究[J].经济研究,2007(7).

[267] 周雪光.基层政府间的"共谋现象"——一个政府行为的制度逻辑[J].社会学研究,2008(6).

[268] 周雪光.组织社会学十讲[M].北京:社会科学文献出版社,2003.

[269] 周雪光.艾云,多重逻辑下的制度变迁:一个分析框架[J].中国社会科学,2010(4).

索　引

后 记

本书是国家自然科学基金青年项目:产业集群风险传导与扩散及其预警机制研究(71303209)的最终研究成果。

在2008年攻读博士学位期间,也正值世界金融危机爆发之时,铺天盖地的危机报道逐渐从美国开始延伸到中国乃至到浙江各个产业区域,浙江——以民营经济、产业集群为特点的经济区块正接受历史考验。从绍兴纺织集群危机到温州金改,一个个发生在我身边活生生的案例,为我研究产业集群风险传导与扩散及其治理提供了样本。在这一期间,我走访了海宁、平湖、绍兴、上虞、嵊州、长兴、安吉、建德、乐清、温岭、路桥、兰溪等浙江省十余个具有代表意义的县(市)、区,在当地政府的帮助下,访谈了200余家企业,形成了我的博士学位论文《基于焦点企业的集群风险传导与扩散研究:自组织行为的视角》,也是本书形成的雏形。此后,我对集群风险、集群演化、集群治理一直保持了浓厚的研究兴趣,先后承担和参与了国家级基金、省部级项目,在《管理世界》、《中国工业经济》等学术期刊发表了十余篇论文。在这一过程中,随着跟踪调研的深入,我逐渐"滋生"了把这些案例逐步汇聚成册的想法。本书就是在上述研究基础上对产业集群风险传导与扩散及其治理机制进行的深化研究,试图为推动区域经济发展,政府区域政策制定提供理论和实践的支撑。

在本书撰写过程中浙江省各地方政府及相关领导为我的研究提供了调研的基础,研究生吴敏慧参与了本书第八章的资料收集、分析整理和初稿撰写工作,研究生蔡稳参与了本书第九章资料收集、整理、调研和校对工作,再次一并对他们表示感谢。

最后,由于产业集群风险传导与扩散及其治理研究是一个相对前沿的领域,研究过程周期长、收集案例难度大、研究边界界定难,加之本人知识和能力所限,书中难免仍有一些不足之处,恳请各位专家学者批评指正。

黄 纯
2016年5月6日于杭州

图书在版编目（CIP）数据

产业集群风险传导与扩散及其治理机制研究 / 黄纯著.
—杭州：浙江大学出版社，2016.6
ISBN 978-7-308-15998-2

Ⅰ.①产⋯ Ⅱ.①黄⋯ Ⅲ.①产业经济学－风险管理
－研究 Ⅳ.①F062.9

中国版本图书馆 CIP 数据核字（2016）第 144720 号

产业集群风险传导与扩散及其治理机制研究
黄　纯　著

责任编辑	周卫群
责任校对	杨利军　高士吟
装帧设计	刘依群
出版发行	浙江大学出版社
	（杭州市天目山路 148 号　邮政编码 310007）
	（网址：http://www.zjupress.com）
排　　版	杭州中大图文设计有限公司
印　　刷	杭州日报报业集团盛元印务有限公司
开　　本	710mm×1000mm　1/16
印　　张	14
字　　数	267 千
版 印 次	2016 年 6 月第 1 版　2016 年 6 月第 1 次印刷
书　　号	ISBN 978-7-308-15998-2
定　　价	40.00 元